Standing ovations
Die Schlüssel zu rhetorischen Topleistungen

Gerhard Reichel

Standing ovations

Die Schlüssel zu rhetorischen Topleistungen

Kontaktadresse:

Gerhard Reichel
Goethestraße 1
91301 Forchheim
Telefon 0 91 91 / 8 95 01
Telefax 0 91 91 / 28 01

ISBN 3-923241-04-6

Inhaltsangaben

Inhaltsangaben

Inhaltsangaben

Ich habe Mut! Mut zu mir selbst
und Mut, der Mensch zu sein,
der ich sein möchte und der ich sein kann.
Als Mensch bin ich einzigartig
auf der Welt. Auch meine Talente sind
einzigartig. Deshalb werde ich sie
ab heute intensiver nutzen und sie
nicht mehr unter den Scheffel stellen.
Das gilt besonders für meine
rhetorischen Fähigkeiten.
Ich weiß, daß ich das kann.
Ich bin mutig. Ich bin o.k.
Mit dieser Einstellung bin ich
auf dem Weg zum Erfolg!

Heute zum Sieger von morgen werden

Rhetorikseminar am Spitzingsee. Wir beschließen, den letzten Abend zusammen auf einer Alm zu verbringen. Jeder bekommt den Auftrag, etwas zum Gelingen des Abends beizutragen.

So geschah es auch. Wir sitzen in der Hütte, die Stimmung ist ausgelassen. **Siegfried** entpuppt sich als Meister im Witze erzählen, **Michael** kann super auf der Gitarre spielen. **Sonja** beeindruckt uns mit einer glockenklaren Stimme.

Dann steht **Manfred** auf, klopft an sein Glas und kündigt seinen Beitrag an. Er erzählt uns eine kleine Geschichte:

Es war einmal ein Sultan, der hatte einen Lieblingsdiener. Der stürzte eines Tages ins Gemach des Sultans, warf sich ihm zu Füßen und bat um das schnellste Roß. „Ich muß nach Basra fliehen. Im Park steht der Tod und streckt seine Hände nach mir aus."

Der Sultan gab ihm das Pferd; der Jüngling sprengte davon.

Der Herrscher begab sich in den Garten und sah den Tod: „Was fällt dir ein, meinen Diener zu bedrohen?"

„Ich habe ihn nicht bedroht", antwortete der Tod. „Ich hob nur meine Arme, erstaunt, ihn noch hier zu sehen; denn ich bin in fünf Stunden mit ihm verabredet. Auf dem Markt in Basra."

Manfred merkt, daß wir uns betroffen anschauen. *„Ich will Euch nicht die Stimmung verderben. Ich habe Euch diese Geschichte erzählt, weil Ihr daraus erkennen könnt, weshalb ich dieses Rhetorikseminar mitgemacht habe. Ich bin früher immer vor Dingen weggelaufen, die mir Angst gemacht haben. Genau wie der Diener. Ich hatte z.B. immer eine panische Angst vor dem Reden. Das Weglaufen hat mir aber nichts genützt, denn in meinem Beruf als Filialleiter muß ich immer wieder vor anderen sprechen. Jetzt habe ich diese Angst besiegt. Danke Euch allen, daß Ihr mir dabei geholfen habt."*

Etwas verlegen zwar noch, aber sichtlich stolz nimmt er unseren Applaus entgegen.

Der Steuermann unseres Lebens

Eine amerikanische Langzeitstudie mit 5000 Erwachsenen brachte kürzlich ein interessantes Ergebnis an den Tag: **Wirklich glückliche Menschen**, das sind diejenigen, die ein **starkes Selbstbewußtsein** haben und ihren eigenen Fähigkeiten vertrauen.

Dieses Buch möchte Ihnen helfen, mehr Gelassenheit und Sicherheit zu gewinnen. Warum ist das für die Entwicklung Ihrer Persönlichkeit so wichtig?

Weil das Selbstwertgefühl der Steuermann unseres Lebens ist.

Der Satz kommt Ihnen übertrieben vor? Ich habe in fünfundzwanzigjähriger Seminartätigkeit immer wieder erfahren: **die allermeisten Schwierigkeiten, die erwachsene Menschen mit sich selbst und anderen haben, rühren von einem schwach ausgeprägten Selbstwertgefühl her.** Wer sich jedoch sicher fühlt, wer ein gesundes Selbstvertrauen hat, der geht gelassen seinen Weg und erreicht seine Ziele. Er schläft besser, kann das Leben genießen, entwickelt eine wohltuende Gelassenheit. Mit einem Wort: **Er lebt glücklicher**.

Auf Sie selbst kommt es an

Als ich zwölf Jahre alt war nahm mich mein Vater einmal mit in ein Konzert. Das Besondere daran war: mein Vater stand selbst mit auf der Bühne. Er spielte im Orchester den Kontrabaß. Voller Bewunderung schaute und hörte ich ihm zu. Wie stolz war ich auf ihn! Und pausenlos dachte ich mir: *„Wenn ich doch bloß auch solche Musik machen könnte!"*

Auf dem Nachhauseweg erzählte ich Vater von meinem Wunsch, fügte aber gleich hinzu: *„Für dieses große Instrument*

sind meine Hände noch viel zu klein. Ich kann noch gar nicht Kontrabaß spielen."

Darauf blickte mich mein Vater ernst an. Seine folgenden Worte klingen mir noch heute in den Ohren: *„Gerhard, sage nie: das kann ich nicht! Sage lieber: ich will es versuchen!"*

„In Ordnung," antwortete ich, *„gleich morgen."*

*„Nein, Gerhard, gleich **jetzt**!"*

Und dann geschah etwas Merkwürdiges: wir gingen gerade am Stadtpark entlang. Und was macht mein Vater? Er packt behutsam das Instrument aus, stellt mich auf eine Parkbank, läßt meine linke Hand den Hals des Instrumentes umspannen und mit der rechten Hand die Saiten zupfen. Instinktiv handelte er nach der alten Verkäuferweisheit: *„Man muß das Eisen schmieden, so lange es heiß ist."*

Und wie heiß ich war! Und wie glücklich! Denn ich merkte in dieser Nacht: die Kraft meiner Hände reichte bereits! Ich war groß genug, das Instrument zu spielen!

Ein Jahr später bereits stand **ich** auf der Bühne. Mit wieviel Freude, mit wie vielen unvergeßlichen Stunden hat seitdem die aktive Musik mein Leben bereichert. Die Weichen gestellt hatte in dieser Nacht mein Vater mit jenen zwei Worten: ***„Versuche es!"***

Entscheidend ist nicht, was uns an Fähigkeiten mit in die Wiege gelegt wurde. Entscheidend ist, was wir daraus machen. Das - und nur das - ist das wirklich Entscheidende.

Demosthenes war ein Stotterer und wurde der Welt berühmtester Redner.

Edison flog wegen Schwachsinn von der Schule - und wurde ein genialer Erfinder.

Heute zum Sieger von morgen werden

Michael Stich gewann 1991 Wimbledon, obwohl er noch bis zum 18. Lebensjahr Fußballspieler beim SV Lieth war. Als er dann ins Profi-Tennisgeschäft einstieg, gab ihm niemand eine Chance.

Ein Philosoph schrieb einmal: *„Es ist einer der dunkelsten Augenblicke im Leben eines Menschen, wenn man eines Tages grauhaarig und alt nahe dem Ende einer unbefriedigenden Laufbahn zu der Erkenntnis kommt, daß man in all den Jahren nur von einem kleinen Teil seiner selbst Gebrauch gemacht hat."*

So betrachtet bietet Ihnen dieses Buch mit seinen Tips und Anregungen

1. **die Möglichkeit, einmal versuchsweise über den eigenen Schatten zu springen,**

2. **die Chance, Fähigkeiten, die in Ihnen schlummern, zu entdecken und zu entfalten.**

Warum „Chance"? - Sie müssen es selbst **wollen.** Die Betonung liegt auf **„wollen"!** Etwas wollen - und es dann auch **tun.** Warum? Ganz einfach:

- ■ **aus Freude an der persönlichen Herausforderung,**

- ■ **aus Neugierde, die Grenzen des eigenen Potentials zu erforschen,**

- ■ **aus Lust an der eigenen Vervollkommnung.**

Warum auch nicht? Gibt es etwas Schöneres, etwas, das mehr befriedigt, als täglich zu versuchen, ein kleines bißchen mehr in seiner Persönlichkeit zu wachsen?

Über sich selbst hinauswachsen

Er erhielt Ehrungen, die er gar nicht anstrebte:

- **den höchsten Zivilorden Kanadas,**

- **die höchste Auszeichnung seiner Provinz,**

- **die Ernennung zum Sportler des Jahres.**

Die Regierung nannte ihn einen **„Volkshelden und großen Kanadier".** Sie beschloß sogar, ihn auf einer Briefmarke abzubilden, obwohl diese Ehrung zu Lebzeiten sonst nur Staatsoberhäuptern zuteil wird. Er starb im Juni 1981 wenige Wochen vor seinem 23. Geburtstag in einem Krankenhaus nahe der Pazifikküste.

Die Nachricht von seinem Tod sprach sich in Windeseile im ganzen Land herum. **Alle Rundfunkanstalten Kanadas unterbrachen ihr Programm**, um das Leben und die Verdienste des jungen Mannes zu würdigen.

Die Rede ist von **Terry Fox**. Als unbekannter, kraushaariger Student hatte er ein Jahr zuvor beschlossen, trotz einer Beinamputation infolge Knochenkrebses, das zweitgrößte Land der Erde laufend zu durchqueren. *„Ich hoffe dadurch 100 000 Dollar für die Krebshilfe zu sammeln"*, erzählte er seinen Kommilitonen. Sich selbst wollte er gleichzeitig beweisen, daß ein Beinstumpf kein Handikap sei. Alle belächelten ihn. Die Ärzte rieten ihm ab. Doch Fox beharrte auf seinem Vorhaben.

Am 12. April 1980 tauchte der junge Mann die Prothese seines rechten Beines bei St. John's (Neufundland) in den Atlantik. Es war der Start zu **seinem „Marathon der Hoffnung".** Ein Marathon von **8320** endlos langen Kilometern. Ein Marathon durch endlos lange Wälder, durch die Prärien und Rocky Mountains bis hin zum Pazifik.

Zuerst verfolgten die Anwohner den Läufer mit leicht amüsier-

tem Staunen. Manche gar zeigten Abwehr, weil Terry unter der Turnhose ohne Scheu die gesamte Prothese zeigte.

Mit den Wochen und Kilometern wurde die Verbissenheit des jungen Mannes immer größer. Sein Gesicht war oft schmerzverzerrt. Manchmal blutete sein Beinstumpf. Viele der Zuschauer am Straßenrand hatten Tränen in den Augen. Im August bejubelten in Toronto mehr als 10 000 Menschen in einer Kundgebung den scheuen, bubenhaften Läufer.

Kurz nach Passieren des Getreidehafens Thunder Bay am 1. September verspürte Fox Schmerzen in der Brust, hustete, aber schleppte sich noch weiter.

Er selbst war es, der am nächsten Tag unter mühsam unterdrückten Tränen die Diagnose mitteilte: der Krebs, den er mit der Beinamputation vor dreieinhalb Jahren als überwunden geglaubt hatte, war nun in der Lunge. Zu diesem Zeitpunkt hatte Fox 5324 Kilometer bezwungen.

Den Rest des Weges zum Pazifik mußte Fox auf der Krankentrage zurücklegen. *„Ich gab mein Bestes, andere müssen jetzt weitermachen und versuchen, das ihrige zu tun"*, sagte Terry Fox. Seine Worte fielen auf fruchtbaren Boden. Die Bevölkerung, die – durch Zeitungen und Fernsehen informiert – den Überlebenskampf nun hilflos verfolgte, **spendete mehr als 48 Millionen Mark**!

Terry Fox ist noch heute in Kanada unvergessen. Er hat gezeigt, was es heißt, über sich selbst hinauszuwachsen. Er hat gezeigt, welche Energien ein Mensch freisetzen kann, wenn er ein Ziel hat. Und er hat gezeigt, daß Willensstärke für jegliche Art von Erfolg unentbehrlich ist.

Auch Sie haben ein Ziel, lieber Leser. Es heißt: Menschen begeistern und für sich gewinnen. Ich wünsche Ihnen auf dem Weg dorthin die Ausdauer des Terry Fox und den Willen, über sich selbst hinauszuwachsen.

Wirkung erzielen

Es gibt Menschen, die wissen was sie wollen. Sie haben ein bestimmtes persönliches Ziel. Dafür setzen sie sich mit Elan und Begeisterung ein. Sie machen ihren Einfluß geltend. Vor allem aber erzielen sie bewußt eine bestimmte Wirkung auf ihre Umwelt.

Daneben gibt es Menschen, die nicht so richtig wissen, was sie wollen. Vielleicht ist ihre Phantasie zu schwach, daß sie sich ein erstrebenswertes Ziel überhaupt ausmalen können? Die Wirkung auf ihre Umgebung erfolgt fast immer **unbewußt**. Meist mehr oder weniger **zufällig**.

Wer wird im Leben wohl erfolgreicher sein?

Jene, die sich **mit Begeisterung** für ein erstrebenswertes persönliches Ziel einsetzen? Oder jene anderen, die auf der ganzen weiten Welt nichts entdeckt haben, wofür sie sich begeistern können?

Jene, die **bewußt** auf ihre Umgebung einwirken? Oder jene, die sich **treiben lassen**, ihre Wirkung dem **Zufall** überlassen?

Der rote Overall

Es war einmal ein kleiner Junge, der sah jeden Tag begeistert zu, wie an einer Baustelle ein Wolkenkratzer in den Himmel wuchs.

Eines Tages fuhr eine große, elegante Limousine vor, ein sportlich gekleideter Herr stieg aus und inspizierte die Baustelle. Offensichtlich war es der Bauherr des Wolkenkratzers.

Der Junge starrte auf das Auto, nahm dann all seinen Mut zusammen und sprach den feinen Herrn an: *"Entschuldigen*

Sie, könnten Sie mir sagen, was man tun muß, um auch einmal so viel Geld zu verdienen wie Sie?"

Der feine Herr musterte zunächst belustigt den kleinen Jungen, antwortete dann aber voller Ernst: *"Siehst Du da oben am Wolkenkratzer all die Arbeiter mit ihren blauen Overalls? Wenn Du so erfolgreich sein möchtest wie ich, dann fang an zu arbeiten. Zieh dabei aber einen* **knallroten Overall** *an."*

„Und das soll helfen?" fragte der Junge ungläubig.

Der Bauherr lachte. *"Der rote Overall alleine natürlich nicht. Aber er wird Dir helfen, Dich von den anderen abzuheben. Du fällst damit allen anderen Arbeitern deutlich auf."*

„Und dann werde ich erfolgreich?" In der Stimme des Jungen war noch immer großer Zweifel.

„Nein, ganz so einfach ist es natürlich nicht", antwortete der Bauherr und legte die Hand um seine Schulter. *"Es kommt noch etwas Wichtiges hinzu. Nicht nur Deine Kollegen, auch Deine Vorgesetzten werden auf Dich aufmerksam. Arbeitest Du überdurchschnittlich gut, werden Sie es genauso bemerken, wie wenn Du schlecht arbeitest."*

Plötzlich bekam seine Stimme etwas Beschwörendes: **„Junge, mache nie andere für Dein Schicksal verantwortlich. Ob Dein Leben erfolgreich wird oder nicht, hängt auch davon ab, ob Du auf Dich aufmerksam machen kannst."**

Jeder Mensch ist ein Verkäufer

Ich bin in meiner bisherigen Berufspraxis vielen, vielen Menschen begegnet. Menschen, die Talente hatten. Menschen, die von ihrer Leistung überzeugt waren und auch an sich glaubten.

Heute zum Sieger von morgen werden

Nur eines hatten sie vergessen: Daß die Außenwirkung, d.h. die Wirkung auf die Umgebung, die Mitmenschen, die Kunden, die Vorgesetzten, Kollegen, Mitarbeiter usw. **bewußt** erzielt sein will.

Bitte erkennen Sie: Es gibt keine Leistung, in keinem Beruf, die nicht in irgendeiner Weise „verkauft" werden muß.

- Das „An - den - Mann - Bringen" einer neuen Idee.

- Das Gewinnen eines Mitarbeiters für eine neue Maßnahme.

- Das Überzeugen des Vorgesetzten von der Wichtigkeit des eigenen Standpunktes.

Alexander der Große hat dies einmal in einzigartiger Weise demonstriert. Auf dem Rückzug von Indien mußte er eine der schrecklichsten Wüsten Persiens durchqueren. Das Heer war dem Verdursten nahe. Da brachte ihm einer der Soldaten einen Helm voll Wasser. Und was tat Alexander? Er ließ das Heer antreten, dankte dem Soldaten öffentlich - und schüttete das Wasser langsam mit den Worten in den Wüstensand: *„Für einen zuviel, für alle zuwenig!"*

Warum tat er das nicht versteckt hinter dem Zelt, sondern vor aller Augen? Seine Soldaten hätten nie davon erfahren. Und so sprechen wir sogar nach mehr als zweitausend Jahren noch davon.

Also: keine falsche Scham, keine **falsche Bescheidenheit**. Wer gut ist, darf es auch zeigen. Und Klappern hat schon immer zum Handwerk gehört.

> **„Im Leben kommt es darauf an, Hammer oder Amboß zu sein. Aber niemals das Material dazwischen."**
>
> *Norman Mailer*

Was wollen Sie sein? Wollen Sie zu den Menschen gehören, die sich zeitlebens von den anderen in Bewegung setzen lassen? Oder zu denen, die es verstehen, andere in Bewegung zu setzen? Das ist der Punkt, an dem sich alles entscheidet: andere in Bewegung setzen und für die eigenen Ideen begeistern.

Seien Sie „merk"-würdig!

Es war bei einem Seminar in Bad Ems. Am zweiten Tag kamen gleich frühmorgens einige Teilnehmer zu mir und beschwerten sich darüber, daß sie nicht hätten schlafen können. Ursache: das Rauschen und Geplätscher eines Springbrunnens vor dem Kurhotel. Was tun? Ich sprach mit der Hotelleitung und diese sagte uns zu, den Brunnen nachts ab 23 Uhr abzustellen.

Am nächsten Morgen war der Teufel los. Warum? Die übrigen Gäste des Kurhotels hatten sich beschwert, weil nun **sie** nicht hätten schlafen können. Das plätschernde Geräusch, das unsere Teilnehmer **aufregte,** empfanden sie als **beruhigend**. In den Wochen ihres Kuraufenthaltes hatten sie sich so daran **gewöhnt**, daß sie es nun sogar zum Einschlafen brauchten.

Haben Sie Ähnliches auch schon erlebt? In einem Hotel z.B. die Hintergrundmusik gar nicht mehr wahrgenommen? Und als das Band plötzlich zu Ende war, ist Ihnen deutlich geworden: da hat Musik gespielt? **Der Mensch ist eben ein Gewohnheitstier!**

Aus dieser Tatsache können Sie für Ihre Wirkung eine enorm wichtige Schlußfolgerung ziehen:

Wenn Sie sich vom Durchschnitt abheben wollen, wenn Sie wollen, daß man auf Sie aufmerksam wird, dann müßten Sie sich „merk"- würdig verhalten. „Merk"- würdig im besten Sinn des Wortes: des Merkens wert!

Menschen mit einem wirklich guten Image sind in einem gewissen Sinn immer ein wenig „anders als die anderen". Es umgibt sie ein Hauch des Besonderen, des Einmaligen, oft sogar des Wunderbaren. Warum hat der Tod von **Prinzessin Diana** alle Welt erschüttert? Weil sie Dinge tat, die außerhalb der Gewöhnung, eben **„außergewöhnlich"** waren.

Anders als die andern

Bitte versuchen Sie doch einmal folgende **Fragen** zu beantworten:

■ **Habe ich etwas Besonderes an mir?**

■ **Besitze ich Ausstrahlung?**

■ **Was fasziniert andere an mir?**

■ **Welche Eigenschaften besitze ich, um die mich andere beneiden?, z.B.**

- **Zivilcourage**

- **Mitreißende Kraft**

- **Überzeugungsfähigkeit**

- **Selbstbewußtsein**

- **Überlegenes Fachwissen**

- **Kreativität**

■ **Worauf bin ich besonders stolz?**

■ **Welche Stärke kann ich ausbauen?**

■ **Welche Gewohnheit muß ich aufgeben?**

Das soll nun natürlich nicht heißen, daß Sie versuchen sollten, um jeden Preis aufzufallen, nach Art etwa eines **Guildo Horn.** Nein, dieses **„Außergewöhnliche"** muß Niveau haben, muß zu Ihrer Persönlichkeit passen. Ich halte es ganz mit **Kurt Tucholsky,** der da sagt: *„Suche keine Effekte zu erzielen, die nicht in deinem Wesen liegen!"*

Übrigens:

Wenn Sie an dieser Stelle sagen würden: *„Was der Autor mir da erzählt, ist eigentlich gar nichts Neues, das kenne ich alles schon!"* gäbe ich Ihnen recht. Es ist auch gar nicht meine Absicht, Ihnen viel Neues zu erzählen. Vom Wissen her könnten wir nämlich bereits alle ein vollkommenes Leben führen. **Unser Problem ist aber nicht Unwissenheit, sondern Tatenlosigkeit!** Deshalb hätte ich Sie jetzt gerne in meiner Nähe. Um Sie ans Schienbein zu treten oder sonst irgendwas zu tun, um Ihnen einen Anstoß zu geben. **Damit Sie heute zum Sieger von morgen werden.**

Denn machen wir uns nichts vor:

Der klügste Rat, die besten Absichten und alle todsicheren Tips der Welt werden Ihnen nicht helfen, wenn Sie nicht das Ihrige dazu beitragen.

> *„Es ist nicht wenig Zeit,*
>
> *die wir haben,*
>
> *sondern es ist viel Zeit,*
>
> *die wir nicht nützen."* Seneca

Spuren hinterlassen

Wirkung erzielen, aus der Anonymität heraustreten - das ist sogar für unsere Bundespräsidenten nicht einfach. Wer erinnert sich noch an **Gustav Heinemann, Carl Carstens, Heinrich Lübke, Walter Scheel?** Sie waren zwar beliebt und geachtet, haben aber in der Geschichte Deutschlands **keine beeindruckenden Spuren** hinterlassen.

Anders ist das bei **Theodor Heuss, Richard von Weizsäcker, Roman Herzog.**

Theodor Heuss gewann die Herzen durch seine umfassende Bildung, seine menschliche Ausstrahlung und seine rhetorische Begabung.

Die Rede, die **Richard von Weizsäcker** am 8. Mai zum 40. Jahrestag der Kapitulation hielt, wurde in 24 Sprachen übersetzt, millionenfach gedruckt und auf Schallplatten und Kassetten verkauft.

Und auch **Roman Herzog** hinterließ Spuren. Mit seiner Berliner Rede am 8. Mai 1997 z.B., ließ er die ganze Nation aufhorchen und fand weltweite Beachtung.

Alle drei gingen in die Geschichte ein, machten mehr aus ihrem Amt als die anderen, weil sie die **Macht des Wortes** nutzten.

Werden Sie ein Meister der Rhetorik

Haben Sie schon einmal G.B. Shaws „**Pygmalion**" gesehen oder die Musicalfassung „**My fair Lady**"? Dann erinnern Sie sich sicher: Aus einer armen, schäbig gekleideten Analphabetin wird eine junge Dame der besten Gesellschaft. Um ihre Hand bemühten sich Aristokraten.

Warum? **Weil sie gelernt hatte, wie eine Herzogin zu sprechen.**

Schauen Sie doch einmal zurück in die Geschichte: Wann immer Menschen die Welt verändert haben, ging es nie ohne das Medium Sprache. Ob Buddha, Jesus, Mohammed, Luther, Marx, oder Lenin: jeder dieser **Weltveränderer** wirkte mehr durch seine Botschaft als durch das Schwert.

Wie schade wäre es, wenn Sie bei einer Konferenz, Verhandlung oder Diskussion zwar recht hätten, aber nicht Recht behielten, weil der andere Ihnen in Rhetorik, Argumentation und Dialektik überlegen ist?

Und was nützen Ihnen die besten Argumente, wenn Sie sich dabei selbst unter Wert verkaufen, weil z.B. das Lampenfieber Ihnen einen Streich spielt?

Die Wirkung multiplizieren

Kaum eine zweite Fähigkeit hilft schneller ein Image aufzubauen, als die **Fähigkeit zur öffentlichen Rede.** Für die meisten Menschen verfügt einer, der den Mut hat, sich da vorne hinzustellen und den Mund aufzumachen über bewundernswerte, ja übermenschliche Kräfte.

Ich gebe zu: in jedem **Gespräch** ist es wichtig, sich gut darzustellen. Aber erkennen Sie, wie Sie Ihre Wirkung geradezu **multiplizieren,** wenn Sie **vor andere** hintreten? Die meisten Menschen haben davor eine panische Angst. Um wieviel größer ist Ihre Chance, sich von anderen abzuheben! Daran hätte **der dreifache Boxweltmeister Darius Michalczewski** ein wenig eher denken sollen.

Aufschlußreich war ein Interview, das er 1997 dem Spiegel gab:

Spiegel: *Herr Michalczewski, Sie sind zwar Weltmeister, trotzdem ist vielen Menschen Ihr Name kein Begriff.*

Michalczewski: *Das stinkt mir auch.*

Spiegel: *Was empfinden Sie, wenn Sie Henry Maske im Fernsehen sehen?*

Michalczewski: *Scheiße, warum hat er solche Werbeverträge und nicht ich?*

Spiegel: *Sie sind beide Weltmeister. Warum fliegen nur Henry Maske die Herzen der Deutschen zu?*

Michalczewski: *Es tut mir schon weh, daß ich nicht so bekannt bin wie er. Er kann sich einfach besser verkaufen. Maske hat als Soldat in der DDR Lehrstunden in Rhetorik bekommen. Seine Ausdrucksweise begeistert jetzt die Geschäftsleute. Ich dagegen habe geboxt und bin in meiner trainingsfreien Zeit in die Disco gegangen oder habe Karten gespielt.*

Deshalb: Verbessern Sie Ihre Rhetorik und Argumentationstechnik! Wer etwas zu sagen hat, muß reden können! Bauen Sie gezielt Lampenfieber ab, gewinnen Sie Sicherheit. Dieses Buch gibt Ihnen dazu viele Anregungen. Noch besser aber: Sie trainieren zusammen mit anderen in einem seriösen Rhetorikseminar unter Anleitung eines erfahrenen, einfühlsamen Trainers. Suchen Sie Öffentlichkeit!

Was du denkst, strahlst du aus

Woher kommt es, daß ein Kardinal vom Augenblick seiner Wahl zum Papst sofort ein anderes Image hat?

Woher kommt es, daß ein Parteipolitiker, dem plötzlich der Nimbus eines Staatsoberhauptes zuteil wird, über Nacht an Ansehen gewinnt?

Verschafft diesen Imagezugewinn alleine die Amtsautorität? Nein. **Ganz sicher wirkt sich der „Heiligenschein des Amtes" auf das Selbstbewußtsein und damit auch auf das „Sendungsbewußtsein" des Erwählten aus.**

Hier zeigt sich wieder einmal die Richtigkeit jener beiden psychologischen Grundregeln:

1. Du bist, was du denkst.

2. Was du denkst, strahlst du aus.

Ist Ihnen auch aufgefallen, daß **Richard von Weizsäcker** viel würdevoller auftrat, viel mehr Ausstrahlung hatte, als er nicht mehr bloß Bürgermeister von Berlin, sondern Bundespräsident war?

Umgekehrt: hat **Walter Scheel** nicht schlagartig an Image verloren, als er vom Bundespräsidenten wieder zum einfachen Abgeordneten wurde?

Ich gestehe es offen: mir macht das Agieren in der Öffentlichkeit Spaß. Es ist geradezu **Doping** für mich. Wenn ich im Rampenlicht stehe, kann ich mir selbst nichts mehr durchgehen lassen. Keine Halbheiten, keine Oberflächlichkeiten. Ich spüre die Herausforderung und fühle mich wohl dabei. **Ich glaube, das wäre auch etwas für Sie!**

> *Wenn Du wirklich etwas willst, werden alle Märchen wahr.*
>
> *Theodor Herzl*

Überprüfen Sie Ihre dialektischen Fähigkeiten

Was heißt eigentlich „Dialektik"? Wann immer wir diese Frage in unseren Seminaren stellen, kaum einer weiß die Antwort. Die beste Definition habe ich einmal von dem Jesuiten **Rupert Lay** gehört: ***„Dialektik ist die Kunst zu gewinnen ohne zu siegen."***

Wer das nicht weiß, macht bei seinen Gesprächen und Verhandlungen oft einen verhängnisvollen Fehler: er glaubt, er müsse der **Sieger** sein. Dabei bedenkt er eines nicht: wenn einer Sieger ist, bleibt ein **Verlierer** zurück. Und der hat nur eines im Sinn: **Rache**!

Unser Gesprächspartner darf aber nie Rachegedanken hegen. Ob beim Verkaufs- oder Mitarbeitergespräch: es muß immer **zwei Gewinner** geben. Um das zu erreichen, bedarf es einer ganz bestimmten **Grundeinstellung**. Es ist die Einstellung, die alle jene Menschen auszeichnet, die nicht nur erfolgreich und reich, sondern auch angesehen und beliebt sind. Von dieser Grundeinstellung handelt das nächste Kapitel.

Auch die längste Reise beginnt mit einem Schritt!

Der Geburtsschock und seine Folgen

Erinnern Sie sich noch an den **Tag Ihrer Geburt**? Bitte lachen Sie nicht über diese scheinbar recht unsinnige Frage. Was Sie damals nämlich erlebt haben, ist in Ihrem Gehirn **fest gespeichert**. Daß das wirklich stimmt, haben Gehirnforscher in eindrucksvollen Versuchen bestätigt.

Was war das nun, was uns in den ersten Minuten und Stunden unseres Lebens widerfahren ist?

Zunächst haben wir einen ganz schönen **Schock** erlebt. Können Sie sich vorstellen, was es für das Neugeborene bedeutet, aus dem warmen Mutterleib herausgerissen zu werden? Getrennt zu werden? Abgenabelt zu werden? Das Gepreßtwerden, das Ringen nach Luft, die lauten Geräusche, die Kälte, das grelle Licht, der Schlag auf den Po: all das zusammen eine **katastrophale Situation**!

Ein Schock. Von unserem Gehirn registriert und wie auf einer Festplatte aufgezeichnet.

Bitte halten Sie fest: von den ersten Sekunden unseres Lebens an bekamen wir als Kind aufgrund unserer Kleinheit und Hilflosigkeit das Gefühl, unterlegen zu sein, minderwertig zu sein. Wir kamen zu der Grundauffassung:

Ich bin nicht ok!

Die „Bann-Botschaften"

Wie ging es dann mit Ihnen in den nächsten Wochen, Monaten und Jahren weiter?

Da haben unsere Eltern ziemlich viel dazu beigetragen, dieses „Ich bin nicht ok" sogar noch größer zu machen, indem sie z.B. sagten:

- „Das kannst du noch nicht."

- „Dafür bist du noch zu klein."

- „Warte erst mal, bis du größer bist." usw.

Weil diese Sätze - von der Psychologie **„Bannbotschaften"** genannt - aus der Quelle aller Sicherheit kamen, unseren Eltern, haben wir das auch geglaubt. Stimmt also doch: „Ich bin nicht ok!" Die bei der Geburt gewonnene Erfahrung ist **bestärkt** worden.

Und dann passierte noch etwas: Als wir zum erstenmal versuchten zu laufen, sind wir hingefallen, haben uns die Knie blutig geschlagen.

Als wir zum erstenmal zum Tisch griffen, um uns ein Glas zu holen, gab es Scherben. Und gleich mußten wir wieder hören:

- „Du Dummkopf."

- „Das lernst du nie!"

- „Ich habe dir doch gleich gesagt, das kannst du noch

  nicht."

Gleichzeitig aber machten wir die Erfahrung: für die anderen ist das alles überhaupt kein Problem! Die sind ok. Und so hat sich damals unsere Lebenseinstellung etwas erweitert, geändert in: **Ich bin nicht ok, Du bist ok.**

Dieses Gefühl, daß die anderen besser sind als wir, klüger sind als wir, stärker sind als wir, prägt das Leben der meisten Menschen. **Viele Hemmungen und Komplexe, die erwachsene Menschen mit sich herumtragen, rühren von daher.** Die „Bannbotschaften" wurden zu treuen Begleitern unseres Lebensweges. Sie sind die Ursache dafür, daß nach meiner Berufserfahrung nur etwa **zehn Prozent der Menschen in der Lage sind, sich frei und ohne Unterdrückung selbst zu entfalten.**

Vom Versager zum Gewinner

Gibt es eine Möglichkeit, sich von der Macht dieser Bannbotschaften zu lösen?

Es gibt sie. Es gibt eine Möglichkeit, jene Lebenseinstellung zu bekommen, die erfolgreiche Menschen auszeichnet. Diese Lebenseinstellung heißt:

Ich bin ok, Du bist ok,

und zusammen sind wir phantastisch.

„Ich bin ok", das bedeutet: Sie brauchen ein **gutes Selbstwertgefühl**. Nur wer sich selbst gut findet, kann letztlich auch gut arbeiten. Von daher gesehen müßten Sie sich eigentlich jeden Tag zumindest einmal auf die Schulter klopfen und sich sagen: *„Trotz meiner Fehler und Schwächen, unterm Strich bin ich ein prima Kerl."*

Ob das etwas mit **Arroganz** zu tun hat? Überhaupt nicht. Wer ein wirklich gutes Selbstwertgefühl besitzt, hat es überhaupt nicht nötig, „auf den Putz zu hauen" oder sich arrogant zu geben.

Thomas Gottschalk wurde in einem FAZ-Interview einmal gefragt, ob sich denn Selbstbewußtsein mit Bescheidenheit vertrage. Seine Antwort: *„Und ob! Nur ein selbstbewußter Mensch kann überhaupt bescheiden sein. Wer den eigenen Wert kennt, dem ist es egal, ob ihn alle anderen gleich hoch einschätzen."*

Hat er nicht recht? **Wenn Sie Ihren Wert kennen, können Sie anderen Menschen mit viel größerer Gelassenheit entgegentreten.**

Vor Überheblichkeit schützt auch der zweite Teil der Lebenseinstellung **„Du bist ok."** Es gibt kaum einen besseren Weg zu einem positiven Lebensgefühl, als die OK-Gefühle anderer Menschen zu stärken. Denn: **Wer andere groß macht, wächst mit!**

Du bist, was du denkst

Menschen, die sich selbst nicht mögen, führen oft **Selbstgespräche** folgender Art:

„Du Schussel, hast schon wieder Mist gebaut."

„Du Idiot."

„Mann, bin ich ein Arsch."

„Du bist doch der letzte Depp."

„Ich bin ja so was von bescheuert!"

Diese Sätze spiegeln meistens das wieder, was wir früher immer wieder aus der Welt der Erwachsenen gehört haben: **Kritik, Nörgelei, Spott.** Durch das ständige eigene Wiederholen verfestigen wir unser negatives Selbstbild immer mehr. Übrigens: Würden Sie zu einem Menschen, den Sie sehr lieben, auch sagen: „Du bist doch der letzte Depp?" Warum sagen Sie es dann zu sich selbst? Sie sind doch der Mensch, mit dem Sie in Ihrem Leben am meisten und am längsten zusammen sind! Also müßten Sie sich doch selbst **Ihr bester Freund** sein, dem Sie Respekt und Achtung schuldig sind!

Die folgenden **sieben Übungen** werden Ihnen helfen, mit dem negativen Selbstbild Schluß zu machen:

Übung: Tag der Selbstverwöhnung

Suchen Sie sich einen Tag aus, an dem Sie sich vom Aufstehen bis zum Schlafengehen mit allergrößter Aufmerksamkeit, Wertschätzung und Liebe behandeln. Stellen Sie sich vor, Sie wären ein Gast, den Sie mögen, respektieren und bewundern, dem Sie mit ausgesuchter Freundlichkeit und Höflichkeit begegnen. Kein abfälliges Wort dieser Person gegenüber den ganzen Tag über, kein unfreundlicher Gedanke! Machen Sie aus diesem Tag ein **wöchentliches Ritual!**

Übung: Die „Innere Rhetorik" positivieren

Achten Sie heute einmal genau auf Ihre „innere Rhetorik", d.h. auf die **Selbstgespräche**, die Sie führen. Jedesmal, wenn diese **negativ formuliert** sind, stellen Sie sich gedanklich ein großes Plus-Zeichen (+) vor und formulieren das Gespräch **positiv**.

Beispiel: *„Die Probleme unserer Branche nehmen von Tag zu Tag mehr zu. Am liebsten würde ich alles hinschmeißen...".*

Eine positive Formulierung könnte lauten: *„Die Globalisierung bringt es mit sich, daß die Fragestellungen im Management anspruchsvoller werden. Wenn ich mich gezielt und systematisch weiterbilde und mich auf meine Stärken konzentriere, kann bei meinem Engagement nur Erfolg eintreten."*

Übung: Gedanken-Stop

Jedesmal, wenn Sie sich ab heute dabei erwischen, daß Sie sich selbst herabsetzen, sagen Sie „Stop!", wenn möglich laut, wenn nicht in Gedanken. Stellen Sie sich dabei eine **rote Ampel** vor oder ein Stop-Schild. Die Wirkung dieser visuellen Vorstellung können Sie verstärken, indem Sie einen **körperlichen Reiz** erzeugen, z.B. sich an einer bestimmten Stelle kneifen, mit den Fingern schnipsen, die Faust kurz ballen usw. Das sollte unauffällig geschehen, damit Sie den Trick auch anwenden können, wenn Sie unter Leuten sind.

Übung: „Ich bin ok."

Sagen Sie diesen Satz laut zu Ihrem Spiegelbild, mindestens drei Wochen lang, am besten zehnmal täglich. Sagen Sie jetzt bitte nicht*: „Das ist albern, da komme ich mir blöd vor."* Vergessen Sie nicht: Wenn Sie Ihr Selbstbild ändern wollen, müssen Sie Bekanntschaft mit einer neuen Person machen. Ist doch klar, daß diese Ihnen zunächst fremd vorkommt. Sie müssen sich erst mit ihr anfreunden.

Weitere Beispiele für positive Selbstgespräche:

„Ich glaube an meinen Erfolg."

„Ich mag mich."

„Ich akzeptiere mich so, wie ich bin."

„Ich bin froh, daß es mich gibt."

„Ich weiß genau, was ich will."

„Es geht mir von Tag zu Tag in jeder Hinsicht immer besser und besser."

„Ich habe ein gutes Selbstvertrauen und strahle dies auf andere aus."

Bitte schneiden Sie diese Sätze aus oder schreiben Sie sie ab. Sagen Sie sich diese Sätze immer wieder vor, mehrmals am Tag und Sie werden bald feststellen, daß Sie daran glauben. Die subtile Macht der Wiederholung überlistet den Verstand, richtet sich direkt an das Gefühl und dringt schließlich in die Tiefen des Unterbewußtseins vor. Die dauernde Wiederholung bringt es fertig, in uns den Glauben zu schaffen.

Übung: Ich bin unvergleichlich

„Nimm dir ein Beispiel an deinem Bruder", „Guck mal, wie fleißig die ist", „Warum kannst du in der Schule nicht auch so gut sein wie...?"

Kommen Ihnen Sätze dieser Art bekannt vor? Hat man Sie früher auch oft mit anderen verglichen? Die Folge: **Neid, Minderwertigkeitsgefühle**. Wir kamen zu dem Schluß: solange ich nicht so gut bin wie..., bin ich weniger wert. Das Verhängnisvolle an der Geschichte: es wird in unserem Leben immer irgend einen „Besseren" geben. Damit sind wir auf Unzufriedenheit geradezu programmiert!

Noch etwas: Solange Sie sich nicht klonen lassen, wird es keinen Menschen auf der Welt geben mit den gleichen Genen wie Sie. Die Chance dafür steht eins zu dreihunderttausend Milliarden. Mit anderen Worten: **Sie sind einzigartig**. Das bedeutet: es ist völlig absurd, wenn Sie sich mit einem anderen vergleichen, denn Sie sind doch einmalig.

Übung: Die „Das mag ich an mir - Liste"

Nehmen Sie aus Ihrem Zeitplanbuch ein freies Notizblatt zur Hand und schreiben Sie in dicken fetten Buchstaben als Überschrift: **„Das mag ich an mir:"**

Darunter listen Sie dann all das auf, was Sie selbst an sich mögen, was an Ihnen wertvoll ist. Bitte schreiben Sie nicht auf, was Sie **können**. Zum „Können" kommen wir später. Schreiben Sie nur auf, was Sie **sind**. Am besten, Sie beginnen jeden Satz mit: *„Ich bin..."* z.B.:

„Ich bin fair",

„Ich bin ein guter Zuhörer",

„Ich bin tolerant".

Fällt es Ihnen schwer, eine solche Liste zu erstellen? Klar doch, Sie sind ja auch dazu erzogen worden, **bescheiden** zu sein. *„Mach dich nicht so wichtig". „Bilde dir bloß nichts ein". „Eigenlob stinkt!"* Wie wär's, wenn Sie einfach ein paar Freunde oder Angehörige fragen würden, was Sie an Ihnen gut finden?

Halt, noch etwas: scheuen Sie sich nicht, positive Eigenschaften aufzulisten, von denen Sie glauben: Das ist doch nichts Besonderes, das haben andere auch. **Positives ist nie selbstverständlich.** Um diese Scheu zu überwinden, empfehle ich

Ihnen: Versuchen Sie an jedem Menschen, den Sie treffen, irgend etwas Positives zu finden und sagen Sie es ihm. Das macht Sie wohlwollender auch Ihnen selbst gegenüber.

Übung: Monatliche Bestandsaufnahme

„Der stärkste Klebstoff der Welt ist die Gewohnheit." Reservieren Sie sich deshalb monatlich eine „Aus-Zeit", d.h. Sie ziehen sich für einen halben Tag an einen Ort zurück, an dem Sie ungestört sind. Dort arbeiten Sie an **Ihrer persönlichen Situationsanalyse**. Sie fragen sich, an welchen **negativen Gewohnheiten** Sie hängen und welche **Veränderungen** Sie positiv beeinflussen könnten, z.B. durch:

- Wohnortwechsel?
- Fitness-Programm?
- Körperliche Arbeit?
- Umgestaltung der Wohnung?
- Fernsehgewohnheiten?
- Von wem trennen?
- Eß/Trinkgewohnheiten?
- Zeiteinteilung?

Zugegeben:
Früher habe ich Überlegungen dieser Art als „dummes Zeug" abgetan. Heute weiß ich: **Glück und Erfolg im Leben sind überwiegend eine Folge der inneren Einstellung**.

Der Glaube an sich selbst läßt uns Flügel wachsen. Wie dem Adler im Hühnerhof:

Der Adler im Hühnerhof

Ein Mann fand ein Adlerei und legte es in das Nest einer gewöhnlichen Henne. Der kleine Adler schlüpfte mit den Küken aus und wuchs zusammen mit ihnen auf.

Sein ganzes Leben lang benahm sich der Adler wie die Küken, weil er dachte, er sei ein Küken aus dem Hinterhof. Er kratzte in der Erde nach Würmern und Insekten. Er gluckte und gackerte. Und ab und zu hob er seine Flügel und flog ein Stück genau wie die Küken. Er lebte ein zufriedenes Leben.

Doch eines Tages sah er einen herrlichen Vogel hoch über sich im wolkenlosen Himmel. Anmutig und hoheitsvoll schwebte dieser durch die heftigen Windströmungen, fast ohne mit seinen kräftigen goldenen Flügeln zu schlagen.

Der junge Adler blickte ehrfürchtig empor. *„Wer ist das?"* fragte er seinen Nachbarn.

„Das ist der Adler, der König der Vögel", sagte der Nachbar. *„Aber rege dich nicht auf. Du und ich, wir sind von anderer Art."*

Der junge Adler aber wandte erneut den Blick nach oben. Eine seltsame Erregung befiel ihn. Zuerst ganz zaghaft, dann immer aufgeregter und stärker begann er mit seinen Flügeln zu schlagen - und dann passierte es: mit einem markerschütternden Schrei erhob er sich in die Luft und entschwebte davon.

Er ward auf dem Hühnerhof nie mehr gesehen.

Könnte es sein, daß auch in Ihnen ein Adler steckt, Sie aber als Huhn durchs Leben laufen? Sie bleiben so lange Huhn, wie Sie selbst daran glauben eines zu sein.

Die sich selbst erfüllende Prophezeiung

Es ist ein **Naturgesetz**, daß ein oft wiederholter Gedanke zum Glauben wird. Sie können die Auswirkungen dieses Gesetzes überall in Ihrer Umgebung beobachten.

Der „eingebildete Kranke" **fürchtet** dauernd, krank zu werden. Als nächstes **glaubt** er, krank zu sein. Und bald ist er **wirklich** krank.

Der Pessimist denkt dauernd an das Pech, das ihn verfolgt. Dann glaubt er daran und schließlich verfolgt es ihn auch wirklich.

> **„Das, was jemand von sich selbst denkt, bestimmt sein Schicksal."**
> *Mark Twain*

Übrigens: neuerdings bestätigt auch die Gehirnforschung die Wirkung solcher Selbstsuggestionen. Sie hat nachgewiesen, daß die **bildhafte Vorstellung** von einem schönen, erstrebenswerten Ziel, zusammen mit dem **unbedingten Glauben** daran, in unserem Gehirn biochemische Prozesse auslöst, d.h.: unser Körper erzeugt eine Art Rauschgift, sogenannte **Endorphine**, die uns zu ungeahnten Leistungen beflügeln.

Der Rollstuhlkandidat

Ein glänzendes Beispiel dafür ist der Amerikaner **Greg Lemond**. 1986 hatte er die Tour de France gewonnen. Und dann passierte etwas Schreckliches. Bei einem Jagdausflug trafen den Hobbyjäger sechzig Schrotgeschosse, weil ihn ein Schütze für einen Truthahn hielt. Zwei Millimeter unter dem Herzen blieben zwei lebensgefährliche Kugeln stecken. Er war so gut wie

tot. Und dann begann ein zäher Kampf um sein Leben. Er gewann ihn. Doch um welchen Preis? Die Ärzte rieten ihm seiner Gesundheit wegen dringend ab, je wieder auf das Rad zu steigen.

Doch Lemond wußte: **„Ich schaffe es!"** Dies war von nun an sein letzter Gedanke beim Einschlafen und der erste beim Aufwachen. Und so arbeitete sich der Vater dreier Kinder vom Rollstuhlkandidaten zu den Topathleten der Zweirad-Elite zurück. Als er im Juli 1990 auf den Champs-Elysees das Trikot des Gesamtsiegers überstreifte, bekam er **standing ovations**. Es war *„der schönste Tag in meinem Leben, der größte Sieg über mich selbst."*

Fazit:

Zum Sieger von morgen werden - das heißt sein Leben selbst in die Hand nehmen. Und das ist weniger eine Geldfrage, sondern eine Frage der Einstellung. Deshalb: Machen Sie die Einstellung „Ich bin ok - Du bist ok" zur Grundlage Ihres künftigen Handelns. Standing ovations! Schluß mit der falschen Bescheidenheit!

**Wenn das Leben
keine Vision hat,
nach der man sich
sehnt, die man
verwirklichen möchte,
dann gibt es
auch kein Motiv,
sich anzustrengen.**

Erich Fromm

Die zweite Geburt

Erinnern Sie sich, was Sie in Kapitel 3 über den Geburtsschock gelesen haben? Es hat deutlich gemacht: der Eintritt in die Welt war für uns nicht sehr erfreulich. Doch zum Glück ist uns unmittelbar nach dem Schock auch etwas sehr Positives widerfahren: die Mutter nahm uns in den Arm. Streichelte uns. Überschüttete uns mit Liebe und Zärtlichkeit. Für das Neugeborene ein so starkes Erlebnis, daß man in der Psychologie von der **zweiten Geburt** spricht.

Dieses Erlebnis bewirkt, daß Kinder fortan einen richtigen **Heißhunger** entwickeln, weiterhin **gestreichelt** zu werden. Es scheint für sie genauso wichtig zu sein wie die Muttermilch. Ja, sogar nachdem sie das Laufen gelernt haben, stehen sie oft noch immer da, heben die Hände verlangend hoch und drücken damit aus: nimm mich in den Arm. Sie möchten weiterhin berührt, weiterhin gestreichelt werden.

Wie ist das eigentlich bei Ihnen? Müssen Sie als Erwachsener auch noch gestreichelt werden? Diese Frage stelle ich oft in den Seminaren. Und noch nie habe ich es erlebt, daß sie jemand verneint. Also können wir wohl davon ausgehen, daß jeder normale, gesunde Mensch dieses Bedürfnis hat: Ihre Kunden, Ihre Mitarbeiter, Ihre Vorgesetzten, Ihre Partner und Freunde.

Auch für Erwachsene ist es ein schönes Gefühl, in den Arm genommen zu werden. Und gibt es eine bessere Möglichkeit, jemanden zu trösten, ihm zu zeigen, daß wir ihn mögen, als den Arm um ihn zu legen und ihn an uns zu drücken?

Bitte prägen Sie sich diese Erkenntnis unauslöschlich in Ihr Gedächtnis ein: **Auch Erwachsene haben das Bedürfnis, gestreichelt zu werden.**

Ersatzformen für „Streicheln"

Schade, daß das nicht immer so ohne weiteres möglich ist, andere Menschen zu streicheln. Ein Mitarbeiter z.B., der seiner Kollegin den Po tätschelt, dürfte eine böse Überraschung erleben. Und Ihr Kunde wird wohl auch nicht gerade begeistert sein, wenn Sie ihm demnächst beim Preisgespräch beruhigend übers Haar streichen.

Was also tun, wenn dieser direkte Hautkontakt nicht immer möglich ist? Wir müßten uns überlegen: wie kann man auf andere Art und Weise das Gefühl der Geborgenheit und Nähe vermitteln, kurz: welche **Ersatzformen** für „Streicheln" gibt es? Wie können Sie einem anderen Menschen zeigen, daß er Ihnen etwas bedeutet?

Die meisten Menschen glauben irrtümlich, sie könnten andere beeindrucken, wenn sie sich selbst in den Mittelpunkt stellen. Das Gegenteil ist der Fall: der sicherste, kräftesparendste Weg, andere für sich zu gewinnen, ist, **sie** in den Mittelpunkt zu stellen. Ihnen das zu geben, was sie brauchen: **Anerkennung und das Gefühl, bedeutend zu sein**.

Haben das die professionellen Werbestrategen nicht längst erkannt? Wofür wird heute das meiste Geld ausgegeben? Für Essen, Wohnen, Schlafen? Nein. Das wirklich große Geld wird für Überflüssiges ausgegeben: für das Traumhaus, den Traumwagen, die Traumreise. Kurz: es wird ausgegeben, um den Hunger nach Anerkennung zu stillen, um anderen zu imponieren.

Deshalb empfehle ich Ihnen, die folgende Liste auszuschneiden und in Ihre Brieftasche zu stecken, damit Ihr Blick jeden Tag mindestens einmal darauf fällt. Es sind Ersatzformen für Streicheln, die Sie jeden Tag praktizieren können:

Wie man Menschen für sich gewinnt

- Mit Namen anreden
- In den Arm nehmen
- Gratulieren
- Hobby ansprechen
- Ernst nehmen
- Freude bereiten
- Einbeziehen
- Interesse zeigen
- Einladen
- Hervorheben
- Kompliment machen
- Lob aussprechen
- Bestätigen
- Zuhören
- Händedruck
- Danken
- Um Rat bitten
- Bestaunen
- Konstruktive Kritik
- Den Vortritt lassen
- Arbeit abnehmen
- Befördern
- Telefonanruf
- An Geburtstag denken
- Weiterempfehlen
- Gehaltserhöhung
- Brief schreiben
- Sich entschuldigen
- Verständnis zeigen

- Mut machen
- Versprechen halten
- Sympathie zeigen
- Beachten
- Helfen
- Um Hilfe bitten
- Recht geben
- Gemeinsam feiern
- Trösten
- Toleranz
- Zeit nehmen
- Ehrlichkeit
- Gern haben
- Fehler zugeben
- Respektieren
- Informieren
- Schulter klopfen
- Hervorheben
- „Du"anbieten
- Auszeichnen
- Delegieren
- Bewundern
- Empfehlen
- Besuchen
- Lächeln
- Vertrauen
- Fragen
- Grüßen
- Pünktlichkeit

Was kosten diese „Ersatzmöglichkeiten"? Die meisten kosten nicht mal ein Stückchen Brot. Manche kosten nur einen Blick, ein Wort. Ihr Vorrat an Brot darf sich erschöpfen. Ihr Vorrat an Anerkennung nie! An Brot kann man sich satt essen. Haben Sie schon einmal einen Menschen kennengelernt, der der Anerkennung überdrüssig wurde? Auch die Reichsten und Mächtigsten brauchen, was Shakespeare „die Milch der menschlichen Liebe" genannt hat.

Konsequenz: Ihre Fähigkeit, Menschen für sich zu gewinnen, wächst dramatisch, wenn Sie anderen mehr Anerkennung geben. Sie dürfen einem Menschen sein Mittagessen versalzen, seinen Wein verwässern, sein Auto zu Schrott fahren. Nur eines dürfen sie nicht: Seinen Wunsch mißachten, bedeutend zu sein!

Erwisch' ihn, wenn er's gut macht

Woher kommt es wohl, daß sich viele Menschen mit diesen **„Streicheleinheiten"** so schwer tun? Wo doch jeder weiß, wie sie aufbauen, Mut machen, motivieren? Es sind hauptsächlich **fünf Gründe**:

1. Weil viele glauben, sie würden sich dabei etwas vergeben.

2. Weil viele in der Kindheit selbst zu wenig „gestreichelt" worden sind.

3. Weil wir gute Leistungen bei anderen oft als selbstverständlich halten („das ist ja seine Pflicht").

4. Weil wir mehr darauf programmiert sind, Fehler anzukreiden.

5. Weil manche Menschen aus der Grundeinstellung „Ich bin nicht ok - Du bist nicht ok" heraus handeln. Weil ihr Selbstwertgefühl gering ist, fühlen Sie sich dann am wohlsten, wenn sie andere klein machen können.

Wie man Menschen für sich gewinnt

Was für eine verkehrte Einstellung! **Wer andere klein macht, ist selbst nie groß!** Das Gegenteil ist der Fall: **Wer andere groß macht, wächst mit!**

„Laß' jeden seine Höchstform erreichen. Erwisch' ihn, wenn er's gut macht!" Wäre dieses Motto nicht auch etwas für Sie?

„Anerkennung ist eine Pflanze, die oft nur auf Gräbern blüht", sagt ein altes Sprichwort. Bitte machen Sie es sich deshalb ab heute zur festen Gewohnheit, keinen Tag vergehen zu lassen, an dem Sie nicht irgend jemand aus Ihrer Umgebung „gestreichelt" haben. Eines ist dabei ganz wichtig: es muß Ihnen **aus dem Herzen** kommen. Wer andere nur dann „streichelt", wenn er etwas von ihnen will, wird schnell unglaubwürdig.

Halt, noch etwas: bitte lassen Sie sich nicht von Menschen täuschen, die so tun, als ob sie dieses Streicheln gar nicht bräuchten. Die es ablehnen oder sich unangenehm berührt zeigen. Wer Lob ablehnt, möchte in Wahrheit **noch einmal** gelobt werden. Das einemal reicht ihm noch gar nicht. Deshalb: machen Sie es anderen leichter, Sie zu streicheln. Zeigen Sie Ihr **Gefühl**. Sagen Sie z.B.: *„Danke. Ihr Kompliment macht mich stolz. Ich freue mich darüber."* Sie vergeben sich dadurch doch nichts, oder?

Das Duell

Ein Mongolenfürst und ein anderer, ihm feindlich gesinnter Herrscher trafen sich in der Nacht vor der Schlacht zum Duell. Zunächst bekämpften sie sich auf das heftigste mit Worten.

Als es dann aber ernst werden sollte und sie zu den Waffen griffen, forderte ein „heiliger Mann" sie auf, auf den Waffengang zu verzichten und den Zweikampf mit Worten fortzuführen.

Die beiden waren mit diesem Vorschlag einverstanden. Wenig begeistert waren sie allerdings, als ihnen der „heilige Mann" die Bedingungen nannte: Sieger sollte nämlich der sein, der den anderen am überzeugendsten lobt.

Plötzlich waren die Kontrahenten gezwungen, einander mit ganz anderen Augen anzusehen. Zum erstenmal waren sie gezwungen, sich Gedanken über die positiven Seiten des Feindes zu machen. Da zeigte sich, daß die Gegensätze, die unüberwindlich schienen, gar nicht so groß waren. Es öffnete sich plötzlich ein Weg, der zum Frieden führte.

Wer tut den ersten Schritt?

Auch die längste Reise fängt mit einem Schritt an. Wie schwer es oft ist, gerade **den** zu tun, habe ich erlebt, als ich noch Angestellter war. Da gab es einen Kollegen, mit dem verstand ich mich überhaupt nicht. Wir waren beide Rivalen, auf die gleiche Position aus.

Eines Tages sagte dieser Rivale zu mir: *„Herr Reichel, ich bewundere, wie locker Sie vor anderen reden können. Da bringt mich mein Lampenfieber immer fast um."* Erst dachte ich: der meint das nicht ernst, der will dich auf den Arm nehmen. Als mir aber klar wurde, daß er das wirklich so meinte, hat mich das tief beschämt. Bei nächster Gelegenheit sagte ich: *„Herr Mendrina, mir gefällt an Ihnen Ihre Art, wie Sie auf andere Menschen zugehen. Da kann ich viel von Ihnen lernen."*

Jetzt war das Eis gebrochen. Wir setzten uns zusammen und besprachen die Dinge, die zwischen uns lagen. Seitdem war die Zusammenarbeit hervorragend. Noch heute aber ärgert mich, daß nicht **ich** es war, der den ersten Schritt tat.

Vielleicht werden Sie jetzt einwenden: Es ist aber doch nicht jeder Mensch ok. Die Welt ist voller Schufte, Gauner und sogar

Wie man Menschen für sich gewinnt

Mörder. Wie soll ich denn **denen** mit der Einstellung „Ich bin ok - du bist ok" begegnen?

Stimmt, das wäre unrealistisch und kaum erfolgreich. Deshalb: Wenn ich **sicher** bin, daß mir der andere **schaden** will, dann weiß ich ihn anders zu behandeln. Zunächst aber begegne ich jedem Menschen, der mir fremd ist, mit der „Gewinnereinstellung". Natürlich erlebe ich dabei ab und zu Enttäuschungen. Auf der anderen Seite habe ich auch schon viele positive Überraschungen erlebt, gerade von Menschen, die mir unsympathisch und arrogant erschienen. Später stellte sich heraus, daß das sehr liebenswürdige Persönlichkeiten waren.

Übung „Grüßen"

Grüßen Sie heute jeden, der Ihnen begegnet und den Sie kennen. Grüßen Sie freundlich und nehmen Sie dabei Blickkontakt auf. Sprechen Sie den anderen - wenn möglich - mit Namen an. Lassen Sie sich nicht entmutigen, wenn der andere nicht zurückgrüßt. Die Übung hilft Ihnen in jedem Fall, im Umgang mit anderen unbefangener zu werden.

Übung „Smalltalk" mit Bekannten

Wechseln Sie mit jemandem, den Sie nur flüchtig kennen, ein paar Worte: der Putzfrau, dem Postboten, dem Pförtner, dem Kollegen aus der anderen Abteilung. Keine Angst vor Smalltalk. Er wirkt überall auf der Welt als „Eisbrecher". Sprechen Sie über Wetter, Sport, Reisen, Arbeit, es muß nichts „Hochgescheites" sein. Knüpfen Sie an irgend etwas Gemeinsames an oder machen Sie dem anderen einfach nur ein Kompliment.

Übung „Smalltalk" mit Fremden

Machen Sie die gleiche Übung mit einem Fremden, z.B. auf einer Tagung oder wenn Sie irgendwo Schlange stehen. Sie

müssen kein Alleinunterhalter sein. Wichtig ist nur, daß Sie sich für den anderen interessieren. Damit der Einstieg leichter fällt: Fragen Sie ihn nach der Uhrzeit, fragen Sie, wo sie die hübsche Tasche gekauft hat. Fragen Sie ihn nach seiner Meinung: *„Was halten Sie von...?"*, *„Was glauben Sie..."*, *„Wie ist Ihre Meinung zu...?"*.

Falls Sie meinen, selbst wenig zu sagen zu haben, lassen Sie den anderen reden. Die meisten Menschen sprechen gerne über sich selbst. Haben Sie keine Scheu vor Bildungslücken. Wenn Sie zugeben, hier oder dort ein Informationsdefizit zu haben, macht Sie das sogar sympathisch. Geben Sie dem anderen Gelegenheit, sich zu profilieren.

Übrigens: Sie gewinnen an Herzlichkeit und warmer Ausstrahlung, wenn Sie sich vorstellen, Ihr Gegenüber sei ein guter Freund.

Übung: Tag der Freude

Überlegen Sie sich schon bei der Morgentoilette, wem Sie heute bewußt eine Freude machen können und schreiben Sie sich die Namen in Ihren Tagesaktivitäten-Kalender: der Kellnerin ein Kompliment machen für die aufmerksame Bedienung , dem Kollegen danken für seine Hilfsbereitschaft, den Mitarbeiter im Krankenhaus besuchen usw. „Der beste Weg, sich selbst eine Freude zu machen, ist zu versuchen, einem andern eine Freude zu bereiten. Das wußte schon Mark Twain. Versuchen Sie, heute möglichst vielen Menschen eine Freude zu machen.

Übung: Freundschaften pflegen

Die meisten Freundschaften zerbrechen nicht, sondern verwelken. Greifen Sie jetzt gleich zum Telefon und rufen einen Ihrer Freunde oder guten Bekannten an, den Sie schon lange nicht

mehr kontaktiert haben. Schreiben Sie einen Brief oder ein Fax, laden Sie sie zum Essen ein; kurz, tun Sie alles, damit von Ihrer Seite aus die Freundschaft erhalten bleibt.

Das Gesetz von der Erfolgsmaximierung

Stellen Sie sich einmal folgende Situation vor: Sie sind auf einer Gesellschaft, treffen viele neue, interessante Menschen. Fotos werden geschossen. Sie haben die Möglichkeit, einige dieser Fotos nachzubestellen. Für welche würden Sie sich entscheiden?

Was ich jetzt sage, klingt wie ein Witz: die meisten Menschen bestellen jene Fotos, auf denen **sie selbst sind!**

Ist das nicht merkwürdig? Wäre es nicht viel vernünftiger, zu fragen: *sind der Herr Koslowski oder die Frau Wimmer, Menschen, die ich wahrscheinlich nie mehr in meinem Leben sehen werde, auch auf dem Foto? Damit ich eine Erinnerung an sie habe?* Wäre das nicht wirklich sinnvoller? Aber nein: **die meisten Menschen schauen nur auf sich selbst.**

Womit hängt das zusammen? Wohl damit, daß sich die meisten Menschen für den **Nabel der Welt** halten. Ist Ihnen schon einmal aufgefallen, welches Wort zu den meistgebrauchten der deutschen Sprache zählt? Raten Sie mal! Es ist das Wörtchen „ich". Ich, ich, ich - die meisten Menschen reden am liebsten über sich selbst. Das gilt gerade für die heutige Zeit. Sie ist eine Zeit voller **Egoisten.**

Genau das ist der Grund, warum wir es oft so schwer haben, uns bei anderen mit unseren Ideen und Interessen durchzusetzen.

Was tun?

Das Geheimnis des Pater Brown

Er hatte es schon schwer, der Pater Brown. Auf der einen Seite wollte er ein treuer Diener seiner Kirche sein. Auf der anderen Seite spielte ihm sein Talent immer wieder einen Streich: er hatte eine **detektivische Spürnase.**

In dem Film **„Das schwarze Schaf"** gibt es eine hervorragende Szene, die deutlich macht, warum dieser Pater Brown - von **Heinz Rühmann** meisterhaft dargestellt - so viel Erfolg hat.

Er trifft eines Tages den Kriminalinspektor. Die beiden verband eine Art Haßliebe. *„Pater Brown"*, fragt der Inspektor, *„jetzt gib mir mal endlich dein Geheimnis preis: warum bist du so erfolgreich und warum tun wir, die Polizei, uns - trotz unseres großen Fahndungsapparates - immer so schwer?"*

Pater Brown schweigt. Und endlich - so, als ob es ihm schwer fiele, sein Geheimnis preiszugeben, sagt er mit leiser Stimme: *„Weißt du, **ich selbst** habe all diese Verbrechen begangen."*

Der Inspektor starrt ihn entsetzt an: *„Du selbst warst das?"*

„Ja, ich weiß nicht ob du das verstehst: **ich krieche in so einen Menschen regelrecht hinein. Ich schlüpfe unter seine Haut. Ich atme seinen Atem. Ich denke seine Gedanken. Ich kämpfe mit seinen Leidenschaften. Ich sehe die Welt mit seinen blutunterlaufenen Augen.** *Und dann spüre ich nur noch* **einen Wunsch** *in mir. Den Wunsch,* **der in einer hellroten Blutlache endet.** *Bis ich ganz genau weiß:* **Jetzt steckst du in einem Mörder!"**

Erkennen Sie die unterschiedliche Denkweise?

Der Inspektor dachte immer mit dem **gesunden Gehirn des Kriminalers.** Pater Brown aber dachte mit dem **kranken Gehirn des Verbrechers.**

Der Schlüssel zum Menschen

Wenn Ihnen Ähnliches gelingt, wenn es Ihnen gelingt, für kurze Zeit

- **in den Schuhen des anderen zu stehen,**

- **ein Problem mit dessen Augen zu betrachten,**

dann haben Sie einen ganz wichtigen **Schlüssel zur Menschenbeeinflussung** in der Hand. Es gibt kaum einen, der wirkungsvoller ist.

Erkennen Sie jetzt, welch **grundlegenden Fehler** die meisten Menschen machen, wenn sie von einem anderen etwas wollen? Wovon reden sie? Sie reden **von sich**. Sie reden davon, wie wichtig die Sache **für sie** ist. Von **ihren Vorteilen** reden sie, von **ihren Interessen.** Dabei ist das dem anderen völlig egal. Den interessiert nämlich nur eines: **was springt für mich dabei heraus?** Und davon müßten Sie reden. Es brauchen nur **kleine** Vorteile sein, die Sie dem anderen bieten können, aber **reden** müssen Sie davon. Unmittelbar und direkt. Ohne daß der andere erst Ihre Worte übersetzen muß. Ohne daß er erst überlegen muß: *welchen Nutzen habe ich davon?*

Der Du-Standpunkt

Von dem amerikanische Automobilkönig **Henry Ford** gibt es einen berühmten Ausspruch:

> *„Wenn es ein Geheimnis für den Erfolg gibt, ist es das: Den Standpunkt des anderen verstehen und die Dinge mit seinen Augen betrachten."*

Dazu zwei Beispiele:

Beispiel 1:

Ich könnte Sie jetzt bitten: *„Lieber Leser, tun Sie mir den Gefallen und lesen Sie diesen Abschnitt besonders sorgfältig. Denn wenn ich, der Autor merke, daß meine Bücher **wirklich** gelesen werden, macht mir das Schreiben noch mehr Spaß."*

Was würde ich mit diesem Appell erreichen? Herzlich wenig wohl. Denn daß mir, dem Autor, das Schreiben Spaß macht, ist Ihnen letztlich egal. Ihnen ist **anderes wichtig.**

Wie also müßte ich argumentieren, um mein Ziel doch zu erreichen? Ich müßte sagen:

Wenn es **für Sie wichtig** ist,

1. **Ihre Ideen und Interessen bei anderen leichter durchzusetzen,**

2. **erfolgreicher zu argumentieren,**

3. **Ihre Schlagfertigkeit zu steigern,**

dann lohnt es sich **für Sie**, diesen Abschnitt besonders intensiv zu lesen.

Erkennen Sie den Unterschied? Vorher habe ich von meinem Spaß gesprochen und jetzt **setze ich mich auf Ihren Stuhl** und betrachte das Ganze mit **Ihren Augen.**

Beispiel 2:

Bei welchem Verkäufer würden Sie wohl lieber kaufen? Bei dem einen, der sagt: *„Unsere Computer sind besonders klein."* Oder beim anderen: *„Mit unseren Computern sparen Sie wertvollen Platz auf Ihrem Schreibtisch."*

Wie man Menschen für sich gewinnt

Erkennen Sie auch hier wieder den Unterschied? Der zweite Verkäufer nimmt uns das Denken ab. Spricht unmittelbar von unserem Vorteil.

Ein Naturgesetz

Sie kennen jetzt das **Gesetz der Erfolgsmaximierung:**

> Wenn Sie Ihre Wünsche mit **kleinen Vorteilen** begründen, die dem anderen zugute kommen, erreichen Sie eher sein „Ja", als wenn Sie von den **großen Vorteilen** reden, von denen nur Sie profitieren.

Vom Versager zum Gewinner

Dieses Gesetz können Sie in fast allen Situationen des täglichen Lebens anwenden. Immer, wenn Sie wollen, daß ein anderer, sei es

- *Ihr Kunde,*
- *Ihr Mitarbeiter,*
- *Ihr Vorgesetzter*

sich für Sie einsetzt, sich für Ihre Interessen engagiert, müssen Sie ihm einen **Nutzen bieten.** Die **„Verlierer"** machen es umgekehrt. Sie fragen zuerst: *„Was springt für mich dabei heraus? Welchen Gewinn kann ich erwarten?"* Dann erst sind sie bereit, zu geben. So wie der **Bettler.** Er streckt erst die Hand aus und sagt dann danke.

Wirklich erfolgreiche Menschen, die **„Gewinner",** investieren zuerst und strecken dann die Hand nach den Gewinnen aus. Im Wort **„zuerst"** besteht der ganze Unterschied!

Es wird Ihnen leichter fallen, sich auf den **„Du-Stuhl"** zu setzen, wenn Sie sich angewöhnen, häufiger die Wörter **„Sie"**, **„Ihr"**, **„Wir"**, **„Ihnen"** zu verwenden und dementsprechend weniger die Wörter **„ich"**, **„mein"**, **„mir"**.

Wie hört sich das in der Praxis an? Zwei **Beispiele:**

Schlecht: *„Ich lege wert darauf, Herr Müller, daß Sie kreativ arbeiten."*

Besser: *„Sie werden mehr Spaß an Ihrer Arbeit haben, Herr Müller, wenn Sie kreativ..."*

Schlecht: *„Mir würde es besser in die Terminplanung passen, wenn..."*

Besser: *„Sie vermeiden Wartezeiten, wenn wir den Termin..."*

Der Psychologe **Alfred Adler** sagt: *„Der Mensch, der sich für seine Mitmenschen nicht interessiert, hat im Leben die meisten Schwierigkeiten und fügt anderen den meisten Schaden zu. Solche Menschen sind die Ursache allen menschlichen Elends."*

Der bescheidene Bäcker

In einer Straße in Wien befanden sich vier Bäckereien.

Um sich von der Konkurrenz abzuheben, stellte die erste ein Schild neben den Eingang, auf dem sie das feinste Gebäck in ganz Wien offerierte.

Die zweite Bäckerei antwortete mit einem Schild: die feinsten Backwaren in ganz Österreich.

Die dritte konterte mit dem Angebot: die besten Backwaren der Welt.

Das alles beeindruckte den vierten Bäcker keineswegs. Er postierte vor seinem Laden ein Schild, das bescheiden verkündete:

„Hier erhalten Sie die feinsten Backwaren in dieser Straße."

Fazit: Wer sich für andere interessiert, gewinnt in zwei Monaten ein besseres Image, macht bessere Geschäfte als jemand, der immer nur versucht, die anderen für sich zu gewinnen in zwei Jahren.

Deshalb: Höre auf zu versuchen, das zu bekommen, was **du** willst. Hilf anderen, das zu erreichen, was **sie** wollen. Werde ein Meister im Nutzenbieten.

Graue Mäuse gibt es
in jedem Unternehmen.
Mitläufer ohne Charisma
und Ausstrahlung.
Rhetorik und Gesprächsführung
sind für den Charismatiker
selbstverständliche Übungen.
Wenn er spricht,
kriegt die gesamte Mannschaft
leuchtende Augen.

Die Ursachen des Lampenfiebers

Lampenfieber - Salz in der Suppe?

Ein Alptraum. Vor Ihnen sitzen 20, 30 fremde Menschen. Alle blicken Sie an. Sie sollen eine Rede halten.

Sie haben das Gefühl, **Wölfe** sitzen um Sie herum. Wölfe, die gleich Ihre Stimme abbeißen werden. Ihr Herzschlag jagt hoch wie ein Rennmotor bei durchgetretenem Gaspedal. Der Kopf wird siederot, der Puls hämmert im Hals. Die Knie werden weich. Heiß und feucht die Handflächen. Wo abwischen? Wohin überhaupt mit den Händen?

Sie starren mit aufgerissenen Augen in sich hinein, damit Sie nicht die Wölfe sehen, die auf Ihre Stimme warten. Aber irgendwie quetschen Sie doch ein paar Worte heraus: heiser, gepreßt. Wie eine fremde Stimme hört sich die eigene an.

Der Mund wird trocken. **Schweißausbrüche** am ganzen Körper. Gedanken schießen Ihnen durch den Kopf, unkontrolliert und wirr. Sie fühlen sich plötzlich wie ein Angeklagter vor dem Richter. **Ein Alptraum.**

„Haben Sie eigentlich noch Lampenfieber?" Eine Frage, die mir als Rhetoriktrainer natürlich immer wieder gestellt wird. *„Wenn ich eines Tages zu Beginn eines Seminars oder am Anfang einer Rede keines mehr habe"*, antworte ich dann regelmäßig, *„werde ich beruflich so lange pausieren, bis ich es wieder neu verspüre."*

Bitte überlegen Sie einmal:

Wie wirkt ein Redner auf Sie, der absolut kein Lampenfieber mehr hat? Wirkt er nicht leicht zu perfekt? Besteht nicht die Gefahr, daß die Zuhörer denken: *„Der läßt eine Platte ablaufen. Das hat er auswendig gelernt. Mit dem Herzen ist er nicht dabei."*

Wenn Ihre Zuhörer dagegen merken: *„Der ist ja selbst ein*

bißchen aufgeregt", dann haben sie auch das Gefühl: *„Der nimmt seine Sache ernst. Er engagiert sich. Es brennt in ihm. Es lohnt sich, ihm zuzuhören."*

Sie sehen: Lampenfieber kann die Suppe sowohl versalzen als auch höchst delikat würzen. Machen Sie sich also nichts daraus, wenn ein kleiner Rest von Lampenfieber immer bleiben wird. Er kann ein starker **Antriebsmotor** sein. Vielleicht sogar Initialzündung für eine glanzvolle Rede. Wichtig ist: Sie müssen jenes große Lampenfieber in den Griff kriegen, das zur **Denkblockade, zum Blackout** führt.

Fazit:

Lampenfieber ist kein Zeichen rednerischer Unbegabtheit, wie viele Redeanfänger glauben. Es ist ein völlig normales rednerisches Durchgangsstadium, eine Art Muskelkater. Den bekommt jeder, der eine vorher noch nicht betriebene Sportart aufnimmt. Auch körperlich gut durchtrainierte Menschen. Würden Sie aber wegen eines Muskelkaters gleich kapitulieren?

Als junger Student verehrte der Dichter **Bert Brecht** den **Karl Valentin** sehr. Eines Tages fragte er ihn, den Kriegsteilnehmer, was Soldaten, die in den Krieg ziehen, empfinden. *„Bleich san's, Angst ham's"*, war die knappe Antwort Valentins.

Dieser Satz trifft auch auf die meisten Menschen auf dem Weg zum Rednerpult zu: Bleich san's, Angst ham's. Die meisten Menschen haben Angst vor der freien Rede: der Hochschulprofessor genauso wie der kleine Angestellte, der Wirtschaftsmanager kaum weniger als die Hausfrau.

Mark Twain hat erkannt: *„Das menschliche Gehirn ist eine großartige Sache. Es funktioniert vom Augenblick der Geburt bis zu dem Zeitpunkt, wo du aufstehst, um eine Rede zu halten."*

Die Ursachen des Lampenfiebers

Es gibt prominente Schauspieler und Sänger, die man vor Premieren und wichtigen Auftritten in ihren Garderoben einsperren muß, weil sie sonst davonlaufen würden.

„Meine sehr verehrten Damen und Herren, ich darf Ihnen ganz offen gestehen, daß ich seit der Zeit, als ich um die Hand meiner Frau angehalten habe, noch nie so nervös war wie heute hier." So begann Bundestagspräsident **Richard Stücklen** am 31.5.79 seine Antrittsrede vor dem Bundestag.

Von **Cicero** ist überliefert: *„Wo ist der Redner, der im Augenblick, da er spricht, nicht gefühlt hätte, wie sich sein Haar sträubte und sein Gebein erstarrte?"*

Ist diese Erkenntnis nicht tröstlich? Tatsächlich: wenn Sie unter Lampenfieber leiden, sollten Sie ab heute immer daran denken**: Lampenfieber ist eine völlig normale Erscheinung.** Angst vorm Reden hat jeder Anfänger.

Noch eine Erkenntnis ist tröstlich: Gegen Fieber kann man etwas unternehmen. Man muß nur den oder die Erreger kennen. Schuld am Lampenfieber können gleich **fünf** Erreger sein. Wer sie kennt, kann sich gegen sie immun machen.

Erreger Nr. 1:

Die Urangst des Neandertalers vor der Horde

Wenn Sie schon einmal auf der Autobahn A3 die Strecke Düsseldorf - Krefeld gefahren sind, dann wird Ihnen aufgefallen sein, daß die Autobahn hinter Düsseldorf das **Neandertal** überquert. Es ist jenes Tal, in dem vor ca. 100 000 Jahren ein Nebenzweig unserer Vorfahren gelebt hat. Dieser **Neandertaler** - obwohl nur entfernter Verwandter - lebt noch heute in uns. Nach 100 000 Jahren.

Unser **Lampenfieber** hat auch mit ihm zu tun. Weshalb?

Der Neandertaler lebte in der **Horde**. Sie gab ihm **Schutz**. In ihr fühlte er sich geborgen. Aber wehe, er stand eines Tages vor einer fremden Horde. Da war er meist verloren. Wie sollte er sich gegen diese Übermacht wehren? Mit seinem Pfeil, seinem Speer konnte er wenig ausrichten. Die fremde Horde hat ihn fertiggemacht. Und diese Angst, die **Angst, vor einer fremden Horde** zu stehen, getötet zu werden, hat sich ihm damals so tief eingeprägt, daß sie sich über Jahrtausende hinweg fortgepflanzt hat.

Die Psychologie nennt dieses sprungartige Auftreten von Eigenschaften weit entfernter Ahnen **Atavismus**. Den Neandertaler bezeichnet sie als **„Primitivperson"**. Eine Primitivperson, die in jedem Menschen drinsteckt. Auch im gescheitesten Hochschulprofessor.

Damit kennen Sie jetzt eine wichtige biologische Ursache für das Lampenfieber.

Im gleichen Moment nämlich, in dem Sie am Rednerpult mit Ihren Zuhörern konfrontiert werden, wird jene **Urangst des Neandertalers** in Ihnen wach. Sie haben das Gefühl, der Überzahl ohnmächtig ausgeliefert zu sein.

In diesem Augenblick springt ein **„Motor"** in Ihnen an. Mehr als „300 PS" bringen Sie blitzschnell auf Hochtouren. Ihr Blutdruck steigt. Ihr Herz fängt an zu jagen. Sie atmen intensiver. Ihre Haare sträuben sich. Sie sammeln Ihre körperlichen Kraftreserven für den bevorstehenden **Kampf** bzw. die **Flucht**. Sie sind von Kopf bis Fuß auf Aktivität eingestellt, um der Gefahr zu begegnen. Sie pendeln zwischen Flucht und Abwehr. Es geht ums **Überleben** und Sie sind geistig und körperlich darauf vorbereitet.

Dieses Überlebenssystem ist ein **biologisches Urprogramm**. Für unseren Vorfahren, den Steinzeitmenschen, war es eine

Lebensnotwendigkeit. Seine Devise war: *„Nichts wie drauf-schlagen!"* oder *„Auf und davon, ab auf den nächsten Baum!"*

Das unerwünschte Erbe

Mittlerweile aber leben wir nicht mehr in der Steinzeit. Wir sind zivilisierte Menschen. Unsere Umwelt hat sich geändert. Unser biologisches Erbe aber ist immer noch dasselbe. Die Angst ist die gleiche geblieben.

Daß das eine völlig grundlose Angst ist, hatte schon **Sokrates** erkannt. Im folgenden Gespräch suchte er seinem berühmten Schüler **Alkibiades** die Angst zu nehmen:

Sokrates:
„Du hast also Angst, vor einer großen Menschenmenge zu reden. Würdest du dich auch fürchten, vor einem Schuhmacher zu reden?"

Alkibiades:
„Oh nein!"

Sokrates:
„Oder würde dich ein Kupferschmied befangen machen?"

Alkibiades:
„Überhaupt nicht!"

Sokrates:
„Aber ein Kaufmann, der würde dich wohl in Schrecken versetzen."

Alkibiades:
„Ebensowenig!"

Sokrates:
„Aber aus solchen Leuten setzt sich doch das Volk von Athen zusammen. Wenn du die einzelnen nicht fürchtest, warum willst du sie insgesamt fürchten?"

Alkibiades half dieses Gespräch nur wenig. Er hatte eben erkannt: die Zuhörermenge einer Versammlung ist nicht gleich der Summe der Einzelpersönlichkeiten. Aber **eines** konnte er damals als junger Redner noch nicht wissen: daß die Masse ihm weniger gefährlich ist als es einzelne sein können.

Fazit: Lampenfieber ist biologisch im Menschen angelegt. In jedem. Unerwünschtes Erbe vom Neandertaler. Was bringt Ihnen diese intellektuelle Einsicht? Eine ganze Menge. Sie wissen ab heute: **Es stimmt gar nicht,** daß Ihre Zuhörer Sie fertigmachen wollen. **Es stimmt gar nicht,** daß Sie Ihrem Publikum ohnmächtig ausgeliefert sind. Ganz im Gegenteil: **Sie** sind es, der die Masse in der Hand hat. **Sie** sind es, der die Zuhörer beeinflußt, bewegt, ihre Herzen gefangennimmt. Gibt es dafür in der Geschichte nicht genügend Beispiele? **Und noch eines:** die allermeisten Ihrer Zuhörer **freuen** sich, wenn sie durch Ihren Vortrag unterhalten werden. Sie sind Ihnen **dankbar,** wenn Sie ihnen helfen, irgendwelche Probleme zu lösen. Warum sollten sie auf die Idee kommen, Sie fertigzumachen?

Erreger Nr. 2:

Das Hormon mit den zwei Gesichtern

Sie haben nun erfahren, welche Reaktionen Lampenfieber in unserem Körper hervorrufen kann. Sie kennen die **biologische Ursache** für das Lampenfieber. Wie aber kommt es nun **zur Denkblockade,** zum gefürchteten **Blackout?** Zu welchen **psychosomatischen Wechselbeziehungen** kommt es in unserem Körper?

Stellen Sie sich vor, Sie stehen am Rednerpult. Es steht viel auf dem Spiel. Sie haben sich gut vorbereitet. Welche Gedanken gehen Ihnen in diesem Moment durch den Kopf? Sie denken:

Die Ursachen des Lampenfiebers

„Hoffentlich geht das gut. Hoffentlich bleibst du nicht stecken. Hoffentlich blamierst du dich nicht. Hoffentlich machst du einen guten Eindruck!"

Es sind viele *„hoffentlich"*, die Ihre grauen Zellen in eine regelrechte **Alarmstimmung** versetzen. Und was macht das Gehirn mit diesem Alarm?

In unserer Gehirnrinde wird Alarm ausgelöst. Wir assoziieren *„Gefahr!"*.

Die Hypophyse, ein Teil unseres Stammhirns, schüttet nun das Hormon ACTH direkt in die Blutbahn aus.

Die Nebennieren registrieren das im Blut enthaltene ACTH und schütten blitzartig ebenfalls ein Hormon aus, das Adrenalin.

Dieses Adrenalin versetzt den gesamten Organismus in den Zustand höchster Kampf- und Fluchtbereitschaft. Wir sind geistig hellwach. Wir fühlen uns bärenstark.

Kommt es nun zu einer körperlichen Aktivität, wird das Adrenalin abgebaut und verschwindet aus dem Blutkreislauf. Bleibt diese körperliche Anstrengung aus, z.B. am Rednerpult oder in anderen Streßsituationen, kommt es über den Blutkreislauf zurück in das Gehirn. Dort bewirkt es eine mittlere Katastrophe. Die einzelnen Gehirnzellen können plötzlich nicht mehr miteinander Verbindung aufnehmen. Das in den Zellen gespeicherte Wissen ist zwar da, kann aber nicht abgerufen werden. **Denkblockade. Blackout.**

Sie sehen: mit steigendem Lampenfieber nimmt zunächst auch Ihre Leistungsfähigkeit (Wachheit, Aufmerksamkeit, Konzentration) zu. Wird der Bereich des Optimums überschritten, sinkt die Leistung wieder ab: Sie geraten in Panik.

Die gefährliche Gelassenheit der Antilope

Um Antilopen die Angst zu nehmen, hatte man ihnen Beruhigungsmittel gegeben und den Streßfaktor damit ausgeschaltet. Das Ergebnis: die Antilopen gerieten dadurch in so ausgeglichene Seelenstimmung, daß sie nicht einmal mehr vor Löwen Angst hatten. Intelligenztests bestätigen, daß die geistigen Leistungen vom Streß befreiter Tiere denen von Trotteln gleichen. Man hatte sie so stark beruhigt, daß sie es nicht für nötig hielten, sich auch nur im mindesten anzustrengen.

Der bekannte Forscher **Vitus Dröscher** schlußfolgert: *„Ein wenig Streß, das berühmte leichte Kribbeln in den Nerven, das einige Menschen geradezu genießen, die innere Erregung vor der Inangriffnahme einer großen Aufgabe - dies alles ist unerläßlich, wenn man beweisen will, was man kann."*

Daß die Mobilisierung von Energie durch den Adrenalinausstoß keinesfalls schädlich ist, zeigt ein anderes prominentes Beispiel: der einstige US-Präsident **Lyndon B. Johnson** hatte einen Herzinfarkt erlitten. Trotzdem stand er den Streß seiner Amtsperiode sehr gut durch. Der zweite Herzinfarkt trat erst in der Zeit danach ein. Wie aus Berichten hervorgeht, hatten seine Ärzte für einen regelmäßigen Wechsel zwischen An- und Entspannung gesorgt, als Johnson noch Präsident war.

Fazit: Sie müssen lernen, mit Ihrem Lampenfieber richtig umzugehen. Es darf nicht zu Denkblockaden führen, sondern soll Sie zu Höchstleistungen beflügeln.

Erreger Nr. 3:

Mangelndes Selbstvertrauen

Anna, die Lokomotive

Anna ist eine junge Lokomotive, die zur Lokomotivenschule geht, wo es zwei Unterrichtsfächer gibt: „Halt bei roter Ampel" und „Auf alle Fälle auf den Schienen bleiben". *„Wenn du diese beherzigst"*, schärft man ihr ein, *„wirst du eines Tages eine große Stromlinien-Lokomotive werden."*

Anna gehorcht eine Zeitlang, bis sie eines Tages entdeckt, was für einen Spaß es macht, die Gleise zu verlassen und auf dem Feld Blumen zu pflücken. Leider kann sie die Verletzung dieser Regeln aber nicht geheimhalten, denn an den Puffern finden sich verräterische Spuren.

Aber Anna lockt es immer wieder zu ihrem Spiel, und obwohl sie gewarnt wird, verläßt sie weiterhin die Gleise und wandert auf die Wiese.

Der Lokschulmeister ist verzweifelt. Er berät den Fall mit dem Bürgermeister von Lokstadt, in der die Schule liegt. Der ruft eine Versammlung der Bürgerschaft ein, in der Annas Missetaten besprochen werden, wovon Anna jedoch nichts erfährt. Die Versammlung beschließt einzuschreiten.

Als Anna das nächste Mal auf eigene Faust losgeht und die Gleise verläßt, läuft sie direkt auf ein rotes Licht zu und hält an. Sie wendet sich in eine andere Richtung, nur um wieder in ein rotes Licht zu laufen. Sie versucht es noch einmal - mit dem gleichen Ergebnis.

Sie dreht und wendet sich, aber sie kann kein Fleckchen Erde finden, auf dem nicht plötzlich ein rotes Licht erscheint, denn alle Bürger beteiligen sich an der Aktion.

Reuig und verwirrt sieht sie nach den Gleisen zurück, wo ihr das einladende grüne Licht des Lehrers das Zeichen zur Rückkehr gibt. Erschrocken durch die vielen roten Haltesignale kehrt sie mit großer Freude zu den Gleisen zurück und zockelt darauf glücklich hin und her.

Sie verspricht, nie mehr die Gleise zu verlassen und kehrt zurück zu dem Lokschuppen, wo sie von dem Beifall der Lehrer und Bürgerschaft empfangen wird und die Versicherung erhält, daß sie später einmal zu einer großen Stromlinienlokomotive wird.

Das Schneckenhaus verlassen

So wie Anna ergeht es vielen Menschen. Ihre Erziehung mit den vielen **Bannbotschaften** bewirkt, daß sie sich angepaßt und „stromlinienförmig" verhalten, wenig Vertrauen zu sich selbst haben.

Kommt Ihnen z.B. folgende Situation nicht bekannt vor? Sie sind in einer Konferenz, einer Besprechung, einer Versammlung. Viele wichtige Leute sind da. Es wird diskutiert, argumentiert. Sie hören zu. Da kommt Ihnen eine Idee. Sie könnten sich jetzt eigentlich zu Wort melden. Was aber tun Sie? Sie bleiben sitzen. Sie verzichten auf die Wortmeldung. Warum? Weil Sie denken: *„Wer weiß, ob das stimmt, was du sagen willst. Andere können das sicherlich besser ausdrücken. Halte dich lieber zurück."*

Was aber mußten Sie dann oft feststellen, wenn andere mit etwas mehr Zivilcourage als Sie das Wort ergriffen? Sie stellten fest: *„Die sagen das gleiche."* Oder sogar: *„Das hättest du viel besser ausdrücken können."* Sie haben sich wieder einmal nicht getraut. **Schade.**

Vielleicht kennen auch Sie in Ihrem Bekanntenkreis Menschen, von denen Sie sich sagen: Eigentlich müßten die ihrem Wissen und ihren Fähigkeiten nach auf der Erfolgsleiter wesentlich weiter oben stehen. Und trotzdem bleiben solche Menschen häufig irgendwo in der Mittelmäßigkeit stecken. **Weil sie in entscheidenden Situationen von ihren „Nicht o.k.-Gefühlen" geknebelt werden.** Sie können einfach nicht heraus aus ihrem Schneckenhaus.

„Herr Reichel, ich kann einfach nicht aus meiner Haut." Was meinen Sie, wie oft ich diesen Satz schon gehört habe?

Fazit: Sie kennen jetzt die **dritte wichtige Ursache für das Lampenfieber.** Wenn Sie bei einem Vortrag allein am Rednerpult stehen, wenn Sie bei einer Versammlung aufstehen und die vielen Blicke auf sich gerichtet sehen, wenn Sie in einer Diskussion durch Fragen bedrängt werden: **in all diesen Fällen schaltet sich automatisch der „Videorecorder" in Ihrem Gehirn ein und spielt jenen alten Katastrophenfilm** *„Das Lied der Geburt"* **wieder ab. Die ursprünglichen Gefühle von Alleingelassensein und Minderwertigkeit werden von Ihnen neu erlebt.**

Erreger Nr. 4:

Die „Ich-Falle"

Die meisten Menschen reden am liebsten von sich selbst. Die meisten Menschen denken am meisten an sich selbst. Traurig, aber wahr.

Wenn Sie dazugehören, könnte das eine weitere **wichtige Ursache** für Ihr Lampenfieber sein. *„Hoffentlich bin ich gut. Hoffentlich bin ich besser als mein Vorredner. Mache ich einen guten Eindruck?"*

Diese extreme Beschäftigung mit der eigenen Person bindet wesentliche Kräfte. Sie setzen sich unnötig unter Druck und steigern Ihre Nervosität.

Ist Ihnen denn nicht bewußt, daß Ihren Zuhörern völlig **egal** ist, ob Sie gut sind? Daß die nur eines interessiert, nämlich: *„Welchen Nutzen kann ich aus dem ziehen, was der mir da vorne erzählt?"*

Wenn Ihnen das einmal bewußt geworden ist, werden Sie sich zukünftig mehr mit Ihren Zuhörern beschäftigen als mit Ihnen selbst. Sie werden nicht mehr denken: *„Was kann **ich** denen alles erzählen?"* sondern: *„Was erwarten **sie** von mir?".* Sie werden sich auch nicht mehr überlegen: *„Wie kann **ich** einen guten Eindruck machen?",* sondern: *„Wo drückt* **sie** *der Schuh?".*

Der „rhetorische Pfau"

Nie in meinem Leben werde ich wohl meine eigene Premiere als Redner vergessen. Sie war ein glatter Mißerfolg. Wie es dazu kam?

An der Vorbereitung lag es mit Sicherheit nicht. Ganz im Gegenteil. Ein **rhetorisches Feuerwerk** wollte ich abbrennen.

Und dann kam der **Premierentag.** Warenhauseröffnung in Essen. Ich sollte vor 100 neuen Mitarbeitern eine Verkaufsschulung durchführen. *„Hoffentlich bin ich gut. Hoffentlich bin ich besser als meine Kollegen."* Solche und ähnliche Gedanken bewegten mich die Tage vorher.

Es waren genau die **falschen** Gedanken. Wesentlich sinnvoller wäre es gewesen, ich hätte mich mehr mit meinen **Zuhörern** beschäftigt. Mit **ihren** Problemen, Sorgen und Schwierigkeiten. Aber ich wollte ja glänzen. Statt **ihre** Sprache zu sprechen, die

Dinge mit **ihren** Augen zu sehen, schlug ich ihnen Fremdwörter und für sie neue Fachausdrücke nur so um den Kopf.

Ich spielte die Rolle des **rhetorischen Pfaus.** Noch heute schäme ich mich, wenn ich daran denke. Die **„Ich - Falle"** war mir zum Verhängnis geworden.

Erreger Nr. 5:

Unsicherheit durch mangelnde Vorbereitung

Es war im August 1996. Ein harter Tag liegt hinter mir. Entspannt sitze ich abends im Sessel, sehe im Fernsehen die Tagesschau.

Da kommt eine Nachricht, die mich traurig stimmt: Der „Zauberer des Taktstockes", **Sergiu Celibidache** ist tot. Mir ist klar: mit ihm verliert die Musikwelt einen der ganz großen charismatischen Dirigenten. Seine weltweiten Tourneen waren Triumphzüge.

In einem kurzen Rückblick auf sein Leben wird eines der seltenen Interviews gezeigt, die er gegeben hatte. „Maestro, Sie sind als musikalischer Pedant bekannt, stimmt das?" fragt der Reporter.

„Mag sein, kommt nur darauf an, was Sie unter Pedant verstehen. Wenn Sie darunter verstehen, daß ich von meinem Orchester ein Höchstmaß an Leistung erwarte, dann haben Sie recht. Dann bin ich ein Pedant und lasse mich auch gerne so nennen. Ich nehme jede einzelne Note ernst, für mich ist jede Note ein Solarsystem. Ich lasse meinen Musikern nichts durchgehen. Aber es kommt etwas sehr Entscheidendes hinzu. Ich selbst mache meinen Musikern vor, was es heißt, sich zu schinden.

Ich überlasse bei den Proben nichts dem Zufall. Aber auch gar nichts."

Mir ist an diesem Augustabend deutlich geworden, was es heißt, „Zauberer und Genie" zu sein. Mir ist wieder einmal klar geworden, **daß auch Genies hart an sich arbeiten müssen.** Wann aber erfährt man davon in der Presse?

Bitte erkennen Sie, wie wichtig es für Ihre **Sicherheit** ist, daß Sie sich **optimal** vorbereiten. Wie das im einzelnen geht, erfahren Sie auf den Seiten 199 ff.

Darf ich Ihnen ein Geständnis machen? Wenn ich heute einen wichtigen Vortrag von einer Stunde Dauer halten soll, einen Vortrag, von dem einiges abhängt, dann sitze ich einen ganzen Tag da, um diese eine Stunde vorzubereiten. Obwohl ich mich im Thema sicher fühle. Ich überlasse eben, ähnlich wie Celibidache, ungern etwas dem Zufall.

Fazit: Je besser Sie vorbereitet sind, desto geringer wird Ihr Lampenfieber sein. Sie müßten mit der Überzeugung vor Ihr Publikum treten: *„Hier ist niemand im Raum, der über das Thema mehr Bescheid weiß als ich. Die Zuhörer können fragen, was sie wollen. Ich werde antworten. Ich bin fundiert vorbereitet."*

Können Sie sich vorstellen, daß Sie dann kein Lampenfieber mehr haben? Daß Sie sich dann sogar darauf **freuen,** am Rednerpult zu stehen? Auf diese **einzigartige Gelegenheit,** andere auf Sie aufmerksam zu machen?

Sie kennen jetzt Ihren **Intimfeind „Lampenfieber"** schon ziemlich gut. Das ist wichtig, denn ein Feind, den man kennt, ist nur noch **halb so gefährlich.** Deshalb werden Sie jetzt auch nicht mehr vor ihm davonlaufen. Ganz im Gegenteil: Sie werden sich ihm stellen und **gewinnen.**

Der Prinz und sein Schatten

Es war einmal ein reicher Prinz, der liebte schöne Kleider, goldene Spangen und kostbare Ringe. So geschmückt zeigte er sich jeden Morgen seinem Volke, wenn die Sonne ihm ins Angesicht schien, und er war glücklich, wenn alles funkelte und glänzte und die Menschen ihm zujubelten.

Eines Tages trat der Prinz erst am späten Nachmittag vor sein Volk. Die Sonne stand in seinem Rücken, und der junge Mann sah zum ersten Mal seinen eigenen Schatten.

Da überkam ihn große Angst.

Sofort ließ er sein Pferd satteln. Er wollte fort. Als Prinz konnte er nicht einem Land herrschen, über das sein Schatten fiel. Er wollte da leben, wo es keinen Schatten gibt. So ritt er davon.

Er reitet noch heute.

Das „Prinzip der Verstärkung"

So wie dem Prinzen geht es vielen Menschen. Wenn sie vor etwas Angst haben, laufen sie davon. Sie versuchen, die angstauslösende Situation zu **meiden.** Das Vermeiden der angstauslösenden Situation aber **steigert** die Angst noch mehr. Warum?

Vieles, was wir lernen im Leben, läuft nach dem psychologischen **„Prinzip der Verstärkung"** ab: Hat eine Handlung für

uns positive, angenehme Folgen, sind wir also **erfolgreich, fühlen wir uns bestärkt, diese Handlung zu wiederholen.**

Vermeiden wir eine bestimmte angstauslösende Situation, werden wir **auch** belohnt: die Begleiterscheinungen der Angst (Herzklopfen usw.) bleiben aus. **Verstärkt wird diesmal unser Vermeidungsverhalten.**

So müssen wir weiter mit unserer Angst leben. Wir **verschlimmern** sie sogar, weil wir nun verstärkt dazu neigen, der furchtauslösenden Situation auszuweichen. Angst zieht Angst nach sich.

Ein **Teufelskreis.** Was tun?

„Man muß einfach kapieren", rät Professor **William Butollo,** Vorstand des Instituts für Klinische Psychologie in München, *„daß ein Vermeiden der angstmachenden Situation nur kurzfristig erleichtert, langfristig aber die Angst stabilisiert, schwerer macht. Wenn ich mir sage, vor dem und dem da habe ich Angst, da geh' ich einfach nicht mehr hin, ist das genau falsch. Man muß gezielt die Angst aufsuchen, sich an sie gewöhnen."*

Sein Rat erinnert mich an ein Rezept, das mir im letzten Winter mein Hausarzt verschrieb. *„Herr Doktor, was kann ich tun, um mich gegen die Grippe zu schützen?"* fragte ich ihn. *„Sie dürfen vor dem Bazillus nicht ausreißen",* war seine Antwort, *„Sie müssen ihm entgegengehen."*

Und dann **impfte** er mich. Mein Körper reagierte sofort. Klar, er mußte gegen den Bazillus kämpfen. Die Temperatur stieg am nächsten Tag leicht an. Aber gleichzeitig hat mein Körper auch Abwehrkräfte, eine Art **Gegengift** entwickelt. Ich überstand den Winter seit vielen Jahren zum erstenmal ohne Grippe. Ich war gegen den Grippebazillus **immun** geworden, hatte mich an ihn **gewöhnt.**

Die Angst des Dichters vor der Höhe

Wußten Sie, daß **Goethe** in ähnlicher Weise seine Höhenangst in den Griff bekam?

> *„Ich bestieg", berichtet er, „ganz allein den höchsten Gipfel des Münster Turmes und saß in dem sogenannten Hals, unter dem Kopf oder der Krone, wie man's nennt, wohl eine Viertelstunde lang, bis ich es wagte, wieder heraus an die freie Luft zu treten, wo man auf einer Platte, die kaum eine Elle ins Geviert haben wird, ohne sich sonderlich anhalten zu können, stehend das unendliche Land vor sich sieht, indessen die nächsten Umgebungen und Zierraten und die Kirche und alles, worauf und worüber man steht, verbergen...Dergleichen Angst und Qual wiederholte ich so oft, bis der Eindruck mir ganz gleichgültig ward."*

Erkennen Sie, wie Goethe seine Höhenangst bekämpfte? Ganz einfach: durch **wiederholte Konfrontation** mit der furchterweckenden Situation. Er setzte sich systematisch seiner Höhenangst aus. Er nützte die **Macht der Gewohnheit.**

Die Psychologie nennt das **„gegenphobisches Verhalten".** Die gefürchtete Situation wird so oft aufgesucht, bis man sich an die Angstreize gewöhnt hat. Dahinter steckt das psychologische Prinzip **der Adaption:**

Wirken bestimmte Reize immer wieder - oder ununterbrochen längere Zeit - auf uns ein, dann reagieren wir auf sie allmählich immer schwächer, bis wir schließlich völlig neutral bleiben. Wir haben uns an sie gewöhnt, wir sind „adaptiert".

Wichtiger Hinweis: Das „gegenphobische Verhalten", wie es Goethe praktizierte, ist eine **„Roßkur".** Wirksam, aber hart. Sie fordert ein so großes Maß an Überwindung, wie es nur wenige Menschen aufbringen können. Warum sollen Sie das aber nicht schaffen? Allerdings Vorsicht: sie kann auch gefährlich sein,

wenn sie nämlich zu früh abgebrochen wird. Die Angst wird dann meist noch schlimmer.

Besuchen Sie ein gutes Rhetorikseminar

Ich rate Ihnen deshalb: Führen Sie eine solche „Kur" möglichst unter **Anleitung eines erfahrenen Trainers** durch. Wenn Sie interessiert sind, schreiben Sie mir. In unseren Seminaren wenden wir diese Kur behutsam an. Sie werden **systematisch desensibilisiert.** Sie machen es gleichsam dem Nichtschwimmer nach. Der springt auch nicht gleich ins tiefe Wasser. Nein, er taucht erst mal den Zeh hinein, um die Temperatur zu prüfen.

So gehen wir auch im Seminar vor. Wir beginnen mit kleinen, leichten Übungen zum Aufwärmen. Sie erfahren, was Sie gut machen. Sie erfahren, was Sie besser machen können. Sie lernen aus den Fehlern der anderen. Der Videorecorder erlaubt Ihnen eine **optimale Selbstkontrolle.** Die Kritik des Seminarleiters verletzt nicht, wird nie persönlich. Das Verhältnis zu den übrigen Teilnehmern ist kameradschaftlich. Jeder lernt jeden kennen. Jeder spürt: die anderen haben die gleichen Schwierigkeiten wie ich. Die nächste Übung wird etwas schwieriger. Sie werden sicher von **Erfolgserlebnis zu Erfolgserlebnis** gesteuert. Am Ende des Seminars sind Sie es **gewohnt,** vor einem Publikum wirkungsvoll zu sprechen. Die Freie Rede ist für Sie zu etwas **Selbstverständlichem** geworden.

Trainingsprogramm in vier Schritten

Wenn Sie diese Kur alleine anwenden, rate ich Ihnen zu behutsamem Vorgehen. **Wohldosiert** und gut geplant. Sie zerlegen dabei Ihre Redeangst in kleine, **leichtverdauliche Portionen.** In

„Portionen", die dann jede für sich leichter zu ertragen sind als jene große „Angstportion", wie sie Goethe auf dem Turm von Münster zu bewältigen hatte. Sie führen das folgende **Trainingsprogramm** durch.

Dieses Trainingsprogramm beruht auf folgender Erkenntnis: Nicht immer ist es möglich, die angstauslösende Situation aufzusuchen, um durch Gewöhnung angstfrei zu werden. Das macht aber nichts. Es genügt nämlich schon, wenn Sie sich die Situation in der **Phantasie** lebhaft genug vorstellen. Voraussetzung dafür ist allerdings, daß Sie sich dabei im **Zustand der Entspannung** befinden.

Trainingsschritt Nr. 1

Lernen Sie sich zu entspannen

Angst wird stets von Muskelaktivität begleitet. Je größer die Angst, desto mehr verkrampfen sich die Muskeln. Flaut die Angst aber wieder ab, fühlen wir auch, wie wir uns körperlich entspannen.

Sie sehen: Muskelentspannung ist mit Angst unvereinbar. Das bedeutet für Sie: **Durch gezielte Muskelentspannung können Sie Ihre Angst reduzieren.**

So entspannen Sie richtig

Lockern Sie zuerst Ihren Gürtel und alle engen Kleidungsstücke, ziehen Sie Ihre Schuhe aus. Legen Sie sich dann bequem mit dem Rücken auf den Teppichboden und lassen Sie Ihre Arme lose zur Seite fallen.

■ Beginnen Sie jetzt jede Muskelgruppe Ihres Körpers in der angegebenen Reihenfolge anzuspannen und wieder zu entspannen:

■ Ballen Sie Ihre Fäuste, so fest Sie können, zusammen. Halten Sie die Spannung für fünf bis zehn Sekunden und entspannen Sie dann ganz rasch. Wiederholen Sie An- und Entspannung mehrere Male; lassen Sie danach die Hände erschlaffen und ganz entspannt liegen;

■ Spannen Sie den Bizeps, indem Sie die Hände auf die Schultern bringen, und entspannen Sie;

■ Ziehen Sie die Schultern hoch, als wollten Sie mit ihnen die Ohren berühren, und entspannen Sie;

■ Runzeln Sie die Stirn, ziehen Sie die Augenbrauen hoch und entspannen Sie;

■ Schließen Sie die Augen ganz fest, spitzen Sie die Lippen, spannen Sie Ihr ganzes Gesicht an und entspannen Sie;

■ Beugen Sie den Kopf nach vorn, so daß Ihr Kinn die Brust berührt, und entspannen Sie;

■ Krümmen Sie den Rücken und entspannen Sie;

■ Holen Sie tief Luft, halten Sie den Atem an und atmen Sie aus;

■ Ziehen Sie den Bauch so weit wie möglich ein, als fürchteten Sie einen Boxhieb in die Magengrube, und entspannen Sie;

■ Spannen Sie die Gesäßmuskeln und entspannen Sie;

■ Heben Sie die Beine an, bis die Füße etwa 30 Zentimeter über dem Boden sind, spannen Sie die Oberschenkelmuskeln an, lassen Sie die Füße wieder fallen und entspannen Sie;

- Biegen Sie Ihre Zehen so weit wie möglich in Richtung des Kopfes, spannen Sie die Wadenmuskeln an und entspannen Sie;

- Krümmen Sie Ihre Zehen zum Boden hin, spannen Sie die Ristmuskeln des Fußes an und entspannen Sie;

- Wenn Sie jetzt noch Spannungen in anderen Partien Ihres Körpers spüren, dann wiederholen Sie den Spannungs- und Entspannungszyklus für die betreffenden Muskeln. Versuchen Sie, die Entspannung immer mehr zu intensivieren und das Gefühl, wie sich die Entspannung in Ihrem Körper ausbreitet, immer stärker zu erleben. Bleiben Sie am Ende des Programms noch ein paar Minuten still liegen und genießen Sie den tief entspannten Zustand. Bewegen Sie sich auch danach langsam und ohne jede Hast.

Entspannung durch Musik: Rhetorik mit J. S. Bach?

Musik beeinflußt Körper und Geist. Eine jahrtausendalte Erfahrung.

- *Mit Musik wurden Kinder in den Schlaf gesungen.*

- *Mit Musik zogen die Soldaten in den Krieg.*

- *Mit Musik machten sich die Menschen ihre schwere Arbeit, z. B. bei der Ernte oder auf See, leichter.*

Für Musikwissenschaftler ist es nichts Neues, daß bestimmte Musik das Bewußtsein beeinflussen kann. Als **Paradebeispiel** erzählen sie gerne die folgende Geschichte:

Der russische Gesandte **Graf Keyserling** litt an chronischer Schlaflosigkeit. In seiner Not wandte er sich an **Johann Sebastian Bach:** *"Könnten Sie nicht irgendeine Musik komponieren, die mir hilft?"* bat er. *"Etwas Ruhiges soll es sein, aber auch heiter und freundlich."*

Bach erfüllte ihm den Wunsch. Daraufhin engagierte **Keyserling** den Cembalisten **Goldberg.** Der mußte eine nahe dem Schlafzimmer des Grafen gelegene Kammer beziehen und sich bereit halten. Und jedesmal, wenn der Graf nicht schlafen konnte, spielte Goldberg die Komposition vor. Und sie half! Der Graf war darüber so erfreut, daß er **Bach** ein großzügiges Geldgeschenk machte. Die Komposition wurde zu Ehren des gefälligen Cembalisten übrigens *"Goldberg-Variationen"* genannt.

Diese *"Goldberg- Variationen"* studierte der 70 jährige Doktor der Medizin und Psychotherapie, **Georg Lozanov,** in seinem Labor sehr genau. Der untersetzte Bulgare mit den vorgebeugten Schultern und dem flatternden Haarkranz sieht aus wie Beethoven. Seit 50 Jahren widmet er sich der Mobilisierung und Freisetzung körperlicher und geistiger Fähigkeiten, die im Menschen schlummern. Die Entdeckung, die er machte, ist hochinteressant. Lozanov: *"Die Goldberg- Variationen, besonders die Aria am Anfang und am Ende, rufen eine Art meditativen Zustand hervor."*

Die gleiche Wirkung, stellte er bei weiteren Labortests fest, haben die **Largosätze** anderer Barockmusiker wie **Vivaldi, Corelli und Händel.** Die Barockmusik hat oft eine **Baßstimme,** die wie ein langsamer menschlicher **Pulsschlag** klingt. Während wir dieser Musik zuhören, "lauscht" auch unser Körper und versucht, seine Funktionsrhythmen dem Taktschlag anzugleichen. **Das Ergebnis:** Durch diese einfache Form der Entspannung **"entkrampft"** sich der Körper, der Geist wird **wach und munter.** Wir müssen dabei keinem Muskel irgendeinen Befehl geben. Wir müssen uns auch nicht konzentrieren.

Wir brauchen lediglich mit der Musik mitzugehen, uns von ihr tragen lassen und schon wirkt **Händel** wie eine einfache **entspannende Meditation.**

In Bulgarien gibt es mittlerweile zahllose Schulen, in denen die Schüler mit Musik im Hintergrund lernen; von **Lozanov** ausgewählt. **Mit sagenhaften Ergebnissen.** Die Auswahl ist nicht subjektiv und hat absolut nichts mit musikalischem Geschmack zu tun. **Es ist Musik, deren Klangmuster (sechzig Taktschläge pro Minute) Sie in einen entspannten Zustand versetzt.** Das Lampenfieber fällt von Ihnen ab wie Schuppen. Im EEG wird deutlich sichtbar, wie unser Gehirn von Beta auf **Alpha-Wellen** umschaltet. **Lozanov:** *„Bei Alpha-Wellen können Menschen die meisten geistigen und körperlichen Reserven freisetzen."*

Praxistip:

Der Sportler läßt vor einem wichtigen Wettkampf seine Muskeln massieren. Genauso können Sie sich vor Ihrem nächsten Auftritt einer „geistigen Tonmassage" unterziehen. Bespielen Sie sich eine Cassettte mit geeigneter Musik (siehe Vorschlagsliste). Die können Sie dann schon auf der Fahrt zum Vortragsort im Auto abspielen. Ich selbst habe auf jeder Vortragsreise ein CD-Portable dabei. Eine Viertelstunde vor dem Auftritt ziehe ich mich dann oft an einen ruhigen Ort zurück und bringe mich mit Barockmusik in Topform.

Vorschlagsliste mentaler Musikstücke

Diese Liste ist nicht vollständig. Die aufgeführten Stücke haben sich in unseren Seminaren besonders bewährt. Sie sind von Lozanov getestet. Sie können aber auch andere langsame Sätze aus beliebigen Barockwerken hernehmen. Sämtliche CD's sind auf dem deutschen Markt erhältlich.

JOHANN SEBASTIAN BACH

1. Aria zu den *Goldberg-Variationen.*
2. Largo aus Konzert für Klavier und Streichorchester Nr. 5 in F-moll.
3. Largo aus Konzert für Cembalo solo in F-dur.
4. Air. Orchestersuite Nr. 3 in D-dur.

ARCANGELO CORELLI

Alle langsamen Sätze aus *Concerti grossi* op. 6, Nr. 1-12

GEORG FRIEDRICH HÄNDEL

1. Alle langsamen Sätze aus *Concerti grossi* op. 6, Nr. 1-12.
2. Largo aus Konzert Nr. 3 in D-dur (Feuerwerksmusik).

GEORG PHILIPP TELEMANN

1. Largo aus *Fantasien für Cembalo,* Nr. 17 in G-moll.
2. Largo aus Konzert für Viola, Streicher und Basso continuo in G-dur.

ANTONIO VIVALDI

1. Largo aus „*Winter"* - *Die vier Jahreszeiten.*
2. Largo aus Konzert in D-dur für Gitarre, Streicher und Basso continuo.
3. Flautinokonzert in E-moll. op. 44, Largo

JOHANN PACHELBEL

1. Kanon in D-dur.

Trainingsschritt Nr. 2

Ermitteln Sie Ihre persönlichen körperlichen Reaktionen

Achten Sie bitte in der nächsten Streßsituation besonders genau darauf: welche Organe reagieren im Zustand des Unbehagens besonders heftig? Ist es das „Ziehen" in der Magengrube? Der „Kloß im Hals?" Schlottern Ihnen die Knie? Verspüren Sie das dringende Bedürfnis, die Toilette aufzusuchen? Bricht auf der Stirn kalter Schweiß aus?

Die Psychologie nennt solche Erscheinungen „aversive Reaktionen." Sie werden vom vegetativen Nervensystem aus in Gang gesetzt.

Kennen Sie Ihre persönlichen „aversiven Reaktionen"? Sie finden sie ganz einfach: stellen Sie sich eine Szene vor, die Ihnen Angst macht. Registrieren Sie jetzt Ihre körperlichen Empfindungen, die dabei auftreten.

Achten Sie in den folgenden Trainingsschritten immer sehr genau auf Ihre körperlichen Reaktionen.

Trainingsschritt Nr. 3

Stellen Sie einen systematischen Trainingsplan auf

Nehmen Sie bitte ein Schreibgerät und zerlegen Sie Ihre Redeangst in **„leichtverdauliche Portionen".** Achten Sie auf die richtige „Dosierung". Ordnen Sie jetzt die Portionen nach dem Stärkegrad der Furcht, die sie auslösen. Die leichteste kommt an den Anfang, die schwerste an den Schluß.

Modell einer Redeangsthierarchie

1. Sie diskutieren in einer Kleingruppe von ca. fünf Personen. Es ist keine VIP-Person (Chef, wichtiger Kunde oder sonstige Autoritätsperson) dabei. Sie fühlen sich fachlich sicher, hören überwiegend zu. Sie machen einen kurzen Einwand. Alle schauen Sie an und nicken zustimmend.

2. Es ist warm im Raum. Sie fühlen, wie Ihnen das Blut in den Kopf steigt.

3. Sie diskutieren in einer fünfköpfigen Kleingruppe ohne VIP-Person. Sie fühlen sich im Thema nicht sehr sicher, stellen aber trotzdem eine Frage. Weil es warm ist, haben Sie einen roten Kopf. Alle schauen Sie an.

4. Sie arbeiten in einer Kleingruppe: fünf Personen, eine VIP-Person. Obwohl Sie sich fachlich unsicher fühlen, beteiligen Sie sich am Gespräch. Sie haben einen roten Kopf, alle schauen Sie an.

5. Sie sind in einer Gruppe von 20 Personen, darunter eine VIP-Person. Obwohl Sie sich fachlich unsicher fühlen, beteiligen Sie sich am Gespräch. Ihr Kopf wird rot. Alle schauen Sie an.

6. Sie sind in einer Gruppe von 20 Personen, darunter eine VIP-Person. Sie sind gut vorbereitet und berichten drei Minuten lang über ein fachliches Thema. Sie merken, wie Ihnen dabei das Herz klopft. Alle schauen Sie an.

7. Sie referieren in einer Konferenz vor 30 Personen, darunter eine VIP-Person, über ein fachliches Thema. Sie merken, wie Ihnen das Blut in den Kopf steigt. Alle schauen Sie an.

8. Sie befinden sich in einer Versammlung, an der etwa 60 Personen teilnehmen. Sie stellen eine Zwischenfrage. Alle schauen Sie an.

9. Sie nehmen an einer Veranstaltung mit mehr als 100 Personen teil. Sie bitten um Worterteilung und machen einen kritischen Einwand. Alle schauen Sie an.

10. Sie sollen vor 20 Zuhörern eine Rede halten, darunter eine VIP-Person. Sie haben sich gut vorbereitet. Sie sitzen am Platz und wissen: in fünf Minuten geht es los.

11. Sie erheben sich vom Platz und gehen nach vorn. Alle schauen Sie an. Sie fühlen, wie Ihnen das Herz klopft.

12. Sie nehmen mit den Zuhörern Augenkontakt auf und fangen an. Sie merken, daß Ihre Stimme zittert.

13. Sie haben fünf Minuten geredet und merken, daß der Funke noch nicht so recht übergesprungen ist. Die Zuhörer sitzen mit ausdruckslosem Gesicht da. Einer gähnt, andere tuscheln.

14. Sie versprechen sich. Einige Zuhörer lachen. Während Sie sich korrigieren, fühlen Sie den Schweiß auf der Stirn.

15. Ein Zuhörer stellt Ihnen eine Frage. Sie wissen keine Antwort. Alle schauen Sie an. Sie kommen ins Stottern.

16. Die VIP-Person unterbricht Sie und bittet Sie kritisierend, einen Gedanken noch einmal zu formulieren. Sie bekommen einen roten Kopf.

17. Totaler Blackout. Sie bringen kein Wort mehr heraus. Die Buchstaben auf Ihrem Manuskript beginnen zu tanzen. Sie haben das Gefühl, der Boden schwankt. Alle starren Sie an.

Trainingsschritt Nr. 4

Desensibilisierung durch systematisches Gegenkonditionieren

Suchen Sie einen Ort auf, wo Sie mit Sicherheit eine Stunde lang ungestört bleiben. Sie fühlen sich **völlig entspannt.** Sie werden sich jetzt gleich mit einer kleinen Portion Angst „impfen." Der Angstreiz muß dabei so schwach sein, daß die Entspannungsreaktion überwiegt. Gehen Sie jetzt nach folgender Strategie vor:

Stufe 1
Sie lesen in Ihrer Redeangsthierarchie die erste „Portion" mit dem schwächsten Angstreiz.

Stufe 2
Sie entspannen sich.

Stufe 3
Sie stellen sich den notierten Angstreiz in Ihrer Phantasie intensiv vor.

Stufe 4
Stellt sich Ihre aversive Reaktion ein? Halten Sie die Vorstellung jetzt eine halbe Minute durch, bis Sie sich daran gewöhnt haben.

Stufe 5
„Halt!" Blenden Sie die Vorstellung wieder aus.

Stufe 6
Die Stufen 2 bis 5 wiederholen Sie jetzt so oft, bis Sie bei dem betreffenden Vorstellungsbild mehrfach völlig ruhig bleiben.

Stufe 7
Nehmen Sie nun die Stufen 1 bis 6 mit jeder „Angstportion" der Reihe nach durch.

Frei reden ohne Lampenfieber

Wichtig: Es könnte sein, daß Ihre aversive Reaktion auch nach einer halben Minute noch nicht verschwindet. Blenden Sie dann Ihre Vorstellung immer sofort aus. Entspannen Sie sich neu. Nach einer Pause von drei Minuten wiederholen Sie die Vorstellung .

Falls jetzt noch immer keine Besserung eintritt, haben Sie einen zu großen Schritt gewählt. Was tun? Sie gehen zur letzten bereits angstfrei trainierten „Portion" zurück. Stellen Sie sich den betreffenden ehemaligen Angstreiz noch einmal vor.

Gelingt es Ihnen danach erneut nicht, den nächsten Angstreiz zu ertragen, fügen Sie in Ihrer Angsthierarchie - Liste eine „Zwischenportion" ein, die in ihren Angstwerten **genau zwischen den** beiden anderen „Portionen" liegt.

Bitte beenden Sie eine Übungsstunde immer mit einer angstfrei gemachten Vorstellung. Brechen Sie nie mit aversiven Reaktionen ab.

Trainieren Sie täglich nicht mehr als eine Stunde. Legen Sie immer wieder Entspannungspausen ein. Nach einer erfolgreich abgeschlossenen Trainingsstunde dürfen Sie sich selbst „belohnen". Vielleicht treffen Sie sich jetzt mit Freunden zu einer gemütlichen Runde?

Laufen Sie dem Streß davon

Ohne Training kein Erfolg. Binsenweisheit für alle Sportler. Deshalb trainieren sie, quälen sich, gehen bis an die Grenze ihrer Leistungsfähigkeit. Und dann ist er da. Der Tag, an dem sich alles entscheidet. Eine Hundertstelsekunde wird es vielleicht nur sein, die den Ersten in die Schlagzeilen katapultiert und den Zweiten zur Vergessenheit verdammt.

Können Sie sich vorstellen, was in dem Gehirn eines Athleten in den letzten Minuten vor dem Start vor sich geht? Er denkt:

„Hoffentlich geht das gut. Hoffentlich wirst du Erster. Hoffentlich war die ganze Schinderei nicht umsonst."

Fällt Ihnen etwas auf? Es sind die gleichen *„hoffentlichs"*, die auch Ihre Gehirnwindungen durchjagen, wenn Sie am Rednerpult stehen. Wie aber wird der Sportler mit dieser Riesenbelastung fertig?

Ich habe mich früher gewundert: Warum vergeudet der 10 000 m - Läufer schon **vor dem Start** so viel Kraft? Warum dreht er **vorher** schon ein paar Runden? Warum hebt er die Kraft nicht für den **eigentlichen** Wettkampf auf?

Sportmediziner erklären das so: *„Es sind zwei Gründe:*

1. Sie laufen sich warm, d.h. sie lockern ihre Muskeln.

2. Sie bauen übermäßiges Adrenalin ab, Adrenalin, das leicht zur Muskelverhärtung, zum Muskelkrampf führen kann."

Von dieser Erkenntnis können auch Sie profitieren. Angenommen Ihr Glaube an sich selbst war doch nicht groß genug, um den Alarm in Ihrem Gehirn und den Adrenalinausstoß der Nebennieren zu verhindern. Dann gibt es nur **eine Devise:** Sie müssen versuchen, das Adrenalin möglichst schnell wieder abzubauen. **Durch Bewegung.**

Letzte Rettung

Herbst 1973. Ich war noch Angestellter in einem Großkonzern. Ein Kollege muß eine Rede halten. Die gesamte Konzernspitze ist vertreten. Es geht um sehr viel: Ein wichtiges Projekt soll durchgeboxt werden. Gegen den Widerstand anderer Abteilungen.

Als er an das Rednerpult tritt, merke ich wie aufgeregt er ist. Nervös spielt er mit seinem Kugelschreiber, während er darauf

wartet, daß es im Plenum ruhig wird. Da - er will gerade anfangen - fällt ihm der Kugelschreiber herunter. Er bückt sich, hebt ihn auf, wendet sich dann wieder den Zuhörern zu - **und wirkt plötzlich sehr sicher.**

„Stellen Sie sich vor, meine Damen und Herren", beginnt er mit fester Stimme, *„Sie besitzen eine Kuh, die Ihnen soviel Milch liefert, daß Sie davon Ihren Lebensunterhalt bestreiten können. Da kommt eine Wirtschaftskrise. Sie müssen sparen. Kämen Sie jetzt auf die Idee, am Futter für Ihre Kuh zu sparen? Es wäre der gleiche Fehler, den Unternehmer begehen, die in Krisenzeiten an der Ausbildung Ihrer Mitarbeiter sparen wollen..."*

Eine glänzende Rede. Er bekam rauschenden Beifall. *„Du warst großartig"*, gratuliere ich ihm hinterher. *„Aber sei mal ehrlich: Hast du den Kugelschreiber nicht anfangs mit Absicht zu Boden fallen lassen?"* *„Du hast richtig beobachtet"*, schmunzelt er. *„Ich war so aufgeregt, daß es mir richtig den Hals zuschnürte. Und dann habe ich mich daran erinnert, was man gegen Lampenfieber tun muß: sich Bewegung verschaffen. Deshalb ließ ich den Kugelschreiber fallen. Dadurch nämlich, daß ich in die Hocke gehen mußte, brachte ich diesen Ring der Hemmungen, der mich einschnürte, zum Platzen."*

Das Bücken war für ihn die **letzte Rettung.** Bitte lassen Sie es nicht so weit kommen. Verschaffen Sie sich die Bewegung schon **vorher**!

Praxistip: Legen Sie vorher einen kleinen Dauerlauf ein. Gehen Sie die Treppe rauf und runter, benützen Sie nicht den Lift. Machen Sie einige Kniebeugen, wenn es nicht anders geht auf der Toilette, wo Sie unbeobachtet sind. Wenn das alles für Sie nicht durchführbar ist, können Sie an Ihrem Platz, während Sie auf Ihren Auftritt warten, unauffällig einige isometrische Übungen durchführen.

Wie sehr der Körper sich durch Bewegung befreien will, haben Sie schon oft an anderen Menschen beobachten können. Da

schlägt der eine mit der Faust auf den Tisch. Der andere **knallt** die Tür zu. Der dritte **stampft** mit dem Fuß auf.

Haben Sie auch schon beobachtet, wie manche Redner vor Ihren Zuhörern hin und her rennen? Dem Tiger hinter Gitterstäben ähnlich? Oder wie sie von einem Fuß ständig auf den anderen wippen? **Weil ihr Körper mit dem Übermaß an Adrenalin nicht fertig wird, verschafft er sich gewaltsam Ausdruck, sucht er sich mit aller Macht Bewegung zu verschaffen.**

Schreien Sie sich den Druck von der Seele

Sie haben sich geärgert. Weil Sie gut erzogen sind, beherrschen Sie sich und schlucken den Ärger hinunter. Ist er damit weg? Schön wär's. Denn ähnlich wie gestautes Wasser gegen den Damm drückt, fühlen auch Sie in der Magengegend einen leichten Druck.

Bei nächster Gelegenheit müssen Sie sich wieder ärgern. Erneut erinnern Sie sich an die Benimmregeln Ihrer guten Kinderstube: *„Man muß sich beherrschen. Man muß seine Gefühle unter Kontrolle halten."* Und wieder schlucken Sie Ihren Ärger runter. Die Spannung, der Stau in der Magengegend wird drückender. **Aber noch hält der Damm.**

Eine Kleinigkeit aber, über die Sie sich das nächste Mal ärgern, bringt ihn zum Einsturz. Sie „gehen in die Luft." Sie werden laut. Sie verlieren die Beherrschung.

Wie geht es jetzt weiter? Sie machen sich Vorwürfe. *,,Du mußt dich besser beherrschen",* nehmen Sie sich **noch fester** vor.

Und damit beginnt das Spiel von vorne. Sie ärgern sich bei irgend einer Gelegenheit wieder, schlucken den Ärger runter, ärgern sich, schlucken ihn runter.... Vielleicht dauert es jetzt

etwas länger, bis es zum „Dammbruch" kommt. Aber er kommt todsicher. Wahrscheinlich ist der Gefühlsausbruch diesmal sogar noch unkontrollierter. Der Stau vorher war ja auch viel größer.

Stau der Gefühle - ein Teufelskreis

Erkennen Sie, in welchen Teufelskreis Sie da geraten? Sie werden das Spiel nämlich von vorne beginnen. Ein Spiel mit immer dem gleichen Ergebnis. Verdrängte Gefühle verlieren nichts von ihrer Dynamik. Wie viele andere Menschen leiden Sie dadurch unter einem permanenten Stau, schlimmer als jeder Verkehrsstau: dem Stau der Gefühle.

Wie kommen Sie heraus aus diesem Teufelskreis? Da gibt es nur eines: Sie dürfen diesen Stau erst gar nicht entstehen lassen. Sie müssen Ihre Gefühle **ausdrücken. Rechtzeitig und kontrolliert**.

Auch Lampenfieber ist ein Gefühl. Ein Gefühl der Angst. Eine Möglichkeit, dieses Gefühl **kontrolliert** auszudrücken, kennen Sie schon: **Bewegung.**

Was können Sie **noch** tun? Sie könnten **wieder** von den Sportlern lernen.

Das Geheimnis der roten Adler

Lange Jahre waren die österreichischen Skispringer im Gegensatz zu ihren alpinen Kollegen nur Mittelmaß. Dann bekamen sie einen neuen Trainer. **Baldur Preiml.** Innerhalb kürzester Zeit katapultierte er die **„Roten Adler"** an die Weltspitze. Alle staunten: *„Wie hat er das geschafft?"*

Baldur Preiml hatte etwas, was vielen Trainern abgeht: **psycho-logisches Fingerspitzengefühl.** Er konnte sich vorstellen, was es für einen Menschen bedeutet, plötzlich keinen Boden mehr unter den Füßen zu haben, mehr als hundert Meter weit durch die Luft geschleudert zu werden.

Als erstes nahm er deshalb seinen Männern die **Angst.** Die Angst davor, **keinen Boden mehr unter den Füßen zu haben.** Jene Angst, die die meisten wie ein Riesenmagnet vorzeitig aus der Luft zur Erde zurückholt.

Baldur Preiml hat erkannt, daß die Angst **ausgedrückt** werden muß. Er ließ seine Männer die Angst **hinausschreien.** Ist Ihnen das schon aufgefallen? In dem Moment, wo sich die öster-reichischen Skispringer vom Schanzentisch abheben, stoßen sie einen lauten Schrei aus. **Es ist der Schrei, der zur Befreiung führt.**

Mittlerweile haben viele Sportler erkannt, daß lautes Schreien zur Entspannung führt: der Karatekämpfer wie der Hammer-werfer, der Tennisspieler wie der Gewichtheber, der Fußballer wie der Speerwerfer.

Warum pilgern jeden Samstagnachmittag Hunderttausende in die Fußballstadien? Warum verfolgen sie die Spiele der Bun-desliga nicht zu Hause am Bildschirm, wo sie es bequemer hät-ten? Nicht nur der Atmosphäre wegen, sondern weil es einfach Spaß macht, in der Menge zu stehen, unerkannt, unbeobach-tet, und dann zu schimpfen, zu jubeln, zu schreien oder gar zu fluchen. Erkennen Sie, was diese Menschen tun? Sie betreiben eine Art **„Ausdruckstherapie", d.h.** sie laden all den Müll ab, der sich die ganze Woche über auf ihrer Seele angesammelt hat.

Hand auf's Herz: Haben Sie noch nie jemand angeschrien und sich hinterher erleichtert gefühlt? Das Dumme ist nur, daß diese unkontrollierte Ausdruckstherapie unsere Umwelt wenig freut.

Frei reden ohne Lampenfieber

Es müßte uns deshalb gelingen, uns **kontrolliert** auszudrücken. Wie geht das? *„Ich kann ja schlecht am Rednerpult vorne einen Urschrei loslassen",* werden Sie sagen.

Stimmt. Am Rednerpult ist es **zu spät,** *,,aus dem Spannungsfeld zu gehen",* wie die Psychologie unser „Stauauflösen" nennt. Aber **vorher** können Sie einiges tun.

Praxistip: Reden Sie sich vorher schon warm, indem Sie mit irgend jemand das Gespräch suchen. In Normallautstärke. Über irgend ein Thema. Auf keinen Fall über den Inhalt Ihres Vortrages. Das andere Thema lenkt Sie ab, bringt Sie auf andere Gedanken, macht Sie lockerer. So wie sich der Sportler warm läuft, reden Sie sich warm. Bei mir beginnt diese **Aufwärmphase** vor wichtigen Auftritten immer bereits im Auto, auf der Fahrt zum Vortragsort. Ich lege eine Musik-CD ein und **singe** mit. So laut es geht. Es hört mich ja keiner. Und wenn schon! Sollen die anderen doch denken was sie wollen! **Die Hauptsache, mein Lampenfieber bleibt klein.**

Noch ein Praxistip: Japaner malen Bilder ihres Chefs auf Pappe und bewerfen sie mit Steinen. Dabei brüllen sie, bis der Ärger verfliegt.

Das Selbstwertgefühl ist der Weichensteller unseres Lebens.

Vom Glauben, der Berge versetzt

Rhetorikseminar. Die Teilnehmer sind alle Ärzte. Wir sprechen über psychosomatische Wechselbeziehungen. Ich beschließe, die Gelegenheit beim Schopf zu packen und den Rat der Experten einzuholen.

„Herr Doktor", frage ich einen der Teilnehmer *„welche Medikamente können Sie Menschen empfehlen, bei denen das Lampenfieber besonders stark ausgeprägt ist?"*

Seine Antwort: *„Die gibt es schon. Leider aber haben die meisten eine recht unerwünschte Nebenwirkung: die Konzentration läßt nach. Aber vielleicht machen Sie es so wie ich"*, fährt er fort. *„Zu mir kommen immer wieder Patienten, die nach einem bestimmten Medikament verlangen. Eigentlich dürfte ich es ihnen aber nicht geben. Dennoch gebe ich es ihnen. Was sie bekommen, ist aber kein* **wirkliches** *Medikament, sondern ein* **Placebo**, *ein Scheinmedikament also. Es enthält nichts anderes als Traubenzucker oder Mehl. Die Patienten kommen wieder und bedanken sich überschwenglich. Nicht das Medikament aber hat ihnen geholfen, sondern ganz alleine der Glaube daran."*

Seine Kollegen nicken zustimmend. Einer ergänzt: *,,Es gibt keinen Arzt auf der ganzen Welt, der einen Patienten heilen kann, der nicht selbst daran glaubt, daß er wieder gesund wird."*

Von einem besonders tragischen Fall berichtet uns ein Münchner Nervenarzt: *„Eine Wahrsagerin prophezeite einer meiner Patientinnen in frühester Kindheit für das 43. Lebensjahr ihren Tod. In dieser Zeit unterzog sie sich einer leichten Operation. Sie verlief ohne Komplikationen. Sie muß aber wohl von ihrem Tod so felsenfest überzeugt gewesen sein, daß sie wenige Stunden nach der Operation aus medizinisch völlig unerklärlichen Gründen verstarb."*

Die Opfer der Cholera Epidemie

Als sich der englische Arzt **Dr. Simeons** mit Tropenkrankheiten beschäftigte, fiel ihm eine sonderbare Tatsache auf: Bei Choleraepidemien wurden gesunde junge Menschen viel häufiger von der Krankheit befallen als kleine Kinder oder alte gebrechliche Leute.

Um des Rätsels Lösung zu begreifen, müssen Sie wissen, wodurch die Cholera verursacht wird: Man schluckt einen Bazillus, Vibrio genannt. Dieser Vibrio hat einen Todfeind: Säuren. Die in einem normalen menschlichen Magen stets vorkommende Säure ist stark genug, um den Erreger der Cholera fast augenblicklich zu töten. Dadurch kommt er nicht in den Dünndarm. Nur dort aber kann er seine tödliche Arbeit beginnen.

Wie nun kann der Vibrio diese Säureschranke überwinden, die ihn vom Dünndarm trennt? Es gibt nur einen Weg: Der Säurezufluß im Magen muß zum Stillstand kommen. Das einzige aber, was den normalen Säurestrom in den Magen zu hemmen vermag, ist die Angst.

Dr. Simeons zieht daraus den Schluß: *„Gerade die Menschen, die den Tod am meisten fürchten, werden von der Cholera dahingerafft. Kinder aber, die zu jung sind, sich der Gefahr bewußt zu werden oder Menschen, denen nichts mehr am Leben liegt, bleiben verschont, weil die Sekretion des Magensaftes bei ihnen emotionell nicht unterbrochen ist."*

Ist das nicht makaber? **Die Krankheit holt sich jene als Opfer, die vor ihr am meisten Angst haben.** Oder anders ausgedrückt: Je größer die Angst, desto geringer die Abwehrreaktion des Körpers.

„Unglücksfälle sind wie Messer, entweder sie arbeiten für uns oder schneiden uns, je nachdem, ob wir sie am Griff oder an der Schneide anfassen." James Russel Lowell

Vom Glauben, der Berge versetzt

Der Seuchengott

Einst saß ein alter, weiser Mann unter einem Baum, als der Seuchengott des Weges kam. Der Weise fragte ihn:

„Wo gehst du hin?"

Und der Seuchengott antwortete ihm:

„Ich gehe in die Stadt und werde dort hundert Menschen töten."

Einige Monate später kam der Dämon auf seiner Rückreise wieder bei dem alten Weisen vorbei. Der Weise hielt ihn auf und sprach zu ihm:

„Du sagtest mir, Daß du hundert Menschen töten wolltest. Reisende aber haben mir berichtet, es wären zehntausend geworden."

Der Seuchengott gab zur Antwort:

„Ich tötete nur hundert. Die anderen hat die Angst umgebracht."

Fazit:

Auch Sie profitieren von der Macht des Glaubens, wenn Sie vor Publikum stehen. Sie werden sich den Erfolg einsuggerieren, indem Sie denken*:*

- *„Ich schaffe das."*

- *„Das geht gut."*

- *„Was andere können, kann ich auch."*

- *„Ich habe doch bisher schon in meinem Leben schwierige Situationen gemeistert, warum soll ich nicht auch reden lernen?"*

- *„Das wäre doch gelacht!"*

Durch solche und ähnliche Gedanken erreichen Sie, daß in Ihrem Gehirn keinerlei Alarm ausgelöst wird. Die Nebennieren produzieren kein Adrenalin. Alle Streßsymptome bleiben aus. Sie bleiben ruhig und erzielen die Leistung, zu der Sie aufgrund Ihrer Vorbereitung und Ihrem Wissen nach fähig sind.

> **„Die Menschen werden nicht durch die Dinge die passieren, beunruhigt, sondern durch die Gedanken darüber."**
>
> *Epiktet*

Stärker als jede Droge: Psychodoping

Samstagnachmittag. Wenige Minuten vor dem Anstoß zum Bundesligaspiel. Die Profis beider Mannschaften hocken im Schneidersitz auf dem Rasen und meditieren. Im Geist schießen sie schon Tore.

Utopie? Zukunftsmusik? Nein, Szenen dieser Art werden bald selbstverständlich sein. In anderen Leistungssportarten ist die „mentale Kampfführung" bereits Alltag.

„Das wichtigste Requisit der Sportausrüstung jedes Athleten ist sein Geist", sagt der amerikanische Professor **Noel Blundall.** Und um den Geist auf Sieg zu programmieren, lassen sich Experten in aller Welt eine Menge Tricks einfallen.

Letztes Beispiel dafür waren die Olympischen Spiele von 1996 in Atlanta. Nicht allein gestählte Muskeln entschieden dort über Sieg oder Niederlage. **Wer Gold gewann, hatte vor allem seine Seele in Hochform gebracht.**

Ben Jonson, der dort den 100 m - Lauf in neuer Weltrekordzeit gewann, antwortete einmal auf die Frage, warum weiße

Vom Glauben, der Berge versetzt

Athleten in entscheidenden Situationen gegen dunkelhäutige Athleten verlieren: *„The white people worry too much."* Weiße machen sich zu viele Gedanken.

Das bestätigen viele Sportpsychologen. *„Wer denkt, der hat schon verloren"*, sagen sie, *„denn dessen Konzentration geht in die Brüche."*

Verloren ist auch, wer sich vor dem Wettkampf **fürchtet**, denn er verkrampft. Dazu der Heidelberger Sportpsychologe **Hans Eberspächer:** *„**Siegertypen** empfinden ihren Auftritt nicht als Bedrohung, sondern als Herausforderung."*

Zu Ihnen gehört auch der neunfache Olympiasieger **Carl Lewis.** Er hat geschafft, was noch keiner vor ihm schaffte: in vier Olympischen Spielen gewann er viermal hintereinander in der gleichen Disziplin, dem Weitsprung, die Goldmedaille. Sein Geheimnis: *„Ich brauche"*, sagt er, *„keine psychologischen Hilfen, ich weiß, wie gut ich bin."*

Sobald Carl Lewis die Arena betritt, versuchen seine Gegner ihm aus dem Weg zu gehen. *„Um Carl zu besiegen"*, sagen sie, *„mußt du zuallererst vergessen, daß er Carl Lewis ist."*

Wenn **Carl Lewis** irgend etwas haßt, dann ist es die Tatsache, daß ihm etwas außer Kontrolle gerät. Als 18jähriger Wunderknabe mußte er seine ersten Fernsehinterviews geben, errötete und verhaspelte sich. Seither belegte er in jedem Semester einen **Rhetorikkurs.** Er sollte eine Schallplatte machen, also nahm er Gesangsunterricht. Er will nach seiner sportlichen Karriere ein Fernsehstar werden, also belegte er an der Universität von Houston Kommunikationswissenschaften und ließ sich von einem lokalen Sender als Gastmoderator engagieren.

„Druck entsteht nur durch Unsicherheit", sagt er.

Olympiasieger durch Gehirnwäsche?

Doch was tun, wenn Angst und Kleinmut den Siegeswillen blockieren? Der chinesische Trainer **Hu Hongfei** hat einmal verraten, wie er seinem Schützling **Zhu Jianhua** psychisch zum Weltrekord verhalf: Er malte ihm - damals sprang Zhu erst zwei Meter - in der Übungshalle zwei dicke Striche an die Wand, einen für den Asien- und einen für den Weltrekord. So konnte er sich jeden Tag mit den Höhen, die seine Fernziele waren, auseinandersetzen. **Bis er sie „im Kopf" übersprungen hatte.**

So schwörten sie alle miteinander bei den **„Psycholympics"** auf ihre Kniffe und Tricks. **Denn der Glaube an sich selbst und die eigene Leistung ist die wichtigste Voraussetzung für jeden Spitzensportler. Mark Caso,** der für die Mannschaft der USA am olympischen Geräteturnen teilnahm, hätte allen Grund gehabt, diesen Glauben zu verlieren. 1980 war er vom Reck gestürzt. Querschnittslähmung, sagten die Ärzte. Daß er nach einem Jahr wieder gehen konnte, hatte er sicher auch seinem hausgemachten **Psychotraining** zu verdanken. Er steckte sich jeden Abend kleine Zettel in die Schuhe vor dem Bett. Darauf stand: *„Du bist ein Sieger!"* oder ***„Heute muß ich mal wieder jemanden kräftig in den Hintern treten!"*** Diese Sprüche las er dann beim Aufstehen.

Wer von seiner eigenen Stärke überzeugt ist, kann die Umwelt fast ganz ausschalten, kann eins werden mit dem, was er tut. Diesen fast traumwandlerischen Ablauf aller Aktionen hält die Sportpsychologie für die entscheidende Eigenschaft wirklicher Spitzenkönner.

Westliche Experten waren sich einig: das **Psychodoping** war es, das den Siegern von Atlanta half, auf dem Siegertreppchen zu stehen. Ein besonders gutes Beispiel dafür ist auch **Haile Gebresselassie**, der den Weltrekord über 5000 m gleich um 10 Sekunden verbesserte. Er meint: *„Das Geheimnis von uns Spitzensportlern besteht darin, daß wir lernen, begangene Fehler*

und die Angst vor einer Niederlage psychisch zu löschen und uns das erfolgreiche Ergebnis unseres Trainings bildhaft vorzustellen. Wichtig ist dabei, daß man sich im Geist nicht vorsagt, was man erreichen möchte, sondern daß man bereits hat, was man möchte."

Mehr Leistung durch autogenes Training

Das Wort **autogen** kommt aus dem Griechischen: **„autos"** bedeutet **„selbst"** und **„gennan"** heißt **„erzeugen".** Die autogene Technik ist also eine „selbst-tätige" Methode, deren Wirkung auf der **Mitarbeit** des Übenden beruht.

Das **autogene Training** kann jeder lernen. Sie gehen dabei **schrittweise** vor. Die Übungen beanspruchen nur wenige Minuten am Tag. Sie benötigen keine speziellen Geräte. Sie müssen keine körperlichen Kraftakte vollführen. Sie benötigen keinen besonderen Glauben. **Übung und Vorstellung** heißen die beiden Schlüsselworte .

Sobald Sie den Körper unter autogener Kontrolle haben, sind die **formelhaften Vorsätze** zur Leistungssteigerung besonders wirksam. Im autogenen Entspannungszustand laufen in Ihrer Vorstellung **„lebendige" Filme** ab. Sie erleben eine Art **„geistiges Kino."**

Boris Becker behauptet, daß im Spiel der Ball ganz dem Geist gehorche. *„Wer gewinnen will, darf an eine mögliche Niederlage erst gar nicht glauben, selbst wenn er null - vierzig zurückliegt. Das macht den Siegertypus aus. Der Unsichere kann das nicht. Der denkt über die Stärken des anderen nach. Das ist seine Schwäche."*

Bitte glauben Sie nun nicht, das autogene Training sei eine Art **Wunderheilmittel.** Es geht bei diesem Programm alles mit **irdischen Dingen** zu. Vielleicht klingt es für Sie zu einfach, aber

die Wirkung des autogenen Trainings beruht im wesentlichen auf der **Entspannung.** Denn: wenn lästige Verspannungen gelöst werden, dann tendieren Körper und Psyche zur Normalisierung.

In unseren Rhetorikseminaren sind Entspannungsübungen fester Bestandteil des Trainingsprogrammes.

Programmieren Sie sich selbst

Warum kann man das autogene Training nicht alleine lernen? Weil Sie mit bestimmten formelhaften Vorsätzen Ihrem Körper Befehle erteilen, die dieser auch prompt ausführt. **Welche Befehle aber wann gegeben werden müssen, sollte der Fachmann entscheiden.**

Ein Fachmann z.B. wie der Arzt **Dr. Hannes Lindemann.** Dieser ließ sich vor Jahren auf ein tollkühnes Wagnis ein. In seinem Einhand-Faltboot fuhr er auf den Kanarischen Inseln auf das offene Meer hinaus und steuerte in Richtung Westen. Er wollte in die Neue Welt. **„Westen",** prägte sich Lindemann ein, **„Kurs Westen."** Der Befehl nistete sich in seinem Gehirn ein und drang bis in seine Träume. **„Kurs Westen",** dieser eine Satz beschäftigte sein gesamtes Denken und sickerte in sein Unterbewußtsein durch. *72 Tage lang* und *72* noch endlosere Nächte. Können Sie sich vorstellen, was es heißt, *72* Tage und Nächte nur dann und wann etwas schlafen zu können? Viele hundert Männer hatten diese Tour schon auf ähnliche Weise versucht. Alle waren gescheitert. **Aber Hannes Lindemann betrat die Küste Ostamerikas als strahlender Sieger. In blendender Form.**

„Wie haben Sie das geschafft?" bestürmten ihn die Journalisten mit Fragen. **Lindemann:** *„Meinen Erfolg verdanke ich dem autogenen Training. Es hat mir geholfen, den Kreislauf zum*

*Schutz bestimmter Körperteile zu kontrollieren. Ich bin sogar von Wunden verschont geblieben, die das Salzwasser normalerweise verursacht. „**Kurs Westen**" - dieser formelhafte Vorsatz vor allem aber war es, der mich das Ziel erreichen ließ."*

Autosuggestionen

Wäre es nicht schön, wenn es auch in der **Rhetorik** solche **formelhaften Vorsätze** gäbe, die Sie ähnlich sicher Ihr Ziel, den **Redeerfolg,** erreichen lassen? **Es gibt sie.** Diese „formelhaften Vorsätze" sind Ihren persönlichen Bedürfnissen angepaßte **Autosuggestionen,** mit denen Sie Ihr **Selbstbewußtsein stärken.** Zahllose Teilnehmer unserer Seminare haben sie mit Erfolg an sich ausprobiert. Mit ihrer Hilfe wurden sie aus nervösen Stotterern mit schwitzenden Händen zu selbstbewußten Rednern.

Ich bin sicher, lieber Leser, daß **Sie** bereits Fähigkeiten besitzen, die ich gerne noch erwerben möchte. Sie dagegen werden noch das eine oder andere Problem haben, das **ich** bereits gelöst habe. Jeder von uns ist eben eine **eigene, unverwechselbare Persönlichkeit.**

Weil das so ist, hat es wenig Sinn, Ihnen irgendwelche formelhaften Vorsätze vorzugeben. **Besser ist es, Sie bilden eigene, die auf Ihre persönlichen Bedürfnisse optimal zugeschnitten sind.** Sollte Sie z.B. der Gedanke, vor anderen Klavier spielen zu müssen, nervös machen, könnte Ihre Autosuggestionsformel so lauten: *„Ich spiele gern öffentlich Klavier. Es macht mich glücklich, wenn ich anderen eine Freude bereiten kann."* Identifizieren Sie sich mit Ihren Worten, während Sie innerlich die Formel sprechen. **Handeln Sie so, als ob Ihre Worte bereits wahr seien.**

Sieben wichtige Regeln

Die folgenden Regeln sind wichtig. Sie helfen Ihnen, **eigene formelhafte** Vorsätze zu bilden, die die suggestive Kraft von **Beschwörungsformeln** haben.

1. **Je entspannter Sie sind, desto größer die Wirkung Ihrer Formeln**. Sie finden in diesem Buch Anleitungen zur Entspannung. Wenn Ihnen diese nicht ausreichen, sollten Sie unbedingt unter Anleitung eines Fachmannes ein autogenes Training besuchen.

2. Bilden Sie möglichst **kurze Sätze**. Sagen Sie z.B. nicht: *„Ich werde, nachdem ich die ganze Nacht tief geschlafen habe, am nächsten Morgen frisch aufwachen."* Statt dessen: *„Ich schlafe tief und wache morgens frisch auf."*

3. Ersetzen Sie **Hauptwörter** durch **Tätigkeitswörter**. Statt des Satzes: *„Ich werde das Training mit Begeisterung und Freude erfüllen",* sagen Sie sich: *„Ich trainiere begeistert und freudig."*

4. Bilden Sie Ihre Sätze im **Präsens.** Das Futur ist immer etwas, das erst kommt. Vielleicht trifft es auch nie ein. Also nicht: *„Ich werde meine Zuhörer fesseln und von meinem Standpunkt überzeugen."* Sondern: *„Meine Zuhörer sind gefesselt und von meinem Standpunkt überzeugt."*

5. Fassen Sie Ihre Vorsätze **positiv**! Vermeiden Sie also Formulierungen wie: *„Ich werde meinen Text nicht vergessen."* Von diesem kleinen Wörtchen ***„nicht"*** geht eine **negative Suggestion** aus. Die sollten Sie aber von vornherein ausschalten. Sagen Sie also: *„Ich erinnere mich an alles."*

6. Reden Sie sich selbst in **freundlichem Ton** an.

7. Wiederholen Sie die Formel einigemale wortgetreu, aber **nicht** automatisch. Sprechen Sie **bewußt**, damit Ihnen der **Sinn** der Formel deutlich wird. Verbinden Sie die Suggestion mit einer **bildhaften Vorstellung**.

Vom Glauben, der Berge versetzt

Suggestionsübung zum Munterwerden

Ist Ihr Tagesablauf manchmal recht **hektisch**? Müssen Sie viel **Verantwortung** tragen? **Dann verrate ich Ihnen jetzt eine Formel, die uns in vielen Seminaren schon oft geholfen hat**. Sie macht Sie munterer als eine Kaffeepause. Und Sie können sie an jedem Ort machen. Egal, ob Sie im Taxi, Bus oder Büro sind. Verwenden Sie eine Minute, um sich in einen möglichst entspannten Zustand zu versetzen. Und dann sprechen Sie die folgenden Sätze dreimal:

> *„Ich bin frisch.*
> *Ich bin wach.*
> *Die Spannungen lassen nach.*
> *Ich bin in guter Stimmung."*

Wetten, daß Sie hinterher tatsächlich wieder munter sind?

Suggestionsübung vor Ihrem Redeauftritt

Unmittelbar vor dem Auftritt ist das Lampenfieber gewöhnlich besonders stark. Versetzen Sie sich in einen möglichst entspannten Zustand und sprechen Sie sich mit folgender Formel an:

> *„Ich atme tief ein und aus.*
> *Ich gehe mit aufrechtem Gang zum Rednerpult.*
> *Kopf und Schulter nehme ich zurück.*
> *Ich bin ganz ruhig.*
> *Ich will es.*
> *Ich kann es.*
> *Ich freue mich auf meinen Auftritt."*

Zusammenfassung: Wenn Sie mit Lampenfieber oder mit der Angst zu verlieren an eine schwierige Aufgabe gehen, nehmen Sie die Niederlage im Geist bereits vorweg. Je mehr der Wille sich dagegen stemmt, desto schlimmer wird alles. Machen Sie ab heute mehr von Ihrer Vorstellungskraft Gebrauch! Zahllose Sportler haben mit dieser Art des Psychodopings Höchstleistungen erzielt. Warum nicht auch Sie?

Der Hofnarr

Es war einmal ein Hofnarr, Gonella hieß er, der hatte es eines Tages mit seinen Späßen ein wenig zu weit getrieben. Deshalb beschloß sein Herr, der Herzog von Ferrera, ihm einen Denkzettel zu verabreichen. Er verurteilte ihn im Scherz zu Tode.

Der Tag der Hinrichtung war gekommen: Beichte, letzte Ölung, letzte Worte des Priesters. Gonella ließ den kirchlichen Pomp gefaßt über sich ergehen, war aber leichenblaß, denn er glaubte fest, sein letztes Stündlein sei gekommen.

Schließlich mußte er sein Haupt auf den Richtblock legen. Der Scharfrichter verband ihm die Augen und stellte sich hinter ihn. Doch statt ihn mit dem Richtbeil zu enthaupten, richtete er einen Strahl eiskalten Wassers auf sein Genick.

Der Narr Gonella war augenblicklich tot.

Höre auf, an Dir selbst zu zweifeln.

Konzentriere Dich ab heute auf das,

was Du kannst,

was Du willst,

was Du bist.

Hand auf's Herz: Würden Sie eine längere Reise antreten, ohne vorher zu überlegen, ob Ihnen der Sprit bis zum Ziel reicht? Niemals. Als erfahrener Autofahrer wissen Sie: Für's Fahren brauchen Sie **Kraftstoff**. Sie müssen tanken. Um reden zu können, müssen Sie auch tanken: **Sauerstoff**.

„Wo soll es da Probleme geben?" werden Sie denken. Sauerstoff gibt es doch genug!

Stimmt. Und doch gibt es Probleme: beim Tanken. Sie haben richtig gelesen: Die meisten Menschen haben beim Tanken dieses für unseren Sprechmotor so wichtigen Kraftstoffes Schwierigkeiten. **Sie atmen falsch.**

Der Atem, der Regler aller Dinge

„Der Atem ist der Regler aller Dinge", sagt ein indisches Sprichwort. Stimmt. Ohne Luft, daß heißt ohne den Atem, würden wir kein einziges Wort hervorbringen. Die Qualität des Atems, die Menge der Luft, die durch unsere Stimmbänder fließt, bestimmt, ob unsere Töne klar und die Lautstärke der Stimme ausreichend ist, ob wir röcheln oder röhren, flüstern oder schreien - ja, ob unsere Zuhörer überhaupt ein Wort hören können - für all das ist der Atem verantwortlich.

Noch etwas: Ist Ihnen bewußt, daß Atmen nicht nur ein **biologischer Vorgang** ist, sondern **Ausdruck vieler seelischer Vorgänge?** Der Atem kann hastig oder ruhig sein, verklemmt oder gelöst, stockend oder frei, eng oder weit, oberflächlich oder tief. Dahinter verbergen sich seelische Zustände wie Angst, Aufregung, Erschrecken, Verzweiflung oder aber Zuversicht, Zufriedenheit, Gelöstheit und inneres Gleichgewicht.

Unser Atem ist dafür verantwortlich, wie wir stehen oder gehen - gebeugt oder gerade, verkrampft oder locker. Er ist verantwortlich, wie wir auf andere wirken: energiegeladen oder schlapp, selbstbewußt oder unsicher.

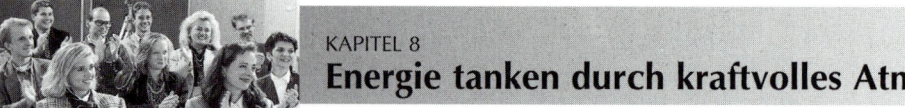

Atempädagogen sagen: *„Wer am Atem arbeitet, der arbeitet an der eigenen Kraft."* Dies bedeutet aber auch: Wenn wir an unserem Atem arbeiten, stärken wir unsere Wirkung auf uns selbst und auf die anderen.

Fehler beim Atmen

1. Der „Luftschnapper"

Er stöhnt beim Einatmen, ringt nach Sauerstoff, schnauft wie eine alte Dampflok. An den Stellen, wo es der Sinn der Rede überhaupt nicht zuläßt, unterbricht er, „schnappt" nach Luft. *„Leidet er an Asthma?"* fragt sich mancher Zuhörer.

Praxistip: Atmen Sie nur dort ein, wo der Sinn eine Pause gestattet. Sprechen Sie nicht zu schnell. Das Ausatmen sollte viel länger dauern als das Einatmen. Warten Sie aber nicht bis zum letzten Drücker, sondern atmen Sie rechtzeitig nach. Üben Sie täglich das tiefe Durchatmen, möglichst in frischer Luft.

2. Der „Hochatmer"

In erregtem Zustand verlagert sich das Atmen nach oben. Die Schultern werden gehoben, sind verspannt. Dieses **Brustatmen** spiegelt den Zustand wieder, von dem man in der Umgangssprache sagt: *„Er geht hoch." „Er geht auf die Palme." „Er ist außer sich."*

Bei dieser Schulter-Hochatmung tanken Sie etwa 2000 ccm Luft. Ideal aber wäre eine Atemweise, bei der Sie genau **das Doppelte** tanken könnten: 4000 ccm. Das geschieht bei der **Zwerchfellatmung.**

So fließt Ihre Atemenergie

Das Zwerchfell ist ein **glockenförmiger Muskel.** Er trennt die Brust- von der Bauchhöhle. Eine Art **Zerberus**, der den Lungenbläschen verwehrt, sich in die Bauchhöhle hinein auszudehnen. Durch einen kleinen **Trick** aber läßt er sich überlisten.

Sie wölben die Bauchdecke nach vorn. Der Bauchhöhlen-Inhalt wird dadurch nach vorn verschoben und sackt nach unten ab. **Folge:** Der Zwerchfellmuskel gibt elastisch nach und senkt sich ebenfalls nach unten. Die auf ihm sitzende Lunge kann sich nach unten ausdehnen.

Bitte beobachten Sie doch einmal ein Kind in der Wiege. Sie werden feststellen: Sein Bäuchlein hebt und senkt sich beim Atmen. Es atmet mit dem Zwerchfell. Sie sehen: Die **Zwerchfellatmung** ist nicht etwas Künstliches, sondern eine **Naturatmung.** Übrigens: Auch wenn Sie ruhen, besonders aber wenn Sie schlafen, atmen Sie mit dem Zwerchfell.

Erkennen Sie die **Vorteile der Zwerchfellatmung?** Sie haben länger Luft. Das bedeutet: Sie können längere Sätze ohne Mühe sprechen. Sie wirken ruhiger und souveräner. Ein willkommener Nebeneffekt: Durch die **„Knetkur"** der starken Bauchdeckenbewegung wird die Verdauung angeregt. Folge: Wer viel redet und dabei richtig atmet, hält sich gesund. *„Kanzelholz ist gesundes Holz"*, hieß es schon im Mittelalter.

Übungen

Die folgenden Übungen sind hochwirksames **Gegengift** für Lampenfieber. Es sind Techniken, mit denen **indische Fakire** den Schmerz auf dem Nagelbrett vergessen, mit denen **Yogis** sich in tiefe Ruhe und Meditation versetzen können, mit denen **Igel** in den Winterschlaf wechseln.

Energie tanken durch kraftvolles Atmen

1. Den Streß wegatmen

Schritt 1: Atmen Sie ganz tief und langsam aus und zählen Sie dabei innerlich bis acht.

Schritt 2: Atmen Sie nun langsam ein, ganz tief aus dem Zwerchfell heraus, zählen Sie dabei bis vier. Ihr Bauch muß sich beim Einatmen vorwölben und nicht der Brustkorb. Heben Sie auf keinen Fall die Schultern. Atmen Sie nach Gefühl.

Schritt 3: Halten Sie dann den Atem an - vier Sekunden lang. Danach atmen Sie - innerlich bis acht zählend - wieder langsam aus. Diesen Rhythmus - ausatmen, einatmen, Atem anhalten - wiederholen Sie fünfmal. Achten Sie darauf, daß Sie immer länger ein- als ausatmen. Danach werden Sie feststellen, daß Ihr Puls deutlich langsamer schlägt. Sie sind spürbar ruhiger geworden.

Diese Technik sollten Sie immer dann anwenden, wenn im Bauch die „Schmetterlinge flattern", wenn die Spannung überschießt und Sie Ihr Lampenfieber auf ein Normalmaß herabsenken wollen. Diese Atemtechnik - von den Yogis praktiziert - wirkt fast wie eine **Beruhigungspille**, nur viel schneller. Und sie hat den Vorteil, daß Sie Ihre **Konzentration behalten**, Ihr Kopf kühl und klar bleibt.

2. Entspannung durch Gähnen und Strecken

Ziehen Sie sich kurz vor einem wichtigen Redeauftritt, einem Gespräch oder einer Verhandlung in eine ruhige Ecke zurück, wo Sie sich herzhaft räkeln und ungeniert gähnen können. Dehnen und strecken Sie Ihre Arme und Ihren Oberkörper nach allen Seiten und in alle Richtungen. Sperren Sie Ihren Mund zum Gähnen weit wie ein Nilpferd auf. Gähnen und Strecken sind kein Zeichen der Müdigkeit, wie viele glauben,

sondern Ausdruck der Entspannung! Diese Übung macht den Kopf frei und hilft uns, wieder mehr in unserem Körper zu fühlen. Außerdem verhindert sie, daß wir vor Situationen der Anspannung die Luft zu lange anhalten.

3. Energie tanken

Stellen Sie sich locker hin und legen Sie Ihre Hände übereinander auf Ihre Bauchmitte. Bewegen Sie dann mit einem Ruck eine Hand flach nach oben, den Unterarm winkeln Sie dabei ab. Stoßen Sie dabei ein energisches „Hara" aus. Das gleiche wiederholen Sie dann mit der anderen Hand.

Was erreichen Sie mit dieser Übung? Sie aktivieren damit eine Kraft aus dem Bauch heraus, die die Japaner „Hara" nennen. Diese „Hara"-Kraft hat jeder Mensch, die wenigsten aber wissen um sie. Wollen Sie sie einmal testen?

Drücken Sie Daumen und Zeigefinger einer Hand fest zusammen. Bitten Sie jetzt jemanden sie auseinanderzuziehen. Wenn Sie sich auf die beiden Finger konzentrieren, wird dies Ihrem Partner leicht gelingen. Konzentrieren Sie sich aber auf „Hara", die Kraft im Unterbauch, fällt es dem anderen wesentlich schwerer, Ihre Finger auseinanderzuziehen.

Gerade in emotionsgeladenen Situationen bei Reden und Verhandlungen hilft Ihnen diese Hara Rückgrat zu beweisen und energischer aufzutreten.

Du willst die Straße
des Erfolges gehen?
Dann glaube an Dich.
Dein Selbstvertrauen
ist der Vogel, der singt,
wenn die Nacht
noch dunkel ist.

„Krisenstrategie": Mit Fehlschlägen rechnen

„Die meisten unserer Fehler sind verzeihlicher als die Mittel, die wir anwenden, um sie zu verbergen."

La Rochefoucauld

Schwierige Situationen gekonnt meistern

Galakonzert in Berlin. Das festlich gestimmte Publikum wartet gespannt auf den Solisten des Abends: **Isaac Stern.** Endlich erscheint der berühmte Virtuose, die Lichter erlöschen langsam, erwartungsvolle Stille senkt sich über den Saal. **Leonhard Bernstein** hebt seinen Dirigentenstab und das Konzert beginnt.

Ungefähr in der Mitte des Violinkonzertes - Isaac Stern spielt gerade eine besonders schöne Stelle - reißt plötzlich eine Saite der Geige. Eine Katastrophe. Wie aber reagiert Isaac Stern? Ohne auch nur einen Moment zu zögern und mit einer blitzschnellen Bewegung tauscht er sein Instrument mit dem eines Orchesterkollegen aus. Eine Sekunde später spielt er schon wieder. Das alles geschieht so schnell, daß der größte Teil des Publikums überhaupt nichts bemerkt.

Eine Schmierenbühne spielt Schillers Don Carlos. Im fünften Akt spricht Marquis Posa im Gefängnis des Prinzen seine letzten Worte: *„Das Königreich ist dein Beruf, für dich zu sterben ist der meinige!"* In diesem Augenblick soll aus dem Hintergrund der tödliche Schuß fallen, mit dem König Philipp den Marquis Posa ermorden läßt. Aber der Schuß fällt nicht, vermutlich wegen eines Versehens hinter den Kulissen. Marquis Posa wiederholt gedehnt und schwermütig: *„.. ist der meinige!"* Aber der Schuß fällt noch immer nicht. Da weiß sich der Schauspieler nicht anders zu helfen, er schlägt die Fäuste auf den Bauch und ruft: *„Ich spür's, ich bin vergiftet!"* und bricht

zusammen. In diesem Augenblick fällt doch der Schuß. *„Auch das noch!"* ruft Marquis Posa und gibt den Geist auf.

Der englische Politiker Loyd George hielt einmal in Wales in einem überfüllten Saal eine Wahlrede. Plötzlich verlor er den Faden. Blackout. Geistesgegenwärtig hob er die rechte Hand, zeigte mit ihr in die Gegend, um dann, nach langen zehn Sekunden in seiner Rede fortzufahren. Nachher kam einer seiner Parteifreunde zu ihm und sagte: *„Du, eine so wirkungsvolle Pause habe ich noch nie in einer Rede erlebt. Kein Mensch wußte was kommen würde...".* Trocken antwortete Loyd George: *„Ich auch nicht."*

Man muß sich nur zu helfen wissen

Die beiden folgenden Fragen sollten in Ihrer **„Krisen-Strategie"** eine wichtige Rolle spielen:

1. Fragen Sie sich: „Was könnte in meinem Vortrag möglicherweise schiefgehen?"

2. Überlegen Sie: „Was werde ich in einem solchen Fall tun?"

Wenn Sie in diesem Jahr wieder in den Urlaub fliegen, werden Sie vor dem Start folgendes beobachten: Die Stewardessen legen sich die Schwimmwesten um und demonstrieren Ihnen, was Sie im Fall einer Notlandung auf hoher See tun müssen. Natürlich hofft jeder, daß dieser Notfall nie eintreten wird. Sollte es aber doch einmal der Fall sein, **sind Sie darauf vorbereitet.** Eine vernünftige Maßnahme, nicht wahr?

Ich sah einmal einem EDV-Spezialisten zu, der vor geladenen Kunden Vorteile eines Computers demonstrieren wollte. Er drückte verschiedene Tasten des Gerätes und versprach den Zuhörern, der Computer würde jetzt eine schwierige Aufgabe

lösen. Offenbar hatte er aber eine Taste falsch gedrückt. Als der Computer nämlich das Ergebnis ausdruckte, war das völliger Blödsinn. Die Kunden schüttelten sich vor Lachen, die Demonstration schien geplatzt. Was aber macht unser EDV-Spezialist? Er schlug die Hände zusammen, lachte mit. Und als das Lachen verebbt war, sagte er: *„Sehen Sie, meine Damen und Herren, das ist genau das, was ich sagte. Der Computer ist absolut dumm. Er tut alles, was man ihm sagt, einerlei wie blöd es ist. Programmieren Sie ihn aber richtig, läßt er Sie nie im Stich."*

War das nicht glänzend reagiert? Ein anderer hätte sich vielleicht für das peinliche Mißgeschick entschuldigt, wäre rot geworden, hätte die Demonstration abgebrochen. **Er aber machte das Beste aus der Situation.**

Für Ihre Redepraxis bedeutet das: Das Mißgeschick ist kein Mißgeschick, erst die falsche Reaktion macht es dazu!

Auch Sie müssen am Rednerpult immer damit rechnen, daß Ihnen „der Film reißt", daß Sie einen Blackout haben. Die folgenden sechs Tips werden Ihnen helfen, „den Film wieder zu kleben." Schnell und unauffällig. Aber bombensicher.

Strategie ist, wenn man keine Munition mehr hat, aber trotzdem weiter schießt, damit der Feind nichts davon merkt.

„Film gerissen" - was tun?

1. Das geplante Argument später bringen

Nur Sie allein wissen, was in Ihrem Manuskript steht. **Nur Sie** wissen, welcher Gedanke als nächster kommen müßte. Warum jetzt also krampfhaft nach dem nächsten Argument suchen? Warum eine peinliche lange Pause entstehen lassen? **Reden Sie weiter!** Gehen Sie zu dem Argument über, das Ihnen als nächstes einfällt. Während Sie jetzt weiterreden, haben Sie Zeit zu überlegen und im Manuskript nachzuschauen. Später tragen Sie das Argument nach. Das kann dann sehr spontan klingen, z. B. *„Da fällt mir, meine Damen und Herren, noch etwas ein zu dem vorher Gesagten. Beinah hätte ich es vergessen, es ist aber sehr wichtig für Sie...."*

2. Das geplante Argument ganz weglassen

Angenommen, Sie haben fünf oder sechs Argumente vorbereitet, die für Ihre Sache sprechen. Was macht es da aus, wenn **ein** Argument wegfällt? Vielleicht können Sie damit in der anschließenden Diskussion sogar besonders glänzen.

3. Den zuletzt gesagten Satz mit besonderem Nachdruck wiederholen

Auch bei einer totalen Denkblockade haben Sie den zuletzt gesagten Satz noch in Erinnerung. Und den wiederholen Sie. Wortwörtlich oder leicht verändert. Er muß nicht wichtig sein. Durch die Wiederholung **wird** er für Ihre Zuhörer wichtig. Während Sie ihn jetzt wiederholen, **haben Sie wertvolle Zeit gewonnen,** in Ihr Manuskript zu schauen und das nächste Stichwort zu suchen.

Beispiel: Sie sagten: *„Wir werden schwierigen Zeiten entgegengehen."* Blackout. Sie wissen nicht mehr weiter. **Sie wiederholen:** *„Ist Ihnen das bewußt, meine Damen und Herren: schwierige Zeiten kommen auf uns zu, die goldenen Jahre sind vorbei, Gewitterwolken ziehen auf."*

4. Das bisher Gesagte kurz zusammenfassen

Sie sagen: *„Bevor wir weiter fortfahren, fasse ich unsere bisherigen Überlegungen kurz zusammen. Erstens... zweitens...drittens...".* Ihre Zuhörer sind Ihnen für solche Wiederholungen **dankbar.** Und Sie haben während dieser Stegreifwiederholung viel Zeit, den „roten Faden" wiederaufzunehmen.

5. Kurze, wirkungsvolle Pause einlegen

„Komisch", wundern sich Teilnehmer an unseren Rhetorikseminaren immer wieder, wenn sie ihre mit dem Videorecorder aufgezeichneten Redeübungen am Bildschirm ansehen. *„Als ich vorn am Rednerpult stand, kam mir die Denkpause, die ich brauchte, wie eine Ewigkeit vor. Und jetzt am Bildschirm sehe ich, daß ich mit einer noch längeren Pause sogar noch mehr Wirkung hätte erzielen können."*

Stimmt. Sprechpausen können ein unglaublich wirkungsvolles Mittel sein, **dramatische Spannung** zu erzeugen. Viele aber scheuen diese Pausen. Warum? Weil sie denken, die Pause könnte ihnen als Schwäche ausgelegt werden.

6. Halten Sie neutrales Füllmaterial bereit

Was meinen Sie, wie oft auch mir im Seminar oder bei meinen Vorträgen der Film reißt! Es merkt nur keiner. Warum merkt es keiner? Weil ich immer irgendwelche neutrale „Füller" bereithalte:

■ **Den Zeitungsausschnitt,** der zum Thema paßt. Er liegt griffbereit in der Nähe. Reißt mir dann der Film, hole ich ihn her und sage: *„Übrigens, meine Damen und Herren, haben Sie gelesen, was kürzlich in der FAZ stand?"*

Und dann lese ich vor. Und habe wieder Zeit zum Überlegen gewonnen.

■ **Die Overhead-Folie** mit einem neutralen Zitat, das Sie an jeder Stelle Ihres Vortrages dazwischenschieben können.

Zusammenfassung:

Rechnen Sie stets damit, daß Ihnen einmal der Film reißt. Das passiert auch dem routiniertesten Redner. Die genannten sechs Tips werden Ihnen helfen, diese schwierige Situation zu meistern. Wichtig ist aber: Sie müssen sie im Schlaf aufsagen können. Nur so werden sie Ihnen im Augenblick der Denkblockade verfügbar sein. Ein willkommener Nebeneffekt: Allein das Wissen um diese Tips wird Ihre Angst vor dem Steckenbleiben kleiner machen.

Noch mehr Sicherheit gewinnen

Der Wahlredner

Wenn er das Rednerpult betritt
mit kühner Stirn und weitem Schritt,
zieht er zunächst gekonnt kokett
das Manuskript aus dem Jackett
und fängt gleich an, draus vorzulesen,
was ist, was wird und was gewesen.
Doch langsam wird der Redner kleiner,
denn er entdeckt - und nicht erst heute:
vor ihm sitzen zwar viele Leute,
doch hinter ihm - steht keiner.

Heinz Erhardt

Die Flucht nach vorn

„Irren ist menschlich." Eine uralte Weisheit. *„Menschen, an denen nichts auszusetzen ist, haben nur einen, allerdings entscheidenden Fehler: sie sind uninteressant",* urteilte einmal die Filmdiva Zsa Zsa Gabor.

Hat sie nicht recht? Kleine Fehler machen einen Menschen interessant. Warum also Fehler krampfhaft vor anderen verbergen? Das haben nur unsichere Menschen nötig. Wir bewundern aber und achten jemanden, der Mensch genug sein kann, einfach zu sagen: *„Hier habe ich Schwierigkeiten",* oder *„Das war ein Fehler von mir."*

Von hundert Menschen werden Sie etwa neunzig bewundern, weil Sie eine Schwäche zugegeben haben. Warum also nicht auch das Lampenfieber zugeben? Ergreifen Sie deshalb die Flucht nach vorn. Wenn alle Tips und Ratschläge dieses Buches Ihnen nicht helfen und das Lampenfieber das nächste Mal wieder sehr ausgeprägt ist, sagen Sie einfach: *„Wenn Sie glauben,*

meine Damen und Herren, daß ich jetzt Lampenfieber habe, dann haben Sie völlig recht." Die Sympathie der meisten Zuhörer wird Ihnen sicher sein.

„Meine Damen und Herren", begann ein Seminarteilnehmer einmal seinen Vortrag, *„als ich gestern meinen Vortrag ausarbeitete, da wußte nur der liebe Gott und ich, worüber ich heute reden werde. Und jetzt - weiß es nur noch der liebe Gott."*

Können Sie sich unser Lachen vorstellen? Es war kein Verlachen, sondern ein mitfühlendes, befreiendes Lachen. Mit diesem einen Satz, mit dieser Flucht nach vorn, hatte er schlagartig unsere Sympathie gewonnen.

Zehn Ventile
zum Abbau des Lampenfiebers

Ventil 1: Halten Sie eine Generalprobe

Ein Schauspieler studiert seine Rolle, indem er den Text so lange, z.B. vor dem Spiegel probt, bis er die Rolle verinnerlicht hat. Auch Sie sollten Ihre Rede im stillen Kämmerlein bereits einmal gehalten haben, bevor Sie an das Rednerpult treten.

Ventil 2: Verwenden Sie ein Manuskript

Ein gutes, übersichtliches Manuskript ist wichtig wie ein Rettungsring und muß deshalb hundertprozentig in Ordnung sein. Dadurch wissen Sie: Sie **können** gar nicht steckenbleiben, selbst wenn Ihnen einmal „der Film reißt".

Ventil 3: Achten Sie auf sicheren Stand

Stehen Sie mit beiden Füßen, mit zwei „Standbeinen", fest auf der Erde. Das verleiht Ihnen äußere Sicherheit, die sich **nach innen** überträgt.

Ventil 4: Atmen Sie richtig

Warten Sie beim Sprechen nicht bis zum letzten Drücker, sondern atmen Sie rechtzeitig nach. Beim Einatmen soll sich Ihr **Bauch** vorwölben, **nicht** der Brustkorb. Heben Sie auf keinen Fall die Schultern. **Ganz wichtig**: das Ausatmen sollte viel länger dauern als das Einatmen.

Ventil 5: Trainieren Sie den Anfang besonders gut

Lernen Sie die ersten 10 Sätze Ihrer Rede auswendig, damit es ja kein **Fehlstart** wird. Beginnen Sie mit einem erstklassigen **Aufhänger**, einem „atmosphärischen Eisbrecher". Sie fühlen schnell den Wind der **Sympathie**, bekommen **Auftrieb**.

Ventil 6: Verschaffen Sie sich Bewegung

Streß führt blitzartig zur **Adrenalinauschüttung.** Diese führt zum Blackout, zur Denkblockade. Durch **Bewegung** wird das gefährliche Hormon verbraucht. Deshalb: laufen Sie vor Ihrem Auftritt, machen Sie ein paar **isometrische** Übungen.

Ventil 7: Machen Sie sich mit den Örtlichkeiten bekannt

Gehen Sie schon **vorher** in den Raum und versuchen Sie, sich mit der Umgebung **vertraut** zu machen. Treten Sie ans Pult, prüfen Sie die technischen Einrichtungen.

Ventil 8: Nützen Sie die Macht der Autosuggestion

Der **Glaube** versetzt Berge. Sagen Sie sich immer wieder vor: *„Ich schaffe das. Ich freue mich auf meinen Auftritt."*

Ventil 9: Bekennen Sie sich zu Ihrem Lampenfieber

Sagen Sie sich: *„Ich darf Lampenfieber haben. Das ist normal. Das macht mich sogar sympathisch".* Diese Einstellung **befreit** und **löst** den inneren Stau.

Ventil 10: Setzen Sie in die erste Reihe einen Freund oder Bekannten

Das ist psychologisch günstig. Sie haben das Gefühl: Wenigstens einer in dieser „Horde", der es gut mit mir meint.

Harmonie, Balance und Power: 14 praxiserprobte Techniken

Auf den nächsten vier Seiten finden Sie eine **Übersicht** über all jene Techniken und Wege zur Selbstbeeinflussung, die **in der Praxis erprobt** sind. Von leicht erlernbar und machbar bis zum komplizierten Ganzheitsprogramm. Wie die Methoden auch alle heißen mögen, haben sie doch alle ähnliche Effekte: Der Puls wird gedrosselt, die Muskelanspannung verhindert, das körperverschleißende Adrenalin abgebaut. Und der Geist wird soweit beruhigt, daß Gedanken, die blockiert sind, zu fließen beginnen. Ihr gemeinsames Ziel: **Harmonie, Balance und Power.**

1. Autogenes Training (AT)

Durch die Vorstellung „Ich bin schwer und warm" öffnen sich die Gefäße und Muskelverspannungen nehmen ab. Wer es drauf hat, kann sich dabei so tief entspannen, daß selbst nach stärkster Beanspruchung Schlaf möglich wird. Bis AT allerdings in wirklichen Streßsituationen klappt, bedarf es längerer Übung. Am besten mit einem professionellen Lehrer.

2. Progressive Muskelentspannung

Durch das kurzzeitige kräftige Anspannen und Entspannen der Muskeln in Armen, Beinen, im Gesicht und im Bauch lassen sich die gleichen Effekte wie beim autogenen Training erreichen. Vorteil: Die progressive Muskelanspannung - Jacobson-Training genannt - ist einfach zu lernen. Übungskassetten im Buchhandel.

3. Visualisieren

Das Denken in Bildern schaltet das Gedankenkarussell ab und macht so den Kopf frei für neue Aufgaben. Gleichmäßig durch die Nase ein- und ausatmen. Stellen Sie sich bei jedem Einat-

men eine Welle vor, die auf das Ufer zurollt. Beim Ausatmen fließt sie in das Meer zurück. Schon nach kurzer Zeit stellt sich die innere Ruhe ein.

4. Phantasiereisen

Rufen Sie sich positive Urlaubserlebnisse in das Gedächtnis zurück, die den Negativstreß überdecken. Sie brauchen nur eine bequeme Körperhaltung - einen zurückgekippten Bürostuhl etwa mit Beinen auf den Tisch. Vom Palmenstrand bis zum Alpengipfel können Sie sich damit sekundenschnell an Ihre Lieblingsorte versetzen und die dort verspürten Glücksgefühle wiedererleben.

5. Beten

In seiner ausgeprägtesten Form - dem Rosenkranzbeten - entspricht die religiöse Variante den Grundregeln aller Entspannungstechniken: die Aufmerksamkeit auf einen Punkt lenken - die Rosenkranzkugel - und dabei einen Text stets wiederholen. Erstaunliche Effekte lassen sich auch durch einzelne Gebete erzielen.

6. Palmieren (Augenentspannung)

Wohltuende Augenentspannung, die sich auch für Bildschirmarbeiter anbietet. Den Kopf in die leicht gewölbten Hände stützen. Auf den Atem konzentrieren. Die Wärme der Hände und die Dunkelheit entspannen die gesamte Muskulatur um die Augen; die Lidbewegungen werden langsamer, die Müdigkeit läßt nach.

7. Zentrieren

Vor allem für die, die auf Streß mit Magenbeschwerden reagieren. Legen Sie eine Hand auf den Bauch in Höhe des Nabels; versuchen Sie, ruhig durch die Nase in den Bauchraum zu atmen. Konzentrieren Sie sich auf die Wärme der Hand und auf das Heben und Senken der Bauchdecke.

8. Fokussieren

Simples Training, um die Konzentrationsfähigkeit ganz direkt zu erhöhen. Richten Sie für einige Zeit die Aufmerksamkeit auf alle Geräusche im Raum. Dann versuchen Sie wahrzunehmen, was außerhalb des Raums zu hören ist. Schließlich richten Sie die Wahrnehmung nach innen und versuchen, Puls oder Herzschlag zu hören.

9. Affirmationen

Gut gegen Angstattacken oder, um sich für kommende Aufgaben zu stärken. Sagen Sie sich ganz bewußt positiv wirkende Formeln - sogenannte Affirmationen - immer wieder vor. Etwa: „In der Ruhe liegt die Kraft" oder „Aus Fehlern kann ich nur lernen". Verstärkt wird das ganze, wenn man Karten, auf denen die Affirmationen stehen, immer bei sich trägt.

10. Eutonie

Das bewußte Wahrnehmen des eigenen Körpers. Dazu ist es nötig, sich hinzulegen. Schließen Sie die Augen und versuchen Sie, die Körperstellen zu spüren, die den Boden berühren. Wie die Fersen auf dem Boden liegen, ob beide gleich stark drücken. Auf gleiche Weise prüfen Sie, wie die Waden den Boden berühren, die Kniekehlen, die Hüftgelenke, die Rippen, die Schulterblätter. Ob und wie weit die Handgelenke vom Boden entfernt sind.

11. Meditation

Bei allen Versenkungstechniken gilt: die Dosis macht die Wirkung. Meditation zählt zu den persönlichkeitsverändernden Techniken. Wer psychisch labil ist oder täglich stundenlang meditiert, kann damit Psychosen auslösen. Meditationslehrer können dann mit der Situation überfordert sein, wenn sie keine ausgebildeten Therapeuten sind.

Die am häufigsten praktizierte Übung östlicher Glaubensrichtungen ist die **Mantrameditation**. Dazu wird eine heilige Silbe (Mantra), z.B. „Om", ein Gottesname oder Gebet innerlich wiederholt. Die magische Kraft des Mantras soll die Übung unterstützen.

Die **Zen-Meditation** beinhaltet strenge Sitz- und Gehübungen. Ziel ist die vollständige Erkenntnis oder das Erwachen (satori). Auf dem Weg dahin soll alles Bisherige - Sichtweisen oder Gedanken - losgelassen werden. Deshalb nennt man den Zen-Meister auch „Meister des Augenblicks".

12. Tai Chi

Diese chinesische Bewegungskunst gewinnt in Deutschland immer mehr Anhänger. Ihr weltanschaulicher Hintergrund: Die Lehre von Tao und verschiedenen Lebensenergien. Richtig angewandt, wirken die Techniken entspannend und sind orthopädisch hilfreich, auch wenn der Übende nicht an Chi glaubt.

13. Qui-Gong

Eine chinesische Methode, die die kosmische Energie Chì im Körper harmonisieren will. Die Übungen werden sitzend, liegend oder in Bewegung durchgeführt. Wechsel von An- und Entspannung helfen auch bei Rückenschmerzen und Verspannungen.

14. Aikido

Hat sich mittlerweile als Kampfsport in Deutschland etabliert. Übersetzt bedeutet der japanische Name „Weg zur Harmonie mit der Lebensenergie". Angestrebt wird ein harmonisches Verhältnis von Körperkraft und kosmischer Kraft. Konzentrationsübungen dienen der Balance.

Clevere Geschäftemacher und falsche Propheten

Neben diesen anerkannten Techniken hat sich im Umkreis der Esoterik auch ein großes Feld **zweifelhafter Angebote** gebildet. Da der Name Therapie nicht geschützt ist, können auch Nichttherapeuten ihre Methode so bezeichnen. Das Ziel aller Methoden: es soll ein höheres Bewußtsein erlangt oder eine Begründung für die eigenen Probleme gesucht werden. Da spirituelle Techniken auf eine Persönlichkeitsänderung zielen, ist hier **Vorsicht** angebracht. Zu warnen ist auch vor Zirkeln auf dem Psychomarkt, die oft nur die schnelle Mark im Auge haben.

Ein extra heißes Kapitel: die **Psychogruppen**, allen voran **Scientology**. Der Führung von Scientolgy geht es um Macht über Menschen und um Geld. In immer kostspieligeren Kursen wird versprochen, Krankheiten, unerwünschten Empfindungen, Mißemotionen, Somatiken usw. ein Ende zu setzen. Die Kurse sind stark individualisiert und dem einzelnen wird das Gefühl gegeben, daß man sich ausschließlich um ihn kümmere. In der Öffentlichkeit ist Scientology durch ihre Aggressivität im Umgang mit Aussteigern und Gegnern bekannt geworden.

VPM heißt die Abkürzung des „Vereins zur Förderung der Psychologischen Menschenkenntnis". Vorzuwerfen ist diesem Verein, daß er das eigene Konzept, die „psychologische Menschenkenntnis" doktrinär als den allein richtigen psychologischen Weg deklariert. Der VPM hat eine sektenähnliche Struktur. Er fällt häufig durch aggressives und intolerantes Verhalten auf. Kritiker und Andersdenkende werden zum Teil heftig attackiert.

Universelles Leben (UL) nennt sich eine Sektengemeinschaft, deren Gründerin, Gabriele Wittek, sich als Sprachrohr Gottes versteht. Wer sich dem UL anschließt, muß sich der strengen

Autorität unterwerfen und die Organisation wirtschaftlich unterstützen, bis über die Schuldengrenze hinaus.

Falls Sie zu den drei genannten Organisationen weitere Fragen haben bzw. Hilfe brauchen, wenden Sie sich bitte an: Informations- und Beratungszentrum Sekten/Psychokulte (IDZ), Köln: 0221-9212920

Wer einen Stein ins Wasser wirft, verändert das Meer.

Paul Mommertz

Menschenkenntnis ist weder angeboren, noch eine Geheimwissenschaft. Sie ist eine soziale Fähigkeit, die man lernen kann. Wer z.B. auf Mimik, Gestik und Körperhaltung seiner Mitmenschen zu achten weiß, erfährt oft mehr über sie, als durch 1000 Worte. Denn mit dem Körper läßt sich viel schlechter lügen.

Auch Sie werden sich gewiß an einen ähnlichen Vorgang erinnern: Feierabend, Rush hour in der Innenstadt und Sie mittendrin. Da kommt jemand genau von vorn auf Sie zu, Distanz noch etwa drei bis vier Meter. Für Bruchteile einer Sekunde entsteht wechselseitiger Blickkontakt, dann machen der Unbekannte und Sie einen Schritt nach links, und schon sind Sie aneinander vorbei, ohne sich angerempelt zu haben.

Was ist in beiden Fällen geschehen? Körpersprache war im Spiel und hat funktioniert.

Körpersprache von Profis genutzt

Was heißt das nun eigentlich: Körpersprache? Es **heißt: unser Körper sendet pausenlos Signale aus.** Stumme Signale. Signale, die unsere Gesprächspartner empfangen und deuten. Signale, die zu einem Bild führen, das sie sich von uns machen.

Dumm ist nur: Diese Signale sind **Körperreaktionen,** die zusammen mit unseren **Gefühlen** auftreten. Sie sind nur unvollständig unserer willentlichen Kontrolle unterworfen. Deshalb fällt das Bild, das sich andere von uns machen, auch nicht immer so positiv aus, wie wir uns das wünschen. **Denn die Körpersprache ist viel ehrlicher als das gesprochene Wort.** Die Frau, die dem Psychiater sagt, sie liebe ihren Mann, und dabei den Kopf schüttelt, ist ein Beispiel dafür.

Nehmen Sie einmal folgenden Fall: Sie sind in einem Gespräch mit einem Menschen, dem Sie einen gut erhaltenen Gebrauchtwagen verkaufen wollen. Nachdem er ihn gründ-

lich besichtigt hat, fragt er Sie nach dem Preis. Sie antworten: *„Ich habe mich von einem Kfz-Verständigen beraten lassen, der 17 200. - DM für angemessen hält."* Kaum ging Ihnen diese Zahl über die Lippen, da bemerken Sie

- wie der Interessent sein Gesicht, das Ihnen bisher voll zugekehrt war, ein Stück zur Seite dreht, mit den Augen aber nach wie vor bei Ihnen bleibt („seitlicher Blick").

- Oder sein Kopf neigt sich nach vorn, so daß Sie sein Blick von unten her über die gesenkte Stirn hinweg trifft („Blick nach unten").

- Eine andere Möglichkeit: sein Kopf neigt sich nach hinten, der Blick trifft Sie dadurch aus einer etwas erhöhten Position („Blick von oben").

- Es kann auch sein, daß sich seine vorher normal geöffneten Augen für einen Augenblick zu einer ganz schmalen Lidspalte verengen, um sich daraufhin sofort wieder voll zu öffnen („verengter Blick").

Was bedeutet das?

Wenn Sie möchten, können Sie Ihr neu erworbenes Wissen um die Körpersprache gleich nutzen, wenn Sie demnächst mit Freunden Karten spielen. Sobald Sie beim Austeilen der Karten merken, daß sich die Pupillen Ihres Gegenübers weiten, sollten Sie auf der Hut sein. Warum? Aus diesem Signal ist mit an Sicherheit grenzender Wahrscheinlichkeit auf etwas Erfreuliches, in diesem Fall auf eine gute Karte, zu schließen. **Daraus beim Pokern oder Skatspiel Konsequenzen zu ziehen, ist bestimmt nicht unseriös.**

Etwas anders aber sieht die Sache aus, wenn das Management eines Supermarktes die Auswahl für sein Warenangebot trifft und versteckte Videokameras die Augenreaktionen vor dem Regal stehender Hausfrauen registrieren.

Körpersprache deuten, gezielt einsetzen

Personalberater und neuerdings auch **Personalchefs** gehen dazu über, sich fast nur noch auf das **nichtverbale** Verhalten eines Bewerbers beim Vorstellungsgespräch zu konzentrieren, es zu interpretieren und zu einem **Psychoprofil** zu komplettieren. Man sieht: Hier wird Körpersprache als **Herrschaftswissen** genutzt und Entscheidungen zugrunde gelegt, die für den ahnungslosen Signalgeber von eminenter Bedeutung sind.

Deshalb:
Achten Sie auf Ihre Körpersprache. Sie sabotiert oft das, was wir sagen. Vergessen Sie nicht: zu 90 Prozent bestimmen Äußerlichkeiten und Auftreten unsere Wirkung beim Reden, nur zu 10 Prozent der Inhalt!

Wie sehr unser Körper unsere Rede übertönt, ohne daß wir es merken, demonstriere ich im Seminar folgendermaßen: *„Meine Damen und Herren, bitte schauen Sie sich mal den Teppichboden an."* Gleichzeitig weise ich mit meiner rechten Hand und meinem Blick zur Decke. Raten Sie mal, wohin meine Zuhörer gucken? Na klar, sie folgen den Gesten, nicht den Worten.

Dieses Kapitel soll Sie ermuntern, einige Vokabeln der Körpersprache zu erlernen. Es wird Ihnen helfen, durch **gezielten Einsatz** der Körpersprache sicherer aufzutreten. Es wird Sie daran gewöhnen, Ohren und Augen offen zu halten, wenn Sie mit Menschen zusammen sind. Sie werden durch Worte kaum noch zu täuschen sein, denn Sie haben auch für feine Nuancen ein **scharfes Auge** bekommen. Sogar Menschen, denen Sie begegnen, ohne mit Ihnen zu sprechen, werden Ihnen bereits durch ihre **Körpersprache** so viel verraten, daß sich Ihr **spontanes Urteil** fast immer **bestätigen** wird. Ihrem scharfen Auge wird auch das nicht entgangen sein: Das Wörtchen „fast" im letzten Satz.

Was die Augen verraten

Die Bedeutung des ersten Augenblickes

Wie können Sie erreichen, daß Sie zu einem anderen Menschen vom ersten Augenblick an Kontakt bekommen? Vom **ersten Augenblick** an? Die Antwort liegt schon in der Frage: Sie müßten Ihren Gesprächspartner **anblicken!**

Es ist wirklich ein ungeheuer wichtiger Augenblick, dieser **erste Augenblick.** Aber meistens geht er ungenutzt vorüber.

Haben Sie das auch schon beobachtet, daß der Mensch in der Masse niemandem mehr in die Augen blicken will? *„Je größer eine Stadt, umso schneller hasten die Leute aneinander vorbei"*, konstatiert der Verhaltensforscher **Eibl Eibensfeld.** *„Man baut Wohnkomplexe und Verwaltungssilos, als wäre der Nachbar des Menschen ärgster Feind. Der Blickkontakt, von dem die stärksten Kommunikationssignale ausgehen, wird heute kaum mehr praktiziert."*

Hat er nicht recht, der Verhaltensforscher? Sprechen wir nicht sehr oft mit einem anderen Menschen fünf Minuten, zehn Minuten, und unsere Blicke haben sich kein einziges Mal echt getroffen?

Wir nehmen einen anderen Menschen aber erst dann wirklich wahr, spüren erst dann etwas von ihm, wenn sich unsere Blicke getroffen haben. Dann springt plötzlich ein geheimnisvoller Funke von einem zum anderen über.

Bei einer Reise durch Nordafrika habe ich vor einigen Jahren etwas Interessantes entdeckt: Wenn sich zwei Angehörige der **Tuaregs** begrüßen, so sagen sie nicht *„Guten Tag"* oder etwas Ähnliches zueinander, nein, sie sagen *„Ich sehe Dich."* Diese Tuaregs legen auf den **Augenkontakt** wohl deshalb so großen Wert, weil der ganze Körper bis auf die Augen von Kleidern und Schleiern verhüllt ist. Deshalb sehen sie einander beim

Sprechen auch unentwegt an, um so viel wie möglich an Informationen zu ergattern.

Die Tuaregs haben erkannt: mit den Augen lassen sich wortlos **Botschaften** austauschen. Sie haben erkannt, welche **Kraft** im Blick liegt, welches **Fluidum** vom Blick ausgeht.

Machen Sie es den Tuaregs nach! Wenn Sie demnächst wieder mit einem anderen Menschen zusammentreffen, fangen Sie nicht gleich das Reden an! Sehen Sie Ihren Partner erst mal freundlich und offen an und signalisieren Sie ihm: „Ich sehe Sie." Der Kontakt zu ihm ist dann gleich vom ersten Augenblick an viel intensiver.

Gefährliche Blicke

Schon immer maß man dem Blick eine besondere **Gefühlskraft** zu. Es gibt sogar Mythen, Märchen und Legenden, in denen Blicke unter bestimmten Umständen **verboten** waren:

Loths Frau wurde in eine Salzsäule verwandelt, weil sie sich umgeschaut hatte.

Der sagenhafte griechische Sänger **Orpheus** verlor seine Gattin Eurydike, weil er sich nach ihr umdrehte.

Adam aß vom Baum der Erkenntnis und fürchtete sich danach, Gott anzuschauen.

Haben Sie nicht auch schon erfahren, wie man in bestimmten Situationen **nicht** schauen darf?

- Nimm niemals Augenkontakt mit einem Bettler auf, oder er wird dich verfolgen, bis du etwas gibst.

- Sieh' nie einem religiösen Fanatiker ins Gesicht, sonst wirst du in ein langes Gespräch verwickelt!

■ Schau einem Fußballrowdie, der dich in der U-Bahn provozierend anstarrt, nicht an; du könntest sonst dein Leben in Gefahr bringen.

Den Blick als **soziales Signal** gibt es auch in der Tierwelt. Einige **Schmetterlinge** z. B., haben Augenmuster auf ihren Flügeln. Wischt man diese ab, werden die Schmetterlinge mit größerer Wahrscheinlichkeit von Vögeln angegriffen. Einige **Fische** weisen Augenflecke auf, die sich vergrößern, wenn das Tier angegriffen wird.

Interessant ist zu beobachten, wie **Kinder** reagieren, wenn man sie schimpft. Sie senken den Blick. Manche schlagen sogar die Hände vor das Gesicht und denken: *„Wenn ich dich nicht ansehe, Papi, dann kannst du mich auch nicht treffen mit deiner Schelte."*

Welchen Eindruck erweckt bei Ihnen ein Gesprächspartner, der ähnlich reagiert und Sie nicht ansieht? Sie denken:

■ Er ist unsicher.

■ Er interessiert sich nicht für mich.

■ Er hat etwas zu verbergen.

Viele Menschen verfahren nach dieser **Vogel-Strauß-Taktik.** Sie meinen: *„Wenn ich Sie nicht ansehe, dann können Sie mir auch nichts anhaben."*

Verräterische Augenblicke

„Die Augen sind die Fenster der Seele", behaupten die Dichter. Mit Recht. Unsere Augen können tatsächlich eine Menge verraten. Sie übermitteln die **feinsten Nuancen.** Augen können wissen, spotten, lachen, durchbohren, blitzen, glühen.

Es gibt **leidenschaftliche** Blicke, die *„Ich liebe dich!"* sagen,

Körpersprache deuten, gezielt einsetzen

angstvolle Blicke, die um Hilfe bitten, **Drohblicke,** die *„Hau ab!"* befehlen.

„Wenn ein Mann dir Liebe schwört", hörte ich einmal eine Mutter ihrer Tochter sagen, *„dann höre weniger auf seine Worte, sondern schaue ihm in die Augen. Wenn sich die Pupillen nicht weiten, eventuell sogar beim 'Ich liebe dich' enger werden, dann bist du sicher an den Falschen geraten."*

Der Rat der modernen Mutter deckt sich voll mit dem, was sich auch bei Ovid, einem in den Künsten der Verführung sehr erfahrenen Mann, nachlesen läßt: Er rät dem Liebenden: *„Laß deine Augen in ihre versinken, dein Blick sei ein Geständnis: Oft überzeugt der stille Blick mehr als Worte."*

Nun werden Sie vielleicht einwenden: *„Ja, will das denn der andere, daß wir ihn so anstarren?"* Nein, das will er bestimmt nicht. Kein Mensch hat es gerne, wenn er **angestarrt** wird. Durch das Anstarren fühlen wir uns **verletzt** und zur **Nichtperson** degradiert.

Es gibt in den Südstaaten von Amerika Weiße, die **starren** ihre farbigen Landsleute an und drücken damit aus: *„Du bist für mich kein Mensch, sondern nur ein dreckiger Nigger."*

Von Affen und Menschen

Ein Versuchsleiter starrte **Affen** in einem Käfig an. 76% aller Tiere gingen daraufhin zum Angriff über oder nahmen eine **drohende Haltung** ein. Schaute der Versuchsleiter sie nur kurz an und dann wieder weg, zeigten die Affen keine Aggression.

Wir haben noch viel vom Affen in uns. Das zeigt ein zweites Experiment.

Man brachte Motorradfahrer und Fußgänger dazu, **Autofahrer,** die an der Kreuzung hielten und auf Grün warteten, anzustar-

ren. Was passierte daraufhin? Die so angestarrten Autofahrer fuhren wesentlich schneller wieder an, wenn die Ampel auf Grün umsprang. **Sie hatten es offenbar eilig, den Blicken zu entkommen.**

Die **entscheidende Frage** heißt nun: Wie lange dürfen wir den anderen anschauen? **Die Antwort:** Lange genug, um ihm zu signalisieren:

„Ich weiß, daß Sie da sind. Ich sehe Sie. Es wird mir aber nicht im Traum einfallen, in Ihre Privatsphäre einzudringen."

Kabinettssitzungen dirigierte Adenauer souverän, aber oft auch etwas autoritär. Vor allem verstand er sich auf die Tricks, Wortmeldungen der Minister zu ignorieren, wenn er annehmen mußte, daß sie nicht in sein Konzept paßten. Als er wieder einmal mehrere Wortmeldungen eines Kabinettmitgliedes bewußt übersehen hatte, sagte er zu ihm am Ende der Sitzung: „Herr X, wenn Sie wieder mal raus müssen, brauchen Sie sich doch nit zu melden."

Vom Monolog zum Dialog

Viele Redner scheitern in der Praxis daran, daß sie keine Ansprache halten, sondern eine Einsprache. Sie sind nur mit ihrem Manuskript beschäftigt. Der Kontakt zum Publikum ist ihnen völlig egal.

Ungeübte Redner erkennt man auch daran, daß sie mit ihrem Blick **ins Leere** schweifen. Es ist, als ob sie dem Kontakt mit ihren Zuhörern ausweichen wollten. Man nennt sie die **Bodengucker, Deckengucker oder Fenstergucker.**

Körpersprache deuten, gezielt einsetzen

Kurt Tucholsky fordert:

„... der Redner muß darauf achten, daß die Wellen, die von ihm ins Publikum laufen, auch wieder zurückkommen."

Wie aber wollen Sie feststellen, was Sie bei Ihren Zuhörern erreichen, wie wollen Sie feststellen, daß da einer die Hand hebt, der andere den Kopf schüttelt, wieder andere gähnen? Wie wollen Sie darauf reagieren, wenn Sie Ihre Zuhörer nicht ansehen?

> Der Vortrag dauert schon sehr lange. Als der Redner merkt, daß viele der Zuhörer bereits eingeschlafen sind, sagt er entschuldigend: *„Ich habe leider keine Uhr bei mir."* *„Das kann passieren"*, antwortet einer der Zuhörer, *„aber hinter Ihnen hängt ein Kalender."*

Bitte erkennen Sie, wie wichtig es für die Sicherheit ist, die Sie ausstrahlen möchten, daß Sie frei reden. Es müßte Ihnen gelingen, bei jedem einzelnen Ihrer Zuhörer das Gefühl auszulösen: Jetzt spricht er gerade mit mir. Jetzt meint er mich besonders. Auf dieser Kontaktbrücke, die Sie mit Ihren Augen bauen, werden Ihre Worte entlangmarschieren und jeden Ihrer Zuhörer erreichen. Die Rede wird zum Dialog.

> *„Zur erfolgreichen Rhetorik gehört, nie den Kontakt zu seinen Zuhörern, seien es einige hundert oder viele tausend, zu verlieren. Die Augen sind dafür das wichtigste Instrument. Wenn ich mich in ein Redemanuskript verliere, geht der Kontakt verloren, was ich sofort merke: es ist, als würde der Strom abgeschaltet."*
>
> Franz Josef Strauß

Sieben Praxistips

1. Wenn Sie Ihre Zuhörer überzeugen wollen, müssen Sie sie ansehen. Der Angeschaute fühlt sich ausgezeichnet und wichtig genommen. Er baut eine persönliche Beziehung zu Ihnen, dem Redner auf.

2. Halten Sie nach Möglichkeit zwei bis drei Meter Abstand zur vorderen Zuschauerreihe. So können Sie das ganze Auditorium ohne allzu scharfe Blickwinkel erfassen.

3. Ist das Auditorium größer (ab 30 Zuhörer), dann teilen Sie es durch zwei gedachte Linien in drei Sektoren: Linkes, rechtes und mittleres Drittel.

4. Schauen Sie jetzt von Drittel zu Drittel wechselnd, jeweils einen Zuhörer drei bis fünf Sekunden fest an, während Sie reden. Je nach Entfernung fühlen sich immer gleich auch einige Nachbarn des Angeschauten durch Ihre Aufmerksamkeit geehrt.

5. Wechseln Sie die Angeschauten innerhalb der Drittel. Nach Möglichkeit alle Zuhörer einmal durch direkten Blickkontakt beeinflussen. Kennen Sie die Meinungsmacher, dürfen Sie diese gezielter bearbeiten.

6. Wechseln Sie auch die Reihenfolge, in der Sie von Drittel zu Drittel schreiten. Beispiel: Links - Mitte - Rechts - Mitte - Rechts - Links - Rechts - usw. Vermeiden Sie den „Scheibenwischerblick."

7. Vergessen Sie über den Kontakt zu Ihren Zuhörern nicht den Kontakt zu Ihrem Manuskript. Werfen Sie zwischendurch immer wieder einen kurzen Blick darauf und vergewissern Sie sich, wo Sie gerade stehen. So vermeiden Sie längeres Suchen, wenn Sie mal nicht mehr weiterwissen. Sie verhindern damit außerdem, daß Sie Wesentliches vergessen.

Die Sprache der Mimik

Wie Physiognomik vermarktet wird

Am Drehständer eines Supermarktes fiel mir einmal das Taschenbuch **„Face Language"** des Amerikaners R. Whitesite in die Hände. Neugierig blätterte ich darin. Tolle Dinge, die der Autor da versprach. Glaubt man ihm, dann genügt ein Blick ins Gesicht - und ein Vertreter weiß, mit welchen Worten er der zögernden Hausfrau am besten seinen Staubsauger anbietet. Hat die Dame nämlich Sorgenfalten im Gesicht, dann empfiehlt es sich, auf ihre Frage nach dem Preis nicht zu sagen *„etwa 300 DM"*, sondern die präzise Angabe *„289,50 DM" zu* machen. Menschen **mit großen Augen** nehmen nach Meinung des Autors alles sehr persönlich. Sein Rezept im Umgang mit ihnen: Sprechen Sie mit gedämpfter Stimme.

So einfach ist das also. **Man nehme** buschige Augenbrauen, deute ihren Träger als wild und jähzornig und verhalte sich entsprechend sanft oder nachgiebig.

Vorsicht vor solchen „Kochrezepten". Hundertprozentig sichere Regeln zur Deutung des menschlichen Gesichts gibt es nicht. Mit Sicherheit verrät das Gesicht eines Menschen etwas von seinem Charakter. Zur „Entschlüsselung" aber brauchen Sie Menschenkenntnis, Einfühlungsvermögen und genaues Beobachten.

Ein neues Gesicht - ein neues Leben?

Der italienische Filmregisseur **Fellini** hat einmal gesagt: *„Gesichter sind die Lesebücher des Lebens."* Tatsächlich: In vielen Gesichtern können wir wie in einem Buch lesen. Ist das der Grund, warum manche Menschen den Wunsch haben, ihr Gesicht zu verändern, wenn sich ihre Lebensumstände entscheidend geändert haben? Ilse Döring, Leiterin des Ressorts

„Schönheit" bei der Frauenzeitschrift **„Brigitte"**, bestätigt dies: *„Etwa fünfzig Prozent der Frauen, die wegen einer Verbesserung ihres Aussehens um Rat suchen, haben gerade eine Scheidung hinter sich, wollen einen anderen Beruf ergreifen oder stehen vor einem ähnlichen neuen Abschnitt ihres Lebens."*

Daß der Gesichtsausdruck enorm viel vom Menschen verrät, hat auch der Psychologe **Mehrabian** festgestellt. Als er z. B. der Frage nachging, wie wir **Sympathie** signalisieren, kam er zu folgender Gleichung:

Gesamtsympathie = 55% fazial,

38% vokal,

7% verbal.

Das bedeutet: wenn Sie jemanden mögen, äußert sich das am stärksten im Gesichtsausdruck (55%), es zeigt sich außerdem deutlich in der Stimme (38%), aber man kann es nur zu einem geringen Prozentsatz (7%) aus dem gesprochenen Wort hören.

Der Gesichtsausdruck ist die **offene Tür zu unseren Gefühlen**. Im Gesicht spiegeln sich alle Reaktionen: Freude, Begeisterung, Ärger, Arroganz, Angst, Langeweile, Mitgefühl, Stolz. Das ist gut so. Mit Ihren eigenen Gefühlsausdrücken erzeugen Sie nämlich bei Ihrem Gegenüber ebenfalls eine emotionale Reaktion.

Was meinen Sie, wieviele Gesichter ein Mensch schneiden kann? Der amerikanische Sozialpsychologe Paul Ekmann hat berechnet, wieviele Möglichkeiten des Mienenspiels es überhaupt gibt. Er kam auf 10 000 **mögliche Muskelkombinationen des menschlichen Gesichtes, die wiederum 500 Möglichkeiten des Gesichtsausdruckes ermöglichen.**

Körpersprache deuten, gezielt einsetzen

Nehmen Sie die Maske ab

Wenn das nun so ist, daß unser Gesicht so viel ausdrücken kann, warum setzen dann viele beim Sprechen eine Art Pokerface auf? Beim Pokern ist das sicherlich eine wichtige Fähigkeit, durch keine Gesichtsregung etwas über sein Blatt zu verraten. Was aber wollen Sie damit beim Reden bezwecken?

Aristoteles hat die Rhetorik einmal so definiert: **„Rhetorik ist die Fähigkeit, Glauben zu erwecken."**

Wie aber wollen Sie bei Ihren Zuhörern Glauben finden, wie wollen Sie ihre Herzen erreichen, wenn Sie mit versteinertem, unbeteiligtem Gesichtsausdruck - der Ausstrahlungskraft einer leeren Mülltonne gleich - Ihren Text runterbeten?

Lassen Sie Ihre Zuhörer (und Zuschauer!) in Ihrem Gesicht mitlesen! Wenn Sie Ekel empfinden, Wut, Enttäuschung, Sorge oder Freude, dann zeigen Sie es durch Ihren Gesichtsausdruck!

Woher kommt das eigentlich, daß viele Menschen eine Art Maske tragen? Vielleicht hängt das mit unserer Erziehung zusammen, wo uns eingetrichtert worden ist: *„Du mußt dich beherrschen! Ein Junge weint nicht! Du mußt deine Gefühle unter Kontrolle halten!"* usw. So haben wir es nach und nach verlernt, unsere Gefühle auszudrücken, die Maske ist zu unserem Alltagsgesicht geworden.

Der kürzeste Weg zwischen zwei Menschen

Woher kommt es, daß uns manche Menschen, mit denen wir noch kein Wort gewechselt haben, vom ersten Augenblick an **sympathisch** sind? Es hängt mit der **Mimik** zusammen. Es sind Menschen, die uns durch ihren offenen, freundlichen Gesichtsausdruck signalisieren: *„Ich mag Sie!"* Und weil sie uns mögen, mögen wir sie auch. Erkennen Sie, daß hier eine **Wechselwir-**

kung stattfindet? Es stimmt wirklich: **Der kürzeste Weg zwischen zwei Menschen ist ein Lächeln.**

Die Grundeinstellung eines Menschen prägt mit der Zeit auch seinen Mundausdruck. Einen sauertöpfischen, negativen Menschen erkennen Sie unschwer an seinen herabgezogenen Mundwinkeln. Ist ein Mensch fröhlich, genießt er das Leben wie ein Feinschmecker, verleiht er seinem Gesicht einen strahlenden Glanz, er lächelt. Er wirkt auf uns sympathisch.

Manche Menschen neigen dazu, die **Lippen zusammenzupressen**. Sie drücken damit aus: mir schmeckt das nicht, ich will das nicht annehmen.

Der **verkniffene Mund** ist oft ein Merkmal von Menschen, die stur, eigensinnig und mißtrauisch sind. Mit ihnen ins Gespräch zu kommen, ist schwer. Sie gelten als kalt und gefühlsarm. Darunter leiden dann jene Menschen, die von Natur aus schmale Lippen haben.

Haben Sie nicht auch schon öfter die Erfahrung gemacht, daß der Ausdruck im Gesicht einer Frau **wichtiger** ist als die Kleidung und der ganze Schmuck dazu? Taten sprechen deutlicher als Worte und ein Lächeln drückt aus: *„Ich mag Sie. Ich freue mich, Sie zu sehen. Sie sind jemand. Sie sind o.k."*

Ein berühmter Philosoph hat einmal gesagt: *„Es ist erwiesen, daß nicht die Hände es sind, sondern das Lächeln, womit die Menschen einander ergreifen und halten."*

An diesen Satz sollten Sie denken, wenn Sie mit anderen Menschen reden. Auch wenn Sie sich stark konzentrieren müssen, runzeln Sie nicht die Stirn und machen Sie kein verkniffenes Gesicht! Ihre Zuhörer denken sonst: *„Der hat etwas gegen uns. Er spricht nicht gern. Vielleicht redet er nur, weil er dafür bezahlt wird?"*

Mit einem offenen, natürlich-freundlichen Gesichtsausdruck

dagegen signalisieren Sie Ihren Zuhörern: *„Es macht mir Spaß, hier vor Ihnen zu reden. Ich mag Sie."*

> **„Warum ich immer lache? Weil ich mich nicht überanstrengen will, denn zu einem lachenden Gesicht braucht man nur 13 Muskeln, während man zu einem todernsten Gesicht 60 Muskeln benötigt."** *Bob Hope*

Übrigens: Männer lächeln weniger als Frauen. Warum? Weil sie offenbar um ihr **Image des starken, nichtemotionalen Mannes fürchten.** Daß diese männliche „Sparsamkeit" tatsächlich auf **kulturellen Rollenvorschriften** beruht, zeigt die Tatsache, daß bei zwei - bis vierjährigen Kindern die Jungen noch wesentlich häufiger lächeln als die Mädchen. Erst später dreht sich dieses Muster um.

Übung: „Lächelprogramm"

Beginnen Sie mit dieser Übung bereits nach dem Aufstehen: Lächeln Sie die erste Person wohlwollend an, die Ihnen heute begegnet. Sollten Sie dies selbst im Spiegel sein, so fangen Sie eben bei sich **selbst** an. Lächeln bringt ungeahnte Vorteile für die aktive mentale Entstressung. Allein durch das Muskelsignal registriert Ihr Stammhirn, in welchem Ihre Urgefühle und Instinkte zuhause sind: heute ist er/sie wieder gut drauf.

Das Stammhirn hat nämlich einen großen Vorteil: es denkt nicht. **Es fühlt**. Es fühlt über körperliche Vorgänge: Muskeln, Organe, Haltungen, Gesichtsausdruck etc. Ihr Lächeln sorgt für die Ausschüttung **entstressender Hormone**. Jetzt haben Sie Ausstrahlung, denn Ihre innere mentale Disposition (Gefühle) und Ihr Lächeln stimmen überein.

Auf Stimmenfang mit bleckenden Zähnen

Präsidentschaftswahl 1980 in den USA. Wer wird sie gewinnen: **Carter oder Reagan?** Es wird ein knapper Wahlausgang erwartet. Eine Szene aus dem Wahlkampf ist mir besonders in Erinnerung geblieben: Auf der Landebahn des Flughafens von Winston-Salem im Staat North Carolina warten etwa hundert Schaulustige auf die Ankunft des Präsidenten. Endlich taucht das Flugzeug „**Peanut one**" am Himmel auf. Die Treppe wird an das Flugzeug geschoben, die Tür öffnet sich und dann steht **Jimmy Carter** oben auf der Treppe, hebt die Arme und verzieht den Mund zu seinem **breiten, berühmt gewordenen Lachen.** Leichtfüßig eilt er dann die Treppe hinunter, geht auf die Leute hinter dem Absperrseil zu, schüttelt Hände, **zeigt sein Gebiß.** Es ist kein Lachen im eigentlichen Sinn und es ist auch kein Lächeln oder Grinsen, wie man es bei den Amerikanern häufig sehen kann. Es ist eher eine **Waffe,** die Carter **bewußt** einsetzt, um Vertrauen zu erwecken und Menschen für sich zu gewinnen. Offensichtlich mit Erfolg. Eine schwarze Studentin antwortet auf die Frage des Reporters, was sie an Carter mag: *„Ich mag sein Lächeln."*

Bleiben Sie natürlich

Präsident wurde wenig später dennoch Reagan. Hat Carter vielleicht deshalb verloren, weil die Wähler seinem Lächeln nicht mehr glaubten? Weil es ihnen **zu maskenhaft, zu übertrieben, zu sehr Konfektionslächeln** war? Wie recht hat doch Tucholsky, wenn er sagt: *„Suche keine Effekte zu erzielen, die nicht in deinem Wesen liegen."*

Unterschätzen Sie deshalb nie das **Gespür** Ihrer Zuhörer für das, was an Ihnen echt ist und das, was Sie ihnen nur vorspielen. **Schauspielerei hat mit seriöser Rhetorik nichts zu tun!**

Sieben Praxistips:

1. Denken Sie immer daran, daß Sie nicht nur Zuhörer, sondern auch Zuschauer haben.

2. „In dir muß brennen, was du in anderen entzünden willst." Ob es in Ihnen „brennt", verrät Ihr Mienenspiel.

3. Ihre Zuhörer wünschen sich als Redner keinen Roboter, sondern einen Menschen aus Fleisch und Blut. Scheuen Sie sich deshalb nicht, Gefühle zu zeigen.

4. Ihre Mimik muß die Worte synchron begleiten. Zeigen Sie Trauer, wenn Sie über etwas Trauriges sprechen, Freude, wenn Sie Freude empfinden.

5. Vermeiden Sie das permanente „Zitronengesicht." Kein Thema kann so ernst sein, daß Sie Ihre Zuhörer nicht wenigstens ab und zu freundlich ansehen können.

6. „Wer nicht lächeln kann, sollte kein Geschäft aufmachen", heißt es in einem chinesischen Sprichwort. Wenn Sie nicht lächeln können, sollten Sie auch nicht ans Rednerpult treten.

7. Halten Sie die Balance zwischen Spontaneität und kontrolliertem Verhalten. Vorsicht vor jeder Übertreibung. Fremden Stil nachahmen, heißt eine Maske tragen.

Ein ehrliches Lächeln entsteht aus dem Zusammenspiel zwischen Augen- und Mundmuskulatur. Bei einem unaufrichtigen, gewollten oder gar zynischen Lächeln bleiben die Augen kalt oder glitzern irritierend. Bestes Beispiel: Lothar Matthäus, der Fußballspieler. Wenn er versucht zu lächeln oder zu lachen, dann wirkt das wie ein abschreckendes Zähneblecken. Als wollte er sagen: Kommt mir ja nicht zu nahe. Von Fröhlichkeit ist bei diesem Pseudo-Lachen keine Spur.

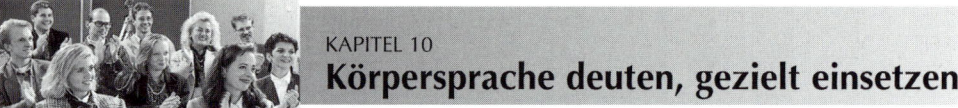

Ein alter Ofen eines schottischen Bauernhauses trägt den Sinn-spruch: *„Von allen Sorgen, die ich mir je machte, sind die mei-sten gar nicht eingetroffen. Aber jedes Lächeln, das meine Freunde mir schenkten, hat mein Leben um eine Woche jünger und gesünder gemacht."* Es ist jenes herzerwärmende Lächeln, das **von innen** kommt, ein Lächeln, das auch heute noch bei Ihren Zuhörern und Gesprächspartnern einen sehr hohen Marktwert hat.

Die Sprache der Hände

Wie Max Reinhardt Talente entdeckte

Der berühmte **Max Reinhardt** war ein sehr anspruchsvoller Theaterregisseur. Anspruchsvoll auch in der Auswahl seiner Schauspieler. Er wollte nur die besten, die wirklichen Talente. Wenn er auf Talentsuche ging, wandte er einen besonders **raf-finierten Trick** an, um die Spreu vom Weizen zu trennen.

„Spielen Sie mir bitte eine Szene vor, die Ihnen besonders gut liegt, und zwar genau so, wie Sie sie auf der Bühne auch dar-stellen würden", forderte er den Schauspieler auf. Der tat, wie geheißen. Darauf streckte Max Reinhardt ihm die Hand hin und sagte: *„Herzlichen Glückwunsch, das haben Sie gut gemacht, aber - jetzt spielen Sie mir bitte die gleiche Szene noch einmal vor und zwar ohne alle Gesten."* Wer das fertig-brachte, dem streckte er auch wieder die Hand hin, sagte dies-mal aber nicht *„Herzlichen Glückwunsch!"* sondern: *„Auf Wie-dersehen, ich kann Sie leider nicht gebrauchen."*

Erkennen Sie die Raffinesse an Max Reinhardts Vorgehen? Er wußte: Aus einem echten Talent müssen die Gesten einfach **herausbrechen**. Weil sie zum **natürlichen Sprechen dazu-gehören.** Konnte der Schauspieler sie dennoch unterdrücken, war das für den Regisseur der Beweis, daß die Gesten **einstu-diert** waren.

Körpersprache deuten, gezielt einsetzen

Unsere Sprache kennt viele Ausdrücke, die mit unseren Händen und Armen zu tun haben: „etwas nicht fassen können", „zupackend reden", „etwas begreifen", „ein Händchen haben", „die Welt umarmen", „etwas bewegen", „das berührt mich" usw.

Gesten geben Ihnen die Möglichkeit, sich breiter zu machen, mehr Raum einzunehmen. Sie beanspruchen Aufmerksamkeit und Bestimmungsrecht.

Falls Sie zu den Menschen gehören, die sich gerne klein machen, gibt es für Sie eine gute Übung:

Die Raumgreif-Übung

Suchen Sie sich einen freien Platz, stellen Sie sich in die Mitte, breiten Sie beide Arme weit aus - ähnlich wie der Papst auf dem Petersplatz zu Rom - und drehen Sie sich langsam um die eigene Achse. Kosten Sie den ganzen Raum Ihrer Armspanne aus! Fühlt es sich nicht gut an, Raum einzunehmen? Der ganze Platz gehört Ihnen. Er schafft Ihnen eine größere **Respektzone**.

Amerikanische Untersuchungen haben ergeben, daß **asymmetrische** Bewegungen in besonderem Maße für Führungsqualitäten sprechen. Wollen Sie das einmal ausprobieren? Schieben Sie eine Schulter vor und heben Sie auf dieser Seite die Hand, während Sie sprechen. Spüren Sie, wie souverän und bestimmend diese Geste wirkt?

Die Columbo-Pose

Eine der erfolgreichsten amerikanischen Fernsehserien ist „Columbo" mit Peter Falk als Inspektor in der Hauptrolle. Haben Sie schon bemerkt, welch **raffinierten Trick** dieser vermeintlich total zerstreute Inspektor mit seinem umwerfenden Charme jeweils anwendet, um die Täter zu überführen?

Er stellt sich total doof. Dabei nimmt er eine typische Haltung ein: Die linke Hand täppisch in die Hüfte gestemmt, den Kopf sorgenvoll in die rechte Hand gestützt, stellt er seine vermeintlich harmlos-dummen Fragen. Er läßt seine Opfer glauben: „Ein dusseliger Kerl." Dadurch **unterschätzen** sie ihn. Kein Wunder, daß der scheinbare Trottel jeden Fall löst.

Columbo ist ein Beispiel dafür, wie Sie Ihre Körpersprache auch nutzen können, um Ihren Gegner bewußt in die Irre zu führen.

Natürliche Gestik

Die Hände sind die ausdrucksstärksten Glieder des Menschen, seine sensibelsten Werkzeuge. Wissenschaft und Technik können kein **vergleichbares** Universalinstrument nachbauen.

„Die Hand ist eines der wichtigsten Instrumente aktiver Kommunikation zwischen uns und der Außenwelt," sagt der Pantomime **Sammy Molcho**.

Mit den Augen machen wir uns von den Dingen eine ungefähre Vorstellung. **Genauere** Informationen erhalten wir aber erst dann, wenn wir die Dinge **berühren** können. Mit den Händen beschreiben wir unsere Eindrücke und bringen unsere **Gefühle** zum Ausdruck.

Das macht deutlich: unsere Erziehung steckt uns in eine **Zwangsjacke**, wenn sie uns verwehrt, uns mit den Händen auszudrücken.

„Sprich nicht mit Händen und Füßen." Hat man das Ihnen auch beigebracht? Wie vielen von uns haben früher die Eltern mit solchen Sprüchen die Lust an der Gestik ausgetrieben! **Die Folge**: viele Erwachsene haben **Angst vor Gestik**. Lieber verstecken sie ihre Hände hinter dem Rücken, verschränken sie vor der Brust oder stecken sie in die Hosentasche.

Ein Mensch aber, der seine Hände lahmlegt, ist eine sehr **eintönige Erscheinung**. Wer engagiert spricht, der **muß** seine Hände einsetzen, er **kann** gar nicht anders.

Gesten gehören also zum natürlichen Sprechen dazu. Wenn Sie das nicht glauben, sollten Sie einmal Kinder beobachten. Kinder, die noch nicht so viele Komplexe und Hemmungen haben wie Erwachsene. Sie setzen ihre Hände beim Sprechen ein, wie es sich gehört: **natürlich, gelöst, ungezwungen.**

„Ich kann keine Gesten machen. Mir liegt das einfach nicht. Ich bin ja schließlich kein Schauspieler." Mit solchen und ähnlichen Argumenten wehren sich oft unsere Seminarteilnehmer, die stocksteif vor der Gruppe stehen.

Die **gleichen Teilnehmer** dann abends an der Hotelbar: Sie diskutieren. Zum Beispiel über Autos. Engagiert und leidenschaftlich. Und ich traue meinen Augen nicht: Der eine **hebt mahnend den Zeigefinger,** der andere **haut mit der Faust** auf den Tresen, der dritte **reibt sich die Hände,** als ob er sich freute, einen Geschäftspartner übers Ohr gehauen zu haben. Warum können sie plötzlich doch Gesten machen? **Weil sie locker, natürlich, entspannt sind.**

Gesten sind Ausdruck des natürlichen Verlangens unseres Körpers nach Bewegung. Wenn Sie keine Gesten machen, wirken Sie auf Ihre Zuhörer (und Zuschauer) automatisch verkrampft, gehemmt, unsicher. Sie reden mit **angezogener Handbremse.** Wie wollen Sie da je in Fahrt kommen?

Nun kommt es aber nicht nur darauf an, **daß** man die Hände einsetzt, sondern auch **wie!**

Ein klassischer Sympathieträger

Die **offene Hand** zeigt uns ihre sensible Innenfläche. Wer sie offen zeigt, schenkt **Vertrauen**, er versteckt seine Gefühle

nicht. Wenn Sie ein Argument mit offener Hand anbieten, signalisieren Sie Ihre Bereitschaft, Gegenargumente anzunehmen, Sie laden zum **Austausch** ein. Sie haben nichts zu verbergen. **Die offene Hand ist also ein klassischer „Sympathieträger" in der Körpersprache.**

Sie können mit Ihren Händen aber auch sehr viel **Antipathie** erzeugen:

Die **zudeckende Hand**, die während des Gespräches dauernd mit dem Handrücken zum Partner gerichtet ist, schirmt entweder aus **Unsicherheit** die Gefühle ab oder versucht, etwas zu **verbergen**.

Das Spitzdach. Die Fingerspitzen beider Hände liegen aneinander und die Hände bilden ein Dach. Die Spitze richtet sich gegen die Zuhörer. Wie die Spitze eines Visiers soll sie Feinde abhalten. Diese Geste gilt bei Experten als Verteidigungszeichen.

Das Händereiben. Die Hände werden wie zum Waschen aneinandergerieben. Diese Geste gilt einerseits als Zeichen von Selbstgefälligkeit, kann andererseits aber auch auf ein Ringen nach Worten hinweisen.

Die Gebetshaltung. Die Hände sind wie zum Gebet gefaltet. Auf der einen Seite hat diese Geste etwas Beschwörendes. Andererseits zeigt sie, vor allem wenn die Knöchel schon vor Anspannung weiß werden, mangelnde Selbstsicherheit.

Das Stachelschwein. Die Hände sind verschränkt, die Finger stehen wie Stacheln nach vorne ab. Diese Geste gilt als Zeichen von Abwehr und Angst.

Die Pistole. Die Hände sind wie zum Gebet verschränkt, nur die Zeigefinger stehen wie eine „Pistole" vor. Dies ist eine eindeutige Geste der Abwehr und Drohung.

Schaffen Sie Blickfänge

Neben der Natürlichkeit gibt es noch einen **zweiten** wichtigen Grund dafür, die Hände einzusetzen. Stellen Sie sich vor, Sie lesen ein Buch. Da erscheint Ihnen ein Satz besonders **wichtig.** Was tun Sie? Sie **unterstreichen** den Satz, heben ihn mit Leuchtstift hervor. Sie schaffen sich einen **Blickfang.**

Fürs Reden gilt das gleiche. Die Geste **unterstreicht** das gesprochene Wort. Sie wird zum Blickfang. Die **Zuschauer** kommen auf ihre Kosten. **Das Gehörte wird anschaulich.**

> **Sonntagspredigt.** Ein alter Handwerksmeister scheint ein besonders aufmerksamer Zuhörer zu sein. Dem Pfarrer fällt auf, daß er Sonntag für Sonntag unter der Kanzel sitzt und geradezu andächtig zu ihm hochschaut. *„Sagen Sie mal",* fragt er eines Tages den Alten nach der Messe, *„können Sie mich denn immer auch gut verstehen?"* „Ach Herr Pfarrer", antwortet der Alte, *„mit dem Verstehen ist es nicht mehr weit her bei mir. Aber ich sehe Ihnen ja so gerne zu."*

Bitte vergessen Sie nie, daß das menschliche Auge ausgeprägter ist als das Ohr. Das heißt: Sie haben **mehr** Zuschauer als Zuhörer.

Aber Vorsicht:

Ihre Gesten sind nur dann wirkungsvoll, wenn Sie **sparsam** damit umgehen. Wußten Sie, daß Menschen bis zu 270 000 verschiedene Gesten produzieren können? Welch vielfältige Möglichkeiten zu **nuancieren!** Vermeiden Sie deshalb nichtssagende **„Wischiwaschi-Gesten."**

Vorsicht vor jeder Übertreibung. Machen Sie es nicht **Chruschtschow** nach! Der zog nämlich in einer Vollversamm-

lung der UNO seinen Schuh aus und hämmerte damit aufs Pult. Keine sehr gewählte Ausdrucksweise, nicht wahr? Aber wie kann man auch von einem nicht frei gewählten Politiker erwarten, daß er sich gewählt ausdrückt?

Es ist auch **völliger Blödsinn,** sich vor den Spiegel hinzustellen und bestimmte **Idealgesten einzustudieren.** Die gibt es nicht. Ihr **eigenes Repertoire** an Gesten reicht völlig aus. Je größer Ihr Selbstbewußtsein, desto mehr werden Sie es ausschöpfen. Aufgepappte Gesten wirken unecht und lächerlich.

> *„Paßt die Gebärde dem Wort, das Wort der Gebärde an; wobei Ihr sonderlich darauf achten müßt, niemals die Bescheidenheit der Natur zu mißachten."* Shakespeare

Praxistip:

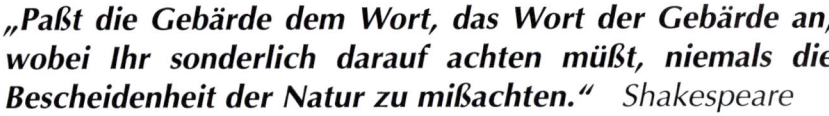

Wenn Sie Ihre Arme nach vorne strecken, verkürzen Sie die Distanz zu Ihren Zuhörern. Vermeiden Sie zu kleine Bewegungen, zuckend geführt vom Handgelenk und unterhalb der Gürtellinie. Setzen Sie zuerst die Geste ein und dann das Wort. Niemals umgekehrt!

Übersprungshandlungen

Bewerbungsgespräch. Eine junge Dame wartet im Vorzimmer. Nervös öffnet und schließt sie das Armband ihrer Uhr.

Konferenz. Der Konferenzleiter sitzt scheinbar ruhig und gelassen da. Aber bei näherem Hinsehen können Sie feststellen, daß er seine Zigarette seltsam raucht. Er tippt sie laufend an den Rand des Aschenbechers, um die Asche abzustreifen. Aber an der Zigarette befindet sich überhaupt keine Asche.

Gesellschaftlicher Empfang. Der Gastgeber hält eine kleine Begrüßungsansprache. Wiederholt streichelt er seinen Bart.

Die Psychologie nennt solche „Fingerspiele" **Übersprungshandlungen.**

Es sind kleine, scheinbar nicht zur Situation passende Bewegungen, die wir im Augenblick eines **inneren** Konflikts ausführen. Beispiele dafür sind:

- der **Sportler,** der unmittelbar vor Beginn eines wichtigen Wettkampfes intensiv Kaugummi kaut;

- der **Manager,** der seine Brille mit dem Taschentuch säubert, bevor er in einer Sitzung eine schwierige Frage beantwortet;

- der **Schüler,** der an seinen Nägeln beißt;

- der **Dozent,** der seine Papiere auf dem Rednerpult fortgesetzt neu ordnet;

- der **Vorsitzende**, der ständig seine Armbanduhr neu aufzieht.

Übersprungshandlungen verbergen meist nur tiefer liegende emotionale Konflikte.

Der englische Zoologe **Desmond Morris** hat Hunderte von sogenannten **„Hand-Kopf-Selbstberührungen"** untersucht. Er wollte herausfinden, *„mit welchen Bewegungen man sich als Erwachsener in dieser Streßgesellschaft am häufigsten ein wenig Trost und Beruhigung verschafft."*

Das Ergebnis: Am verbreitetsten ist die **„Kieferstütze"**, gefolgt von der **„Kinnstütze"**, der **„Haarberührung"**, der **„Wangenstütze"**, der **„Mundberührung"** und der **„Schläfenstütze"**. Frauen, so fiel ihm auf, fassen sich doppelt so oft an die Haare

wie Männer. Die wieder stützen doppelt so oft wie Frauen eine Schläfe in die Hand - besonders in Augenblicken der Konzentration oder Langeweile.

Lügen kann der Mensch, so Morris, nur mit Worten, niemals aber mit dem ganzen Körper. Irgend eine Übersprungshandlung werde ihn meist verraten. *„Wenn ein Politiker mit dem Finger in die Luft sticht, während er von friedlicher Koexistenz spricht, dann sollten wir seiner Handbewegung Glauben schenken und nicht dem, was er sagt."*

Wenn die linke Hand nicht weiß ...

Goethe wollte einmal **Schiller** besuchen. Der hatte aber schon Besuch. Er beschloß im Vorzimmer zu warten. Da sah er plötzlich auf einem Tisch einen Zettel, der wohl einen Gedichtanfang darstellte. Neugierig las er: *„Er saß auf ihres Bettes Rand und spielte mit den Flechten."* Schmunzelnd schrieb er zwei weitere Zeilen darunter, ging dann auf den Zehenspitzen hinaus und schloß leise die Tür. Der neue Zweizeiler lautete: *„Das tat er mit der linken Hand. Was tat er mit der rechten?"*

Selbstberührungen

Bei den meisten Berührungskontakten mit unserem Körper verhalten wir uns so, als wären wir **zwei Menschen.**

Das haben Sie sicher schon beobachtet: Es gibt Menschen, die schlagen sich selbst auf die Finger. Sie versetzen sich einen Stoß. Sie geben sich einen Klaps. Was drücken sie damit aus? Sie lassen erkennen: *„Ich übernehme jetzt die Rolle meiner Eltern. Ich bestrafe das Kind in mir."*

Derartige Körpersprache ist eine Art **Selbstgespräch.** Ein Selbst-

gespräch zwischen dem einen, der tröstet, streichelt oder bestraft. Und dem anderen, der getröstet, gestreichelt oder bestraft wird.

Selbstgespräche können Sie oft bei Menschen beobachten, die alleine sind. Aber auch **Berührungskontakte** mit dem eigenen Körper können Sie oft bei Menschen beobachten, die sich einsam fühlen. Wo aber fühlt sich der Mensch einsamer als am Rednerpult?

> **„Das menschliche Gehirn ist eine großartige Sache. Es funktioniert vom Augenblick der Geburt bis zu dem Zeitpunkt, wo du aufstehst, um eine Rede zu halten."**
>
> *Mark Twain*

„Tummelplatz" Rednerpult

Überrascht es Sie jetzt noch, daß das Rednerpult ein wahrer **Tummelplatz** für solche „Selbstberührungen" ist? Viele Redner entwickeln dort ganz **merkwürdige Gewohnheiten:**

- Kratzen am Kopf;

- Zupfen am Ohrläppchen;

- Berühren der Nase;

- Griff zur Brille;

- Streichen des Bartes;

- Spielen mit dem Manuskript usw.

Es muß Sie nicht belasten, wenn Sie **ab und zu** solche Übersprungshandlungen ausführen. Störend wirken Sie nur dann, wenn sie **massiert** auftreten. Wenn Sie also während des

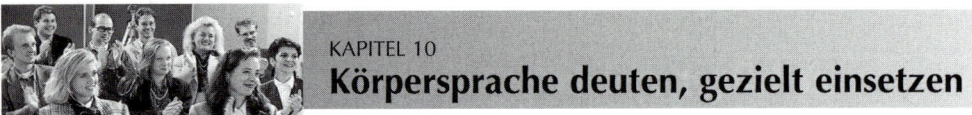
gesamten Vortrages die Hand in der Hosentasche vergraben. Wenn Sie **permanent** die Brille auf und ab nehmen. Wenn Sie **pausenlos** imaginäre Flusen von Ihrem Sakko zupfen.

Vorsicht also, wenn Sie bei Ihren Gesprächspartnern solche Signale der Körpersprache deuten wollen. Sicherlich kann ein Reiben der Nase Unsicherheit ausdrücken. Es kann aber auch ein Zeichen dafür sein, daß die Nase juckt.

Fällen Sie deshalb bitte kein vorschnelles „wissenschaftliches" Urteil! **Keine Körperhaltung oder -bewegung an sich besitzt schon eine bestimmte Bedeutung.** Berücksichtigen Sie bei Ihrer Analyse immer das **gesamte Bewegungsmuster.** Dieses Bewegungsmuster müssen Sie außerdem noch mit dem gesprochenen Wort **kombinieren.** Beide widersprechen sich zwar gelegentlich, **gehören aber immer zusammen.**

Weiche Haltung - weiche Argumente

Wohin mit den Händen?

Sie haben vorhin erfahren, was Sie mit Ihren Händen **nicht** tun sollten. Wohin nun aber tatsächlich damit? **Wie sieht die ideale Grundhaltung aus?** Die Antwort finden Sie, wenn Sie Kinder beobachten. Kinder, die einfach noch wesentlich lockerer, spontaner, natürlicher sind als wir Erwachsene. Die lassen nämlich ihre Arme **locker herunterhängen.** Und genau das ist die **Grundhaltung,** die ich Ihnen für die freie Rede empfehle. Warum? Dafür gibt es gleich zwei Gründe.

1. Wenn Sie die Arme locker herunterhängen lassen, sind Sie äußerlich entspannt. Äußere Entspannung ist aber **völlig unverzichtbare Voraussetzung,** um innerlich frei und locker zu werden. Anders ausgedrückt: **Wenn Sie äußerlich irgendwelche Muskeln angespannt halten, z. B. durch Anwinkeln der Arme,**

können Sie innerlich nicht zur Entspannung kommen. Sie bleiben verkrampft. Dies wird Ihnen jeder Arzt bestätigen.

2. Wenn Sie die Arme locker herunterhängen lassen, können die Gesten **automatisch** aus Ihnen herausbrechen. Oder wie wollen Sie Gesten machen,

- wenn Sie die Arme vor der Brust verschränkt halten?

- wenn Sie sich mit beiden Händen krampfhaft am Pult fest halten?

- wenn Sie die Hände vor dem Bauch verschränken?

- wenn Sie die Arme in die Seite stützen?

- wenn Sie das Manuskript mit beiden Händen krampfhaft festhalten?

Ich habe Ihnen eben nur einige der Haltungen aufgezählt, wie Sie sie in der Praxis immer wieder beobachten können. Schalten Sie doch bitte heute abend mal Ihr Fernsehgerät an und beobachten Sie all die Redner, die sich selbst für Profis halten:

Die Hosentasche entwickelt bei vielen einen höchst eigenartigen Magnetismus für die linke Hand. Bei Oskar Lafontaine können Sie das ebenso bewundern wie bei Joschka Fischer.

Auch Präsident Kennedy war ein guter Redner. Aber sogar er brauchte als Versteck für seine Hände die Jackentasche.

Manche Politiker stützen sich mit beiden Händen derart am Pult auf, daß beim Zuschauer der Eindruck entsteht: „Der hat keinerlei Rückgrat". Sie als „Eingeweihter" kennen natürlich den wahren Grund: Er hat Angst, den Boden unter den Füßen zu verlieren.

Von der Gefahr, sich „hängen" zu lassen

Stehen, gehen, sitzen, liegen: Etwas davon tun wir immer. Leider meistens falsch. Das macht keinen guten Eindruck. Und verdirbt die Figur. Hier sollen Sie erfahren, welche Bedeutung die Haltung für Ihr Auftreten hat.

- *„Er fällt leicht um."*

- *„Er ist ein aufrechter Mann."*

- *„Er ist aufrichtig."*

- *„Man muß Haltung bewahren."*

- *„Er hat einen unbeugsamen Charakter."*

- *„Er hat kein Rückgrat."*

- *„Er ist leicht aufs Kreuz zu legen."*

Unsere Sprache geht mit der Haltung **richtig** um. Wir selbst meistens **nicht.** Viele Menschen können durch ihre Haltung nicht ganz verleugnen, daß bei ihnen die Entwicklung zum Zweibeiner noch immer nicht ganz abgeschlossen ist. Kein Wunder: Schließlich leben wir mit einer Wirbelsäule, die eigentlich für **Vierbeiner** gedacht ist.

Um diese Entwicklung offenbar abzukürzen, wurden um die Jahrhundertwende wahre Folterinstrumente erfunden: die „Geradehalter". Besonders Kindern brachte man damit eine aufrechte Haltung bei. Zwar ist die Zeit dieser „orthopädischen Zwangsjacken" vorbei, doch die Haltungsfehler sind geblieben. **Schäden an der Wirbelsäule gehören sogar zu den häufigsten Krankheiten unserer Zeit.**

Lassen wir hier die Krankheiten beiseite. Fest steht: Wer sich schlecht hält, der fühlt sich schlecht. Wer sich schlecht fühlt, sieht - zwangsläufig - auch schlecht aus. Wer schlecht aussieht, der fühlt sich schlecht. Merken Sie, wie sich die Katze in den Schwanz beißt?

Fazit:

Wer sein Inneres korrigiert, wer sich nicht hängen läßt, dessen Äußeres wird sich anpassen. Wer sein Außen harmonisch und entspannt sein lassen kann, wird sich auch in der Seele besser fühlen.

„Friedensangebote": Wie wir Angreifer besänftigen

Wenn ein Mensch angegriffen wird, hat er fünf Möglichkeiten:

1. Er stellt sich zum Kampf.

2. Er ergreift die Flucht.

3. Er versteckt sich.

4. Er ruft Hilfe herbei.

5. Er versucht den Angreifer zu besänftigen.

Wenn der Gegner zu stark ist, um ihn zu besiegen, wenn kein Fluchtweg offen, kein Versteck weit und breit, die Hilfe fern ist, dann gibt es nur eines: den Gegner besänftigen.

Dabei benehmen sich Menschen ähnlich wie die übrigen Säugetiere:

■ Sie ducken sich,

■ Krümmen sich zusammen,

■ Versuchen, die verletzlichsten Teile des Körpers zu schützen.

Ein **bemitleidenswerter Anblick,** den ein solch in die Enge getriebener Mensch bietet. Aber genau das ist der Zweck des Ganzen. Um überleben zu können, muß der Angegriffene sich als so wehrlos darstellen, daß sich ein Angriff kaum lohnt. Durch seine Haltung signalisiert er: *„Ich bin ja schon so weit, wie du mich haben möchtest. Warum willst du dir noch die Mühe machen, mich anzugreifen?"*

Deutlichstes Signal der Unterwerfung ist, daß man sich möglichst klein macht.

Bitte achten Sie demnächst doch einmal ganz bewußt auf solche **„Demutsgesten"**, wenn Sie fremden Menschen begegnen: den immerwährenden Verlierer, den gesellschaftlichen Versager, den unterdrückten Untergebenen, sie alle erkennen Sie meist schon an ihrer Haltung. Sie gehen stets vorgebeugt, mit runden Schultern und nach vorn gesenktem Nacken.

Der Oberkörper:

Zeigen Sie „Haltung"!

Wissenschaftler unterscheiden fünf Grundtypen der Körperhaltung. Dazu kommen unendlich viele Mischformen. Sie erfahren hier die Grundgesetze, nach denen Sie

a) die Haltung anderer interpretieren können;

b) Ihre Haltung gezielt einsetzen können.

1. Ideale Grundhaltung

Sie nehmen die Schultern nach hinten. Ihr Oberkörper ist aufrecht. Wenn Sie eine solche zwanglose, freie Körperhaltung einnehmen, zeigen Sie damit natürliches Selbstvertrauen, Unternehmungsgeist, Mut zum Handeln. Sie zeigen „Haltung."

Vorsicht: Gelegentlich kann Ihnen das auch als Ausdruck der Selbstüberschätzung ausgelegt werden! Echt ist diese Haltung nur, wenn sie locker und gelöst wirkt. Gleichzeitig soll sie aber doch straff anmuten. **Wichtig:** Ziehen Sie die Schultern nicht hoch! Sie sollen gesenkt bleiben.

2. Die Managerhaltung

Der aufgewölbte Brustkorb drückt aus: gesundes Selbstwertgefühl, Kraftbewußtsein, Aktivität, Unternehmergeist. Doch Vorsicht: Sie dürfen dieses *„Sich in die Brust werfen"* nicht zu einem *„Sich brüsten"* werden lassen. Sie möchten doch nicht, daß man von Ihnen sagt: *„Ein aufgeblasener Mensch!"* Sie sehen: Eine Überbetonung dieser Haltung wird Ihnen als Arroganz ausgelegt.

3. Gelegentlich verspannte Haltung

Ihre Schultern fallen nach vorne. Damit signalisieren Sie Ihren Zuhörern Schwäche und Unterlegenheit. Wenn Ihre Hände gleichzeitig auf dem Rücken verschränkt oder in der **Hosentasche versenkt sind, deutet diese** Haltung auf wenig Selbständigkeit. Oder auf das Bedürfnis nach unauffälligem Sicheinordnen. Durch abwechselndes Hochziehen und Senken der Schultern kann der Eindruck entstehen: *„Er kann sich nicht festlegen, er hat Zweifel, er hat Bedenken."*

4. Ständig verspannte Haltung

Sie ziehen Ihre Schultern hoch. Der Rücken ist gekrümmt, der Kopf „eingezogen." Typische Schutzhaltung. Sie resultiert aus einem Gefühl der Bedrohung. Mit dieser Haltung signalisieren Sie starke Hilflosigkeit, chronische Angst, Nervosität.

5. Schlappe Haltung

Sie neigen den Oberkörper nach vorne. Die Schultern werden nach vorne gedrückt, der Kopf ist gesenkt. Ihre Zuhörer haben das Gefühl: *„Er läßt sich hängen."* Der gekrümmte Rücken erweckt den Eindruck der Liebdienerei und Unterwürfigkeit. Worauf schließen Ihre Gesprächspartner bei dieser Haltung? Auf schwaches Selbstwertgefühl, auf Mangel an Schwung und Lebensfreude, auf Resignation. Wollen Sie das?

Praxistip:

Allein, wie Sie Ihren Kopf halten, zeigen Sie Selbstbewußtsein und Engagement. Strecken Sie Ihren Hals zu seiner vollen Länge aus. Ein kleiner Gedankentrick hilft dabei: Stellen Sie sich vor, am höchsten Scheitelpunkt Ihres Kopfes ist ein Fädchen angebracht und das zieht Sie nach oben. Ihr Kinn sollte sich dabei in mittlerer Höhe befinden. Vorsicht: Recken Sie es zu hoch, wirkt das leicht arrogant oder dominant. Lassen Sie es zu tief hängen, wirkt das ängstlich.

Die Sprache der Füße

Festes Stehen - Fester Standpunkt

Schauen Sie einmal genau hin bei allen, die etwas zu sagen haben. Und zwar nach unten, **auf die Füße.** Von allen unseren Extremitäten sind sie am weitesten entfernt von unserem Gehirn. Je größer aber die Entfernung, desto geringer der Einfluß unserer „Steuerzentrale". Deshalb fangen die Füße oft **unkontrolliert** zu plaudern an. Verraten Dinge, die wir gerne für uns behalten hätten. Wie das?

Sie verraten, daß dieser Platz da vorne auf dem Podium ein wirklich **heißes Pflaster** ist. Zu heiß offenbar für manche: Sie wippen, trippeln und tänzeln, wechseln von einem Fuß auf den anderen, rennen hin und her. Was nützen Ihnen aber all die markanten Worte, mit denen Sie die Festigkeit Ihres Standpunktes betonen? **Die Sprache der Füße verrät Ihre wahre Schwäche.**

> **Nur wer mit sich selbst im reinen ist, kann ruhig und fest auf seinen Füßen stehen.**

Körpersprache deuten, gezielt einsetzen

Wie sagt der Volksmund von einem Menschen, der **sicher und selbstbewußt** ist?

■ *„Er steht mit den beiden Beinen fest auf der Erde,"*

■ *„Er ist standhaft."*

Je unsicherer ein Mensch ist, **desto heißer** wird ihm der Boden unter den Füßen. Und je sicherer sich einer seiner Sache ist, desto fester ist sein **Standpunkt**. Menschen, die Angst haben, einen Standpunkt zu vertreten, erkennt man oft daran, daß sie von einem Fuß auf den anderen treten, hin und her laufen. Der Körpersprache-Guru **Samy Molcho** nennt das den Versuch, „aus der Schußlinie zu kommen".

Bitte erkennen Sie: Ihren Zuhörern (und Zuschauern) entgeht es nicht, ob Sie dauernd auf der Flucht sind. Ihre Füße verraten, daß Sie am liebsten Reißaus nehmen würden.

Deshalb - hämmern Sie sich ein:

„Ich habe einen festen Standpunkt!"

„Mich kann nichts umwerfen."

„Ich stehe mit beiden Füßen fest auf dem Boden."

„Ich bin ein Fels in der Brandung."

„Ich bin fest verwurzelt."

Falsch wäre es natürlich, wenn Sie wie „angewurzelt" stur auf einem Punkt stehen bleiben und dadurch den Eindruck der Steifheit erwecken würden. **Bewußtes** Bewegen kann in zwei Fällen sogar sehr sinnvoll sein:

1. Sie möchten zu einzelnen Zuhörern **gezielt Kontakt** herstellen und verringern **deshalb** die Distanz. Doch Vorsicht: „bauen" Sie sich nicht vor ihnen auf, das wirkt bedrohlich. Vermeiden Sie es auch, zu weit in den Zuhörerkreis hineinzuge-

hen, da Sie sonst den Blickkontakt zu den vorne Sitzenden verlieren.

2. Wenn Sie beim Vortrag **kreative** Gedankenarbeit leisten, Konzeptionen entwickeln, Visionen entwerfen, kann das Hin- und Hergehen Körper und Gehirn **stimulieren**. Sie „umgehen" dadurch die Gefahr, an einem Punkt steckenzubleiben, sich zu verfangen. Die Bewegung ist in diesem Fall **funktional**, hat einen Sinn.

Praxistip: Ihre Beine und Füße sollten **nicht zu eng** aneinandergeschlossen sein. Dies drückt Ängstlichkeit und Dienstbeflissenheit aus. **Typische Befehlsempfangshaltung**. Ideal ist eine **leichte Grätschhaltung**, bei der die Füße etwa zwei Handbreit auseinanderstehen. **Vorsicht** aber vor einem zu breitbeinigem Stand. Diese **„Breitspurigkeit"** oder **„Cowboy-Haltung"** legt man Ihnen als übersteigerten **Geltungstrieb** aus.

Wichtig: Verteilen Sie Ihr Körpergewicht **gleichmäßig auf beide Füße**. Durch die einseitige Belastung kommen Sie in eine Schräglage und ähneln dann eher dem „Schiefen Turm von Pisa."

Fazit: Durch den festen Stand wirken Sie auf Ihre Zuhörer kraftvoll, ausgeglichen und selbstbewußt. Ihre ruhige Haltung beeinflußt auch Ihre innere Haltung, Ihre Stimmung. Die äußere Ruhe überträgt sich nach innen.

Übung: Bodenkontakt

Um Ihre „Erdung" zu verbessern, brauchen Sie für die folgende Übung zwei Tennisbälle. Ziehen Sie Ihre Schuhe aus und lassen Sie einige Minuten lang einen Tennisball unter Ihrem rechten Fuß kreisen. Durch das Kreisen und Drücken aktivieren Sie die Reflexzonen Ihrer Fußsohle. Dadurch regen Sie alle Körperorgane an, auch die Atmung. Besonders hilfreich: Wenn Sie vor einem Auftritt „kalte Füße haben", wird Ihr Fuß warm.

Nach einigen Minuten stellen Sie den rechten Fuß flach auf den Boden und wiederholen die Übung mit dem linken Fuß.

Anschließend stellen Sie sich mit beiden Fersen - die Füße schulterbreit auseinander - auf zwei Tennisbälle. Genießen Sie das Gefühl, es tut wirklich gut.

Diese Übung können Sie übrigens immer wieder durchführen: beim Zähneputzen, beim Telefonieren oder vor dem Fernseher. Schlüpfen Sie aus den Schuhen und stellen Sie sich einige Minuten auf die Tennisbälle.

Eigenschaften eines guten Redners: Die Würde eines Erzbischofs, das Lächeln eines Filmstars und die Haut eines Elefanten, aber auch die Spürnase eines Jagdhundes, die Wachsamkeit und das Mißtrauen eines eifersüchtigen Liebhabers - und nicht zuletzt die Standfestigkeit eines Politikers.

Franz Josef Strauß

Der Rat des Zoologen

Der Zoologe **Dr. Desmond Morris** hat sich lange mit Ähnlichkeiten im Verhalten von Tieren und Menschen befaßt. Als Nebenprodukt seiner Forschungen hat er ein interessantes Rezept gefunden. Ein Rezept, das Ihnen im Umgang mit Polizisten künftig helfen wird, Geld zu sparen.

1. „Nicht Unschuld beteuern, sondern Schuld zugeben."

Was tun die meisten Autofahrer, wenn sie von der Polizei bei einer Verkehrsübertretung ertappt werden? Sie bringen irgendwelche **Entschuldigungsgründe** vor oder beteuern ihre Unschuld. Das aber ist das denkbar Verkehrteste. Denn es zwingt den Schutzmann zum **Gegenangriff.**

Weitaus besser: Sie geben Ihre eigene Schuld infolge totaler Idiotie und Minderwertigkeit voll und ganz zu. **Das verhilft dem Polizisten zu einer Machtposition, aus der heraus anzugreifen für ihn sehr schwierig wird.**

2. „Aussteigen und auf den Polizisten zugehen."

Aber Worte allein genügen nicht. Angst und Unterwürfigkeit müssen im Mienenspiel und in der Körperhaltung deutlich Ausdruck finden. Vor allem ist es wichtig, **schnell aus dem Auto zu steigen.** Warum das?

Die sitzende Haltung innerhalb des Wagens ist notwendigerweise die eines **„Thronenden",** eines Überlegenen also. Die Macht, die einem durch das Sitzen verliehen wird, ist eigenartig. Niemand wird sitzen, solange der „König" steht. Und wenn der „König" sich erhebt, stehen sofort alle anderen auf.

Wenn Sie Ihr Auto verlassen, geben Sie das Recht auf Ihren „Herrschersitz" auf. **Sie schaffen ein psychologisch günstiges Verhandlungsklima.** Werfen Sie sich jetzt auf keinen Fall „in die Brust." Ganz im Gegenteil. *„Man halte sich",* empfiehlt Desmond Morris, *„etwas gebückt und lasse den Kopf etwas hängen. Und wenn man spricht, denke man daran, daß der Ton genauso wichtig ist wie die Wörter, die man braucht."*

Lieber Herr Dr. Morris, herzlichen Dank von dieser Stelle aus. Ihre Strategie hat mich schon öfter davor bewahrt, zum Rivalen des Polizisten zu werden. Sie hat mich zu seinem Partner gemacht!

Fazit: Mit Ihrer Haltung können Sie ein Gespräch nonverbal (nichtsprachlich) bewußt steuern. Sie können sich „klein machen", und Ihren Partner damit aus der Reserve locken. Sie können sich „groß machen", und Ihre Partner damit einschüchtern. **Ihr Ziel bestimmt Ihre Strategie.** Im Regelfall gilt: **Wenn Ihre Haltung „weich" ist, sind es Ihre Argumente auch.** Die Körpersprache ist eine verdammt verräterische Sprache.

Checkliste

Sie haben erfahren: Körpersignale können beredter sein als die Sprache. Doch Vorsicht! Ziehen Sie nie voreilige Schlüsse. Jede körpersprachliche Aussage ist von der Situation abhängig und mehrdeutig. Es müssen auch immer mindestens zwei gleichgerichtete körpersprachliche Aussagen zusammenkommen. Erst dann können Sie es wagen, eine Aussage zu treffen.

Wenn Ihr Gesprächspartner:	Dann kann dies bedeuten:
1. Die Hand in die Hosentasche steckt	1. Lässigkeit 2. Arroganz 3. Unsicherheit
2. Hände vor dem Leib verschränkt („Freistoßhaltung")	1. Befangenheit 2. Abwehr 3. Unsicherheit
3. Hände auf dem Rücken verschränkt	1. Passivität 2. Besinnlichkeit
4. Die Hände um das Rednerpult klammert	1. Verkrampfung 2. Angst
5. Mit den Händen ein Spitzdach formt a) in Richtung der Zuhörer b) nach oben	 Abwehr Nachdenklichkeit
6. Das Manuskript mit beiden Händen krampfhaft festhält	1. „Ich brauche was, um mich festzuhalten" 2. Verkrampfung
7. Die Faust ballt	1. Gesammelte Konzentration 2. Entschlossenheit 3. Wut 4. Selbstbehauptung
8. Mit dem Kugelschreiber spielt	Nervosität

Wenn Ihr Gesprächspartner:	Dann kann dies bedeuten:
9. Mit dem Zeigefinger zeigt	1. Entrüstung 2. Anklage
10. Den Zeigefinger hebt	1. Belehrung 2. Tadel

11. Mit dem Finger den Mund berührt
  a) kurz
  b) längere Zeit
	
	1. Verlegenheit
	2. Nachdenklichkeit

12. Griff zur Nase	1. Betroffenheit 2. Verunsicherung
13. Die Brille hastig abnimmt	1. Verwirrung 2. Erregung
14. Die Brille hochschiebt	1. Will Zeit gewinnen 2. Nachdenklichkeit
15. An der Kleidung zupft	1. Unsicherheit 2. Eitelkeit
16. Die Haare aus der Stirne streicht	1. Verlegenheit 2. Wegwischen von Sorgen
17. Die Arme vor der Brust verschränkt	1. Unsicherheit 2. Überheblichkeit 3. Ergebenheit
18. Die Arme in die Hüften stemmt	1. Entrüstung 2. Imponiergehabe
19. Arme angewinkelt hält (Boxerhaltung)	Ausgangsposition für Angriff und Abwehr
20. Arme eng an den Leib preßt	1. Unterwerfung 2. Artigkeit 3. Isolierung

Körpersprache deuten, gezielt einsetzen

Wenn Ihr Gesprächspartner:	Dann kann dies bedeuten:
21. Die Füße im Stehen verschränkt	Unsicherheit
22. Mit den Füßen wippt (im Stehen)	1. Unsicherheit 2. Nervosität
23. Den Kopf hängen läßt	1. Spannungsschwäche 2. Unterwerfung 3. Traurigkeit
24. Den Kopf zurückwirft	1. Spannung 2. Bereitschaft zur Auseinandersetzung 3. Trotz
25. Die Schultern hochzieht	1. Bedrohtsein 2. Schutzhaltung
26. Die Schultern nach vorne fallen läßt (Häufchen-Elend-Haltung)	1. Resignation 2. Schwächegefühl
27. Die Schulter ein- oder beidseitig hochzieht („Ich-weiß-nicht-Haltung")	1. Zweifel 2. Bedenklichkeit 3. Bedauern
28. Den Oberkörper vorneigt	1. Annäherung 2. Interesse 3. Aktivität geplant 4. Angriff
29. Sich mit dem Oberkörper zurücklehnt	1. Rückzug 2. Desinteresse 3. Flucht
30. Keinen Blickkontakt hält	1. Unsicherheit 2. Nachdenklichkeit

Sieben Praxistips:

1. Unterstreichen Sie das gesprochene Wort ab und zu durch eine dazu passende Geste. Gestik gehört zum natürlichen Sprechen. Aber Vorsicht vor Übertreibung!

2. Klammern Sie sich nicht mit beiden Händen am Pult fest. Legen Sie Ihre Hände locker aufs Pult (nicht aufstützen).

3. Wenn Sie ohne Pult arbeiten, lassen Sie Ihre Arme locker herunterhängen (Grundhaltung). Wenn Sie dann Gesten machen, sollten sich diese oberhalb der Gürtellinie abspielen. Oder wollen Sie als „Untergrundkämpfer" gelten?

4. Halten Sie den Oberkörper gerade. Wer sich klein macht, zeigt damit, daß er einen Angriff erwartet. Bewahren Sie Haltung!

5. Bleiben Sie ruhig stehen. Die Füße sollten leicht gegrätscht sein. Verteilen Sie das Körpergewicht gleichmäßig auf beide Füße. Ihr Stand sollte so fest sein wie Ihr Standpunkt.

6. Vermeiden Sie „Selbstberührungen": Kratzen am Kopf, Griff zur Nase, Zupfen am Ohrläppchen usw. Wer sich selbst „streichelt", zeigt, daß er es nötig hat.

7. Zupfen Sie am Rednerpult nicht an Ihrer Kleidung. Auch das Jackett sollten Sie schon auf dem Weg nach vorne schließen. Vergessen Sie nie, daß Sie immer auch Zuschauer, nicht nur Zuhörer haben.

Der hungrige Kaftan

In seinem bescheidenen, einfachen Alltagsgewand war ein Mullah zu dem Fest eines angesehenen Mitbürgers gegangen. Um ihn herum glänzte die schönste Garderobe aus Seide und Samt. Geringschätzig musterten die anderen Gäste seine dürftige Kleidung.

Man schnitt ihn, rümpfte die Nase und drängte ihn fort von den herrlichen Speisen des kalten Büfetts.

Geschwind eilte der Mullah nach Hause, zog seinen schönsten Kaftan an und kam zurück auf das Fest, würdiger als einer der Kalifen.

Welche Mühe gab man sich nun mit ihm! Jeder versuchte, mit ihm ins Gespräch zu kommen oder wenigstens eines seiner weisen Worte zu erhaschen. Es schien, als sei nun das kalte Büfett für ihn allein gedacht. Von allen Seiten bot man ihm die schmackhaftesten Speisen an.

Doch was machte der Mullah? Statt sie zu essen, stopfte er sie in die weiten Ärmel seines Kaftans. Genauso schockiert wie interessiert bestürmten ihn die anderen mit der Frage: *„O Herr, was machst du denn da? Warum ißt du nicht, was wir dir anbieten?"*

Der Mullah fütterte weiterhin seinen Kaftan und antwortete gelassen: *„Ich bin ein gerechter Mensch, und wenn wir ehrlich sind, gilt eure Gastfreundschaft nicht mir, sondern meinem Kaftan. Und der soll nun erhalten, was er verdient."*

Die Geschichte macht deutlich: Unsere Kleidung und unser Aussehen entscheidet darüber, wie wir bei anderen ankommen. Das Sprichwort hat also doch recht: Kleider machen Leute.

Das Auge ist der erste Richter

Ihre Kleidung bestimmt zu einem großen Teil den ersten Eindruck, den andere Menschen von Ihnen bekommen. Was sehen die anderen als erstes von Ihnen? Ihren Bildungsgrad? Ihre Fähigkeiten? Ihre Fachkompetenz? Nein! Das Äußere. Mit der Wahl der Krawatte, der Schuhe, des Kostüms, haben Sie schon Ihre Visitenkarte abgegeben, noch bevor Sie das erste Wort gesagt haben.

Wissenschaftler haben herausgefunden, daß ein Mensch nicht mehr als drei bis vier Sekunden braucht, um einen anderen einzuschätzen. In drei bis vier Sekunden stecken wir schon in irgendeiner Schublade. Das ist genau die Zeitspanne, in der unsere Vorfahren zu Urzeiten bei jeder Begegnung abschätzen konnten: Freund oder Feind? Flucht oder Kampf?

Diese Urprogrammierung diente dem Überleben. Und diese Programmierung greift noch heute: Freund oder Feind? Mag ich den? Die äußere Hülle erzeugt den ersten Eindruck.

Wir können mit Kleidung Signale setzen. Die Nürnberger Farb- und Stilberaterin **Dagmar P. Heinke** meint dazu: *„Einer grauen Maus wird einfach weniger zugetraut als jemandem, der bereits nach Erfolg aussieht."*

Der Paderborner Professor für Kommunikationswissenschaften **Matthias Hartig** geht sogar noch weiter: *„Nur, wer es versteht, mit seiner Kleidung offensiv zu kommunizieren, hat künftig eine Chance, auf der Bühne des Lebens mitzuspielen."*

Wenn Sie in Verhandlungen, Meetings und bei Reden etwas erreichen wollen, ist eine sorgfältige Kleiderauswahl aus zwei Gründen wichtig:

1. Wenn Sie sich schlecht angezogen oder in Ihrer Kleidung unwohl fühlen, sind Sie nicht in sich. Ihre Gedanken bleiben

an den Äußerlichkeiten hängen, Sie können Ihre Sache nicht überzeugend vortragen.

2. Wenn Sie z.B. bei einem Vortrag mit einer wildgemusterten, grellen Polyesterkrawatte modisch einen Mißgriff getan haben, laufen Sie Gefahr, daß Ihre Zuhörer an dem auffälligen Accessoire hängenbleiben, statt Ihren Inhalten zu lauschen.

Dagmar Heinke gibt für das optimale Rede-Outfit folgende Tips:

1. Dunklere satte Farben signalisieren mehr Autorität/Seriosität - leuchtende Farben signalisieren Dominanz.

2. Sorgen Sie dafür, daß Ihr Gesicht absolut im Vordergrund steht. Dazu gehört eine Frisur, die Ihr Gesicht positiv unterstreicht. Anzug, Kleid oder Kostüm sollten eher klassisch, schlicht und ruhig sein.

3.Vermeiden Sie alles, was ablenken könnte: ein Übermaß an Schmuck, grelle Muster. Je weniger es zu sehen gibt, desto leichter ist es, den Blick auf dem Gesicht der anderen Person ruhen zu lassen.

4. Brillenträger können mit einer schönen Brille die Blicke auf sich lenken. Vorsicht: Manche Designerbrillen wirken ganz einfach lächerlich.

5. Achten Sie auf Qualität. Qualitativ hochwertige Stoffe sehen immer edler, erfolgreicher und kompetenter aus als billigere.

6. Achten Sie auf schöne, gepflegte Hände. Beim Reden spielen die Hände eine große Rolle und sie sollen schließlich Blicke anziehen.

7. Von der Körpersprache her wissen Sie, daß die Füße ein besonders verräterischer Teil unseres Körpers sind. Stellen Sie deshalb höchste Ansprüche an Ihr Schuhwerk. Qualitativ hochwertige, blitzblank geputzte Schuhe sind das Tüpfelchen auf dem i.

Was neben der Kleidung für das Out-fit noch wichtig ist, hat die Münchner Stilberaterin **Veronika Zickendraht** in folgenden beiden Steckbriefen zusammengefaßt:

Steckbrief des erfolgreichen Mannes

Die Haare sind kurz und dynamisch geschnitten. Geheimratsecken sollten nicht mit Stirnfransen kaschiert werden. Schütteres Haar wird immer möglichst kurz getragen. Sollte er sein spärliches Haupthaar jedoch mit einem Haarersatz aufgefrischt haben, muß dies absolut echt wirken. Es ist lächerlich, sich eine neue Haarpracht zuzulegen, wenn einen bereits alle Welt mit einer Glatze kennt.

Überhaupt sollten Männer diesbezüglich weniger ängstlich sein. Nicht die Haare zählen, sondern der Charakter.

Der Bart ist immer exakt gestutzt und wirkt nicht überdominant. Der Vollbart wird lieber Männern überlassen, die sich künstlerisch betätigen. Der klassische Manager wird eher einen Schnurrbart tragen. Ein schmales Gesicht wirkt durch einen Schnurrbart breiter und erscheint markanter.

Kosmetik für den Herrn ist längst kein Tabu mehr. Der erfolgsbewußte Mann hat aufgehört, sich heimlich aus den Cremetöpfen seiner Frau zu bedienen. Eine eigene Herrenkosmetik ist in seine tägliche Körperpflege integriert. Im Umgang mit Eau de Cologne ist er sparsam. Der Duft sollte dezent und auf seinen Typ abgestimmt sein.

Eine zum Typ passende Brille unterstreicht seine natürliche Autoriät und verleiht ihm einen intellektuellen, markanten Gesichtsausdruck.

Steckbrief der erfolgreichen Frau im Wirtschaftsleben

Die Haare sind gepflegt und gut geschnitten. Modische Kurzhaarschnitte wirken stets dynamisch und jugendlich. Sind die Haare getönt oder gefärbt, weicht der Farbton nicht allzu wesentlich von der natürlichen Haarfarbe ab.

Die Frisur sollte nicht vom Gesicht ablenken, sondern lediglich Akzente setzen, die das Gesicht wirkungsvoll zur Geltung bringen.

Das Make-up ist dezent gehalten und unterstreicht in der Hauptsache die natürliche Schönheit. Die Farben des Make-up sind sorgfältig auf den Hauttypus der Trägerin abgestimmt und harmonieren mit den Farben der Kleidung.

Das Parfüm ist unaufdringlich und leicht. Bevorzugt werden sogenannte frische Sommerdüfte. Die Duftnote von Kosmetik und Parfüm ist aufeinander abgestimmt. Schwere blumige Wohlgerüche sind höchstenfalls am Abend erlaubt und werden nur sparsam verwendet.

Die Augen sind die stärksten und wirkungsvollsten Blickpunkte. Ein geschicktes, wirkungsvolles Augen-Make-up unterstreicht die Persönlichkeit und verstärkt ihre Anziehungskraft.

Eine aparte Brille unterstreicht den Typ und setzt wirkungsvolle Akzente. Von extravaganten Gestellen und auffallenden Schnörkeln ist jedoch abzuraten, da sie zu kompliziert und aufwendig wirken.

Eine elegante Brille kann das Aussehen verbessern und ein strenges Gesicht weicher machen. Allerdings kann auch das Gegenteil mit einer sehr markanten Brille erreicht werden.

Bei der Kleidung gibt die erfolgreiche Frau modischen Hemdblusen- und Mantelkleidern den Vorzug. Bei gestrickter Klei-

dung achtet sie stets auf erstklassige Qualität. Die Farben sind der Witterung und der Jahreszeit angepaßt. Zu einem weißen Kleid oder Kostüm sollte verständlicherweise auch die Sonne scheinen, sonst wirkt der Aufzug leicht deplaziert.

Verspielte und feminine Kleidung gehört in den Freizeitbereich.

Accessoires in klaren Dessins unterstreichen auf dezente Art den persönlichen Status.

Die Stimme, das „Handwerkszeug" des Redners

Sie können lächeln, wenn Ihnen nach Weinen zumute ist; Sie können gleichgültig bleiben, wenn Sie jemand provoziert. Doch sobald Sie das Wort ergreifen, nutzt alle Selbstbeherrschung nichts mehr. Ihre Stimme verrät Ihre Stimmung und bestimmt Ihre Wirkung.

Wissenschaftler haben festgestellt: Selbst wenn wir durch ein Lächeln „gute Miene zum bösen Spiel machen" - unsere Stimme verrät unsere Gefühle. Sie kann nicht lügen.

Über ihr Aussehen machen sich die meisten Menschen viele Gedanken und geben viel Geld aus, um es zu verbessern. Sie wissen, wie wichtig ein attraktives Äußeres ist.

Doch all ihre Bemühungen sind umsonst, wenn ein wesentlicher Teil der eigenen Persönlichkeit dabei vernachlässigt wird: die Stimme. Wie sie klingt, wie sie auf andere wirkt - darüber denken wir nur selten nach, ja, wir wissen oftmals gar nicht, daß die Stimme mehr als alles andere unsere Visitenkarte ist.

- Haben wir eine sympathische Stimme?

- Klingt sie arrogant oder abweisend?

- Ist sie warm und sanft oder eher kühl und schnarrend?

Ist Ihnen das auch schon passiert: Sie treffen mit einem Menschen zusammen, den Sie noch nicht kennen. Sein **Äußeres** beeindruckt Sie. **Dann macht er den Mund auf** und redet. Sie könnten im Erdboden versinken. *„Welch unangenehme Stimme!"*

„Was das Ohr beleidigt, vermag nicht in die Seele des Menschen einzudringen."   *Quintilian*

Man muß einen Menschen erst sprechen hören. Erst dann kann man sich ein vollständiges Bild von ihm machen. **Die Stimme gehört zur Gesamtpersönlichkeit.** Nicht umsonst sagt **Sokrates:** *„Sprich - damit ich dich sehe."*

Sieben Stimmfehler:

1. Die Artikulation ist nachlässig. Nuscheln oder das Verschlucken von Endsilben (Lebn statt Leben) erschweren das Verständnis.

2. Die Wörter werden gehaucht. Bei einer verhauchten Stimme hört man den Luftstrom heraus, dadurch klingt sie „überlüftet" und heiser.

3. Das Stimmniveau ist zu gleichmäßig hoch, klingt piepsig. Menschen mit tieferer Stimme gewinnen leichter Sympathie.

4. Die Stimme ist zu leise. Diese „Klein-Mädchen-Stimme" wird Ihnen als Gefühl der Unsicherheit ausgelegt. Auf Männer wirkt sie bei Damen allerdings oft sexy. Sie eignet sich also vielleicht, um den Traummann aufzureißen, nicht aber, um sich in einem Meeting kraftvoll Gehör zu verschaffen.

5. Die Sprechweise ist monoton. Die Stimme hebt und senkt sich nicht, hat keine Dynamik. Ursache dafür können Angst, Desinteresse oder Müdigkeit sein.

6. Die Stimme klingt pastoral und pathetisch. Ihre Rede wirkt auswendig gelernt, so, als ob Sie nicht hinter Ihren Worten stehen würden.

7. Die Stimme wird gequetscht, hat zu wenig Resonanz. Dahinter verbirgt sich oft Angst vor lautem Sprechen.

Was die Stimme verrät

Unsere Stimme, ihr Klang, ihre Ausdruckskraft ist nicht angeboren, sondern von klein auf erlernt. Durch Hören lernen wir Sprechen und übernehmen damit auch fehlerhafte Sprechgewohnheiten unserer Umgebung.

Es ist sinnvoll, an der eigenen Stimme zu arbeiten, weil Menschen mit dem Klang der Stimme ganz bestimmte Eigenschaften verbinden.

„Wenn man einem Menschen eine neue Stimme gibt", meint **Professor Higgins** in dem Musical **„My Fair Lady"**, *„gibt man ihm auch einen neuen Charakter."* An der **Eliza Doolittle** hat er das überzeugend demonstriert. Aus einer armen, schäbig gekleideten Analphabetin wurde eine junge Dame der besten Gesellschaft. Aristokraten bemühten sich um ihre Hand. Warum? Weil sie gelernt hatte, wie eine Herzogin zu sprechen.

Was für den Schuster der Hammer und den Maurer die Kelle, ist für den Redner die Stimme: **Handwerkszeug.** Handwerkszeug, mit dem er täglich arbeitet. Handwerkszeug aber sollte man **pflegen.** Wie pflegen **Sie** Ihre Stimme?

Machen Sie zuerst einmal **Bestandsaufnahme.** Wie das geht? Bitten Sie Menschen, denen Sie vertrauen, um ein offenes Feed-back: „Wie empfindest du meine Stimme? Was gefällt dir an ihr, was nicht? Was sollte ich verbessern?"

Danach sprechen Sie irgend einen Text auf Band. Bitte erschrecken Sie jetzt nicht beim Abspielen. *„Das soll ich sein? Unmöglich, das klingt ja furchtbar."*

So urteilen die meisten Menschen, die ihre Stimme zum erstenmal auf Tonband hören. Keine Angst! So schlimm, wie sich das für Sie anhört, ist Ihre Stimme gar nicht. Sie hören beim Sprechen nur alle **Resonanzen** im Kopf mit. Fallen diese Resonanzen für uns weg, ist uns nichts fremder als die eigene Stimme. Hören Sie sich die Aufnahme noch einigemale an. Dann legen Sie das Band vorerst weg.

Der Zauber der Stimme

*„Was fasziniert eigentlich so sehr an dem Schauspieler **Ulrich Pleitgen**?"* fragte man mich kürzlich im Rhetorikseminar. Während ich noch überlegte, kam auch schon die Antwort. Von Carina, einer Berliner Seminarteilnehmerin. *„Für mich ist es seine Stimme. Er kann damit streicheln. Sie ist so angenehm und vertrauenerweckend, ich spüre sie direkt im Bauch."*

Carinas Empfinden resultiert aus einem Sprachgrundgesetz: **Je tiefer, desto vertrauenerweckender und anziehender ist eine Stimme.**

Eine solche „Bauchstimme" hat ganz viel mit dem Begriff **„Charisma"** zu tun. Charismatische Menschen haben diese beeindruckende und begeisternde Körperstimme.

Die gleiche Erfahrung machte auch der berühmte National-ökonom **Walter Eucken.** Er hatte öfter Gelegenheit, mit **Adenauer und Heuss** zusammenzutreffen. Adenauer war seiner Meinung nach der bessere Redner. Von Heuss stellte er mit respektvoll - freundlicher Ironie fest, *„daß eine tiefe Stimme ihrem Inhaber häufig die Mühe des Nachdenkens erspart, weil die Menschen sich vom Klang einer tiefen Stimme beeindrucken lassen und ihr aus irrationalen Antrieben Vorschuß an Vertrauen und Glaubwürdigkeit einzuräumen bereit sind."*

Lernen Sie Ihre Stimme kennen und lieben

Machen Sie sich bewußt: **Stimmtraining ist keine Selbstbestrafung.** Es soll nicht dazu dienen, Ihre verhaßte Stimme zu beseitigen. Im Gegenteil: Es ist eine Chance, Ihre Stimme kennen- und lieben zu lernen. Es soll Ihnen helfen, Ihre Kehle zu öffnen, damit kluge und begeisternde Sätze hindurchfließen können. Es soll Sie ermutigen, mit einem vollen und warmen Klang zu reden. Dadurch verbessert sich automatisch Ihr **Selbstwertgefühl**. Änderungen am Äußeren bewirken immer Veränderungen im Inneren. Und umgekehrt.

Was die Stimme verrät

Bevor wir mit dem Stimmtraining beginnen, wollen wir erst mal überlegen: **Wie entsteht eigentlich eine Stimme?** Wie kommt es, daß Sie die Stimme eines anderen überhaupt hören?

> *„Es ist äußerst wichtig für den Redner, daß er die Saiten seines Instrumentes nach dem Kammerton der Hörerschaft einstimmt, bevor er zu musizieren beginnt."*   Dessoir

Die Stimme zum Klingen bringen

Es ist wie bei einem Musikinstrument, der Geige z.B.: der **Bogen** streicht über die Saiten und versetzt sie in **Schwingungen.** Das erzeugt **Schallwellen.** Und die **hören** Sie.

Was bei der Geige die Saiten, sind beim Menschen die **Stimmbänder, auch Stimmlippen** genannt. Der Atem übernimmt bei uns die Funktion des Geigenbogens: Er streicht an den Stimmbändern vorbei und versetzt sie in Schwingungen. Es entsteht ein Ur-Ton. Ein **Erstton.**

Dieser Ur-Ton hört sich aber noch nicht besonders gut an. Er ist **Rohstoff,** der noch **veredelt** werden muß. Wie geht das?

Denken Sie wieder an die Geige. Was macht eine gewöhnliche Geige zur Meistergeige, zur Stradivari? Nicht die Saiten, nicht der Geigenbogen, nein, **der Resonanzkörper** macht den eigentlichen Unterschied aus. Je besser die Resonanz, desto größer die Klangfülle, desto wertvoller und kostbarer die Geige.

Für die Stimme gilt der gleiche Grundsatz. **Je resonanzreicher sie ist, desto angenehmer und wärmer klingt sie.**

Es gibt Menschen, die haben eine solch **kalte Stimme,** daß es uns in ihrer Gegenwart regelrecht **fröstelt.** Eine kalte Stimme aber läßt die menschlichen Beziehungen verdorren. Auch im Vortragssaal. **Die Stimmung sinkt unter den Gefrierpunkt.** Die Zuhörer **bekommen seelische Frostschäden.**

Stimmkosmetik

Die Pharmaindustrie bietet eine Menge Mittelchen an, die Ihnen bei Stimmbeschwerden helfen sollen. Gegen Heiserkeit. Gegen Husten. Gegen..?

Sie können sich ab heute **Geld sparen.** Indem Sie folgende **Stimmkosmetika** anwenden. Sie kosten nichts. Nur ein bißchen Energie. **Aber sie helfen wirklich.**

Beginnen Sie Ihr **Training** so: Sie setzen sich ganz entspannt hin. Beide Füße stehen mit der ganzen Sohle auf dem Boden. Die Knie und Hüften sind locker, der Rücken gerade. Die Unterarme liegen auf dem Tisch.

Als erstes verbessern Sie Ihre **Resonanz.** Nicht die Mundresonanz, sondern die **Nasenresonanz.** Die Mundresonanz ist bei den meisten Menschen von Natur aus gut ausgebildet. Anders ist das bei der Nasenresonanz. Da hapert es bei vielen gewaltig.

Wollen Sie einmal durch einen **einfachen Test** feststellen, wie Ihre Stimme klingt, wenn die **Nasenresonanz völlig ausgeschaltet** ist? Das geht ganz einfach. Sie halten sich mit Daumen und Zeigefinger Ihre Nase zu. Und dann sprechen Sie die folgenden beiden Sätze:

„Am Brunnen vor dem Tore, da steht ein Lindenbaum. Ich träumt in seinem Schatten, so manchen süßen Traum."

Merken Sie, wie **dünn und flach** Ihre Stimme klingt?

So, als ob Sie Schnupfen hätten.

„Man widerspricht oft einer Meinung, während uns eigentlich nur der Ton, mit dem sie vorgetragen wird, unsympathisch ist."
Friedrich Nietzsche

Verbessern Sie Ihre Resonanz

Gerade Frauen, die von Natur aus mehr mit der Kopfstimme, das bedeutet mit weniger Resonanz sprechen, sollten lernen, im Berufsleben auch die tieferen Töne einzubringen. Dabei sind sie allerdings schon auf einem recht guten Weg. Die Frauenstimmen sind nämlich in den letzten 40 Jahren tatsächlich schon tiefer geworden. Woher das kommt?

Es gibt zwei Gründe:

1. Frauen sind heute im Schnitt größer und verfügen damit auch über längere Stimmbänder.

2. Frauen haben begriffen, daß sie sich mit einer tieferen Stimme im Berufsleben besser durchsetzen können. Sie haben sich „sozialisiert".

Richtig „rund" wird eine Stimme dann, wenn sie aus einer Kombination von Kopf- und Bauchstimme besteht. Diese ideale Stimmhöhe nennen Experten **Indifferenzlage**. Wie findet man diese heraus?

Sie lernen jetzt eine Übung kennen, die Ihre Stimme **angenehmer und farbenreicher** macht.

Summ-Übung:

Atmen Sie zuerst einmal aus. Ganz langsam. Und dann wieder ein. Legen Sie jetzt die Lippen ganz leicht aufeinander. Nicht pressen. Während Sie jetzt die Luft durch die Nase langsam entweichen lassen, summen Sie laut und kräftig: „hmmm". Solange wie Ihr Atemstrom reicht. Dann wieder einatmen. Lassen Sie jetzt erneut soviel „hmmm" heraus, wie Sie Atem haben. Sie müßten in den Lippen dabei ein leichtes Kitzeln verspüren. Und in Ihrem Resonanzkörper „Kopf" muß es summen und vibrieren wie in einem Bienenhaus. Wiederholen Sie das Summen jetzt noch dreimal.

Ihre Indifferenzlage erreichen Sie, wenn der Ton bei mehrmaligen Wiederholungen gewissermaßen von selbst immer in der gleichen Höhe klingt. Aus diesem *„hmmm"* heraus sollten Sie dann generell sprechen.

Diese Summübung gehört zum Repertoire aller großen Sänger, Rezitatoren, Schauspieler und Redner. Sie können sie durchführen im Auto, in der Büropause, bei der Morgentoilette. Kurz: Sie füllen „Leerlaufzeiten" damit. **Die Wirkung:** Ihre Stimme gewinnt an **Resonanz.** Auch Pieps - Stimmen werden **dunkler.**

Tips für „Bartnuschler" und „Silbenverschlucker":

Die Artikulation

Ursache für das Silbenverschlucken ist oft die Tatsache, daß wir schneller denken als wir reden können. Wichtig für eine gute, klare Aussprache ist deshalb ein gutes **Timing**, d.h. das Zusammenspiel von Gedanken und gesprochenem Ton. Eine wirksame Übung dazu: **Denken Sie beim Einatmen den Satz, den Sie beim Ausatmen sagen wollen.**

Es gibt Menschen, die **nuscheln** alles in ihren Bart. Oder sprechen, als ob sie Kieselsteine im Mund hätten. Sie haben eine **schlampige Aussprache.** Sie können nicht **artikulieren.**

Bitte erkennen Sie: Je sauberer, klarer, und deutlicher Sie sprechen, desto leichter fällt Ihren Zuhörern das Verstehen. Desto sicherer wirken Sie auch.

Die Hauptarbeit bei der Artikulation leisten Ihre **Lippen.** Sie sind der äußerste und zugleich auch der **beweglichste** Teil Ihrer Sprechwerkzeuge. Wußten Sie, daß Sie um Ihre Lippen herum einen **Muskelring** haben? Je kräftiger und trainierter dieser

Muskelring ist, desto leichter wird Ihnen die jeweils richtige **Lippeneinstellung** fallen.

Die Einstellung der Lippen bei den fünf Grundvokalen sieht so aus:

Mit der folgenden Übung verbessern Sie Ihre Aussprache.

Lippenquerschnitts-Übung:

Atmen Sie zuerst aus. Und dann ein. Ganz langsam. Ziehen Sie beim „i" die Lippen weit auseinander. Im Querformat. Nun sprechen Sie fünfmal - so deutlich wie möglich - den Satz:

- **„Die Bienen fliegen in die Wiese."**

Achten Sie auf den richtigen Lippenquerschnitt:

Und jetzt das „e". Erst tief ausatmen. Dann wieder ein. Sprechen Sie jetzt so deutlich wie möglich fünfmal den Satz:

- **„Sich regen bringt Segen."**

Achten Sie auf den richtigen Lippenquerschnitt:

Beim „a" ist der Mund weit geöffnet. Wie beim Gähnen. Der Unterkiefer gibt nach. Die Zunge drücken Sie nach unten. So klingt es sauber und klar, wenn Sie fünfmal den Satz sagen:

- **„Wer die Wahl hat, hat die Qual."**

Achten Sie auf den richtigen Lippenquerschnitt:

Beim „o" runden Sie die Lippen und stülpen Sie leicht nach vorn. Und jetzt fünfmal den Satz:

• **„Wie gewonnen, so zerronnen."**

Achten Sie auf den richtigen Lippenquerschnitt:

Beim „u" runden Sie die Lippen noch stärker. Ziehen Sie eine „Schnute." Vielleicht stellen Sie sich auch vor, jemandem ein „Bussi" zu geben? Und jetzt fünfmal den Satz:

• **„Uns wundert nicht des Sturmes Wut."**

Achten Sie auf den richtigen Lippenquerschnitt:

Wußten Sie, daß diese Stimmübungen auch die indischen Yogis praktizieren? Sie glauben, daß man mit solchen Übungen auch etwas für seine Gesundheit tut.

Das **„a"** läßt Magen, Brustkorb und Sonnengeflecht schwingen.

Das **„e"** klärt die Stimme und befreit sie von Heiserkeit.

Das **„i"** läßt Kopf, Gehirn und müde Augen vibrieren.

Das **„o"** durchblutet Herz- und Herzkranzgefäße.

Das **„u"** drückt das Zwerchfell hinunter.

Außerdem - so die Yogis - erhöhen diese Übungen die Lebenskraft und steigern die Konzentrationsfähigkeit.

Diese Übung können Sie gut auf der Fahrt zur Arbeit im Auto durchführen.

Was die Stimme verrät

Undeutliche Aussprache

Der österreichische Schauspieler und Dramatiker Johannes Nestroy wurde einmal, als er noch am Anfang seiner Schauspielerlaufbahn stand, für ein blutrünstiges Ritterdrama als unerschrockener Ritter verpflichtet, eine Rolle, die ihm gar nicht lag. Im ersten Akt mußte Nestroy vor einer Ritterburg stehend seinen Mitstreiter pathetisch fragen: „Scheust du die großen Haufen?" wobei er auf die vielen anrückenden Feinde zu deuten hatte. Nestroy spielte seine Rolle großartig und schmetterte den Satz in den Theatersaal, nur klang das „eu" wie ein „ei". - Man kann sich denken, daß Nestroy zwar frenetischen Beifall erhielt, jedoch der Theaterdirektor mit der heiteren Wendung seines schaurigen Dramas durchaus nicht einverstanden war.

Es ist alles erreichbar

„Die Stimme ist angeboren. An meiner Stimme läßt sich nichts mehr ändern. Mir ist das alles zu mühselig." Aussagen von Menschen, die **resigniert** haben. Schade.

Hätte der Grieche **Demosthenes** ähnlich gedacht, wäre er wohl kaum der **größte Redner des Abendlandes** geworden. Nach der Überlieferung hat sich vor mehr als zweitausend Jahren auf dem Marktplatz von Athen folgendes zugetragen:

Der junge Demosthenes sprach zu den Athenern. Sein Ziel war, politische Karriere zu machen. Und da hatte er früh erkannt: **Man muß reden können.** Also trat er am Fuße der Akropolis vor das Volk von Athen und erhob seine Stimme. Er wollte es besonders gut machen. Was aber geschah?

„Du mußt lauter reden, Demosthenes!" hörte er aus den letzten Reihen rufen. Er nahm sich den Rat zu Herzen, steigerte die Lautstärke. Dabei merkte er aber sehr schnell, daß ihm die Luft knapp wurde. Sein Atem kam stoßweise.

„Hör auf, Demosthenes, du kriegst ja einen Schlaganfall!" schallte es ihm entgegen. Seine Nervosität wuchs. Er verhaspelte sich. Verschluckte Silben. Sprach schneller.

„Kannst du nicht deutlicher reden?" meldeten die Zwischenrufer sich erneut zu Wort. Das war zu viel für ihn. Urplötzlich fiel er in eine alte Angewohnheit zurück: Er fing an, nervös mit den Schultern zu zucken. Da war es aus. Die Zuhörer fingen an zu lachen. Keiner hörte ihm mehr zu. Demosthenes brach ab. **Eine Riesenblamage.**

Auf dem Nachhauseweg schwor er sich, nie mehr zu reden. Damit aber wäre er politisch tot gewesen. Deshalb beschloß er zu üben. **Und wie er übte!**

Er ging an den Strand und brüllte, so laut er konnte, wochenlang gegen die tosende Brandung. So zwang er sich zum lauten Sprechen. Als er merkte, daß ihm die Luft knapp wurde, legte er sich in den Sand und beschwerte seine Brust mit Felsbrocken. So trainierte er die Zwerchfellatmung.

Um sich zu einem artikulierten Sprechen zu zwingen, nahm er Kieselsteine in den Mund und trainierte unter diesen erschwerten Bedingungen die deutliche Aussprache.

Besonders aber ärgerte ihn dieses nervöse Schulterzucken. Was tat er? Er ging heim in seine Hütte. Dort befestigte er ein Schwert an der Zimmerdecke und stellte sich darunter. Mit seiner Spitze endete es genau über seiner Schulter. Jedesmal, wenn er jetzt zuckte, gab es ihm einen schmerzhaften Stich.

Eine richtige Roßkur, finden Sie nicht auch? Aber durch sie hat er erreicht, daß er der größte Redner wurde, den die Antike hervorgebracht hat.

Wollen Sie es Demosthenes nachmachen? Die „Stimmkosmetika" werden Ihnen helfen, **„be-stimmter"** aufzutreten. Sie werden Ihre Zuhörer nicht mehr so leicht **„verstimmen."**

Wenn Sie das alles einen Monat geübt haben, sollten Sie Ihren Kassettenrecorder wieder hervorholen. Sprechen Sie jetzt wieder einen Text auf Band. Und vergleichen Sie! **Ein Riesenunterschied - wetten?** Sie haben Stimme bekommen und können jetzt leichter Stimmung machen.

Fazit:

Unsere Stimme hat beim Reden die Funktion einer Klimaanlage. Ist sie dünn und flach, kühlt die Atmosphäre ab. Die Türe zu den Herzen der Zuhörer fällt zu wie die knarrende Türe im Spukschloß. Ist die Stimme angenehm und warm, erwärmt sie auch die Herzen der Zuhörer. Sie kommen in Stimmung!

Wie die Stimme Stimmung macht

Die Modulation

„Der Ton macht die Musik" sagt das Sprichwort. Mit Recht. Der gleiche Inhalt einer Rede, sogar die gleiche Formulierung wirken völlig verschieden, je nachdem, wie die Stimme das Wort moduliert.

Ist Ihnen bewußt, daß die beiden Worte „Stimme" und „Stimmung" den gleichen Wortstamm haben? Daß **Ihre Zuhörer und Gesprächspartner an Ihrer Stimme erkennen, in welcher Stimmung Sie sind?**

„Ich behaupte, daß eine mittelmäßige Rede unter der Gewalt eines vollendeten Vortrags mehr Eindruck macht, als die vollendetste, bei der der Vortrag mangelt", behauptete der römische Redelehrer Quintilian. Recht hat er.

„Inhaltlich hat der Referent eigentlich gar nicht so viel geboten", gestand mir einmal ein Freund auf dem Nachhauseweg

von einem Vortrag. *„Aber er hatte so viel Ausdruck in der Stimme, daß ich einfach zuhören* **mußte.***"*

Bitte denken Sie daran: Die Modulation ist die eigentliche Seele Ihres Vortrages. Der „Ton des Herzens, der zum Herzen geht." Nützen Sie die Klangfarbe Ihrer Stimme deshalb noch mehr als bisher.

In der Praxis stoßen Sie im wesentlichen auf diese drei Sprechweisen:

Die pathetische Sprechweise

Sie klingt unehrlich. Übertrieben. Ihre Zuhörer haben das Gefühl: *„Da läuft eine Platte ab. Von dem, was er sagt, ist er selbst nicht wirklich überzeugt. Vielleicht redet er nur, weil er dafür bezahlt wird?"* Ein tödliches Urteil.

Heinrich Lübke wurde einmal von Journalisten gefragt, warum er immer so pathetisch reden würde. Seine Antwort: *„Wenn ich meine Reden selbst ausarbeiten würde, wäre das sicher ganz anders. Aber das Ausarbeiten und Formulieren meiner Reden ist ja Aufgabe meiner Referenten. Ich bekomme den Text dann oft nur eine halbe Stunde vorher in die Hand. Aber weil er nicht aus meiner Feder stammt, kann ich mich auch nicht voll mit ihm identifizieren."*

Sie sehen: **Wenn Sie das Thema kalt läßt, wenn Sie nicht aus voller Überzeugung sprechen, verliert Ihre Stimme an Glaubwürdigkeit.**

Das pathetische Sprechen nennt man auch „pastoral." Kein Wunder. Wie oft hat der Pastor in der Kirche schon den gleichen Text, die gleiche Predigt vorgetragen? Er versucht dann zwar etwas Ausdruck in die Stimme hineinzulegen, aber es wirkt farblos. Vielleicht sogar ein bißchen unecht.

Was die Stimme verrät

Die monotone Sprechweise

Sie drückt oft **schlechte Stimmung** aus. Oder Traurigkeit. Manchmal auch Desinteresse. Es ist die seelenlose Sprechweise der Menschen, die im gleichen Tonfall gratulieren und auch kondolieren. Monotones Sprechen kann auch Müdigkeit ausdrücken. Oder ein Zeichen von Unsicherheit sein.

Gesunder Schlaf

Die F.D.P.-Abgeordnete Elisabeth Lüders war einmal mit einem alten Bekannten aus ihrer Partei zusammen in den Vortrag eines ebenso berühmten wie - wegen seines monotonen Redens - berüchtigten Philosophieprofessors aus Freiburg gegangen. Nach Schluß sagte der Bekannte seufzend: *„Wie hat Ihnen das gefallen?" „Sie sind ja Kavalier"*, antwortete Frau Lüders, *„bitte erzählen Sie nicht weiter, daß wir einmal zusammen geschlafen haben."*

Die dynamische Sprechweise

Sie zeugt von **Engagement und Begeisterung.** Der Redner ist selbst überzeugt von dem, was er sagt. Es macht ihm Spaß. Er hat eine Botschaft. Es brennt in ihm.

Ihre Zuhörer und Gesprächspartner haben ein sehr **feines Gespür** dafür, ob Sie voll und ganz hinter Ihren Aussagen stehen. Vergessen Sie deshalb nie: **Ehrlichkeit ist die Grundlage für seriöse Rhetorik.** Mit Ihrer Stimme verraten Sie, ob Sie selbst wirklich überzeugt sind. Ihre Stimme muß den Hörer fesseln. Sie geht ihm unter die Haut. Er gerät in ihren Bann.

Dynamisch sprechen heißt, daß Sie **möglichst abwechslungsreich** sprechen. An besonders wichtigen Stellen gehen Sie voll mit der Stimme raus. Ihre Zuhörer werden wachgerüttelt.

Dynamisch reden heißt aber nicht, daß Sie **dauernd** laut sprechen. Nein, auch durch **leises Sprechen** können Sie **Spannung** erzeugen.

Ein sehr gutes Beispiel dafür war die großartige Schauspielerin **Elisabeth Flickenschild.** Vielleicht erinnern Sie sich: Mit ihrer leisen, etwas heiseren Stimme hat sie im Krimi z.B. immer ungeheure Spannung erzeugt. Man wußte: Es wird jetzt gleich etwas ganz Schreckliches passieren. Und tatsächlich: Im nächsten Moment hatte schon jemand ein Messer im Rücken.

Wichtig ist, daß Sie durch die Modulation Ihrer Stimme so viel **Abwechslung** erzeugen wie möglich.

Die Stimme als Gehirndroge

Eine hochinteressante Entdeckung hat **Thomas H. Budzynski** gemacht. Er ist Psychologe und Direktor des Biofeedback - Institutes in Denver.

Die linke Gehirnhälfte, hat er erkannt, ist bei den meisten Menschen **dominierend.** Hier wird das Gesprochene und Gehörte **kritisch analysiert.** Hier wird unser Handeln **verstandesmäßig kontrolliert.**

Anders die **rechte Gehirnhälfte.** Sie ist ihrer Natur nach nicht so kritisch und abwägend wie die linke. Hier geht es nicht um den logischen Inhalt dessen, was gesagt wird, sondern darum, wie es gesagt wird. Die **Gefühle** spielen hier eine große Rolle.

Beobachtungen des Wissenschaftlers, der auch Professor *für Psychiatrie des University of Colorado Medical Center* ist, haben gezeigt: **immer dann, wenn die rechte Gehirnhälfte die Kontrolle über uns übernimmt, dann machen Menschen oft Sachen, über die sie später selbst überrascht, manchmal auch entsetzt sind! Sie sind leichter beeinflußbar.**

Wissen Sie, daß Sie allein durch die **Modulation** Ihrer Stimme bestimmen können, welche Gehirnhälfte Ihrer Zuhörer aktiv wird?

„Die rechte Gehirnhälfte", so der Professor, *„spricht in dem Moment auf verbales Material an, wenn dieses rhythmisch oder gefühlsbetont dargeboten wird. Spricht jemand dagegen monoton, wird nur die linke Hälfte aktiviert."*

Alle großen Redner (Pfarrer, Politiker, Professoren) wissen intuitiv, wie sie ihre Stimme modulieren müssen, um Gefühle zu erzeugen und die Herzen der Zuhörer auf diese Weise für sich zu gewinnen.

Wer schreit, hat unrecht

Die Lautstärke

> *„Mit Rednern ist es häufig wie mit dem Sekt: Die größten Flaschen sind oft die lautesten."*   *Werner Fink*

Für die Lautstärke gibt es eine **Grundregel:** Sie sprechen laut genug, daß die letzte Reihe Sie noch mühelos verstehen kann. Auf keinen Fall darf Ihre Rede eine **Lärmattacke** auf das Trommelfell Ihrer Zuhörer sein. **Zu lautes Sprechen erzeugt Abwehr.** Ihre Zuhörer denken: *„Will er uns **überreden?**"*

Auf der Geburtstagsfeier des Sachsenkönigs August III. trat die berühmte Kammersängerin Fiala auf. Nach dem Auftritt fragte der König, dem musische Gespräche nicht besonders lagen: *„Wie issn hier de Akustik?"* *„Sehr gut"*, antwortete die Sängerin, wie es die Höflichkeit gebot. Der König grinste: *„Warum hamm'sn dann so gebrilld?"*

189

Warum sprechen manche Redner so laut? Da gibt es verschiedene Ursachen: Erregung, fehlende Beherrschung, Unsicherheit. Verändern Sie deshalb Ihre Lautstärke, je nach Bedeutung der Aussage. Aber nicht übertreiben! Ein ständiges Wechseln zwischen **Säuseln und Donnern,** zwischen **piano und fortissimo** wirkt unglaubwürdig und theatralisch.

Daß **leises Sprechen** Spannung ausdrücken kann, haben Sie schon erfahren. Aber auch hier Vorsicht! Wenn Sie permanent sehr leise sprechen, kann Ihnen das als **Schüchternheit** ausgelegt werden. Auf Ihre Zuhörer hat das leise Sprechen dann die **Wirkung einer Schlaftablette.**

Gerade Frauen neigen dazu, in wichtigen Situationen, z.B. bei Konferenzen oder bei Vorträgen ihre Stimme auf „**low**" zu stellen. Nach dem Motto: Wer mich nicht hört, kann mich auch nicht kritisieren. Zugegeben: Das hängt auch von der Länge der Stimmbänder ab und die sind nun mal bei zarten kleinen Frauen kürzer als bei einem Zwei-Meter-Schrank. Haben Sie tatsächlich so eine **Kleinmädchenstimme**, müssen Sie zumindest klar und artikuliert sprechen.

Geschwindigkeitsregelung am Rednerpult

Das Sprechtempo

Es ist wie beim Autofahren. Wer auf der Landstraße dahinrast, muß sich unheimlich stark konzentrieren. Von der Landschaft kriegt er so gut wie nichts mit. Und die Gefahr, daß er einen überfährt, wächst.

Ähnlich **überfahren** fühlen sich Ihre Gesprächspartner, wenn Sie zu **schnell** sprechen. Sie müssen sich wahnsinnig konzen-

trieren. Und vom Thema bekommen sie dennoch kaum etwas mit.

Gerade **Redeanfänger** machen häufig den Fehler, zu schnell zu reden. **Unbewußt** verraten sie damit: *„Ich will es möglichst schnell hinter mich bringen. Wer mich nicht versteht, kann mich auch nicht kritisieren."* Kein sehr positiver Eindruck, den Sie dadurch hinterlassen, finden Sie nicht auch?

Wo liegen die **Ursachen** für schnelles Sprechen? Meist verbirgt sich **Nervosität und Unsicherheit** dahinter. Kann es aber nicht auch ein gewisses **Desinteresse** am Zuhörer sein? Die Psychologie sagt: **Viele Schnellsprecher finden zu wenig Anerkennung.** Überprüfen Sie daraufhin einmal Ihren Bekanntenkreis.

Natürlich kann auch **zu langsames Reden** nervös machen. Wer hört schon gerne einem Redner zu, der nur zwei Kilometer in der Stunde kriecht?

Ihre Zuhörer könnten auch denken: Er ist schlecht vorbereitet. Oder sie kommen zu dem Schluß: Er will sich interessant machen. Die Gefahr des „Abschaltens" wird riesengroß.

Deshalb: **Wechseln Sie das Tempo!** Machen Sie es dem Komponisten nach. Er wechselt vom **adagio zum allegro, vom maestoso zum presto.** So wird das Musikhören zum Genuß.

Praxistip:
Passen Sie das Grundtempo dem Redeinhalt und -anlaß an: Getragen und gemessen bei der Festrede, impulsiver beim Überzeugungsvortrag. Außerdem: Je größer der Raum, desto langsamer müssen Sie sprechen.

Mut zur Sprechpause

Gekonnt Sprechpausen machen - das schaffen nur wenige Redner. Sie haben nicht die Nerven dazu. Sie haben keinen Mut

zur Pause. Sie fürchten, die Pause würde ihnen als Steckenbleiben ausgelegt.

Eine Sprechpause ist kein Loch im Vortrag. Eine Pause machen heißt auskuppeln, nicht den Motor abstellen.

Welche **Vorteile** bietet Ihnen die Sprechpause?

1. Ihre Zuhörer haben Gelegenheit, das zuletzt Gesagte zu überdenken.

2. Sie selbst haben Zeit, sich neu zu sammeln. Sie nehmen in aller Ruhe das nächste Stichwort aus Ihrem Manuskript.

3. Die Spannung beim Zuhörer wächst. Der nächste Satz bekommt mehr Gewicht.

Praxistip:
Eine gute Einstiegshilfe für eine gute Pausentechnik ist es, wenn man sich hinter jedem Satz das Wort „Punkt" denkt. Nehmen Sie einen Atemzug zwischen zwei Sätzen. Sprechen Sie nicht mit „frisierter Schnauze", d.h. hüten Sie sich davor, Ihren Text herunterzurattern.

Gewollte Pause

In der Wandelhalle des Bundeshauses unterhielten sich zwei Abgeordnete verschiedener Parteien, die beide als Finanzexperten galten. Der eine sagte: *„Es gibt viele Arten, zu Geld zu kommen, aber nur eine einzige, die anständig ist".* **„Und die wäre?"** *fragte sofort der andere in die Pause* **hinein.** *„Haha",* **lachte der erste,** *„das habe ich mir gleich gedacht, daß Sie die nicht kennen!"*

Der Dialekt

Kaum ein Rhetorikseminar, in dem wir nicht schon die Frage diskutiert haben: Darf der Redner **Dialekt** sprechen?

Es kommt darauf an, **wo und vor wem** Sie reden. Zu Hause z.B., da dürfen Sie Dialekt reden. Da dürfen Sie es sich auch im Morgenrock und Pantoffeln bequem machen. Aber würden Sie auf die Idee kommen, in einem solchen Aufzug auf das Rednerpodium zu steigen? Sich so Hunderten von Menschen zu präsentieren?

Was für Ihre Kleidung gilt, gilt auch für Ihre Sprechweise. Natürlich gibt es Situationen, wo Sie Dialekt sprechen **dürfen,** vielleicht sogar **müssen: die Begrüßungsrede** bei der Jahresfeier Ihres Vereins. Die **launige Tischrede** in kleinem Kreis. **Die Wahlrede** im heimatlichen Stimmkreis.

Wenn Sie aber eine politische Rede, einen wissenschaftlichen Vortrag oder eine Präsentation vor Kunden halten - fern der Heimat, vor einem verschiedenartig zusammengesetzten Publikum - , dann gibt es für Sie nur eine Devise: **verständliche Hochsprache.**

Damit wir uns nicht mißverstehen: Niemand erwartet von Ihnen eine unpersönliche, farblos - glatte **Paradesprache.** Sie schmeckt Ihren Zuhörern genauso wenig wie keimfreies, destilliertes Wasser. Ihre Sprache darf also immer **dialektgefärbt** sein.

Warum sollen Ihre Zuhörer nicht merken, aus welcher Ecke Deutschlands Sie kommen? Gehört das nicht sogar irgendwie zur **Gesamtpersönlichkeit** eines Menschen? War es nicht gerade der schwäbische Einschlag, der die Rede des Bundespräsidenten **Heuss** so liebenswert machte? Haben Sie **Adenauer** seinen rheinischen Dialekt übelgenommen? Konnten Sie sich den **Franz Josef Strauß** lautreines Hochdeutsch sprechend vorstellen?

Die sächsische Sprache läßt sich leicht erlernen. Entweder so: „Oberkörper entspannen, Unterkiefer vorschieben, Verstand ausschalten, Rede frei fließen lassen!" Oder so: „Mir machen einfach die Gusche uff und lassens alleene rausloffen."

Der Dialekt gleicht den Wiesenblumen. Niemand möchte sie missen. Niemand möchte aber auch die edle Rose missen oder andere Erzeugnisse gärtnerischer Kunst. Sie sehen: **Man kann das eine tun und braucht das andere nicht zu lassen.** Sie selbst müssen fühlen und wissen, welche Sprechweise jeweils angebracht ist.

Praxistip: Lassen Sie feststellen, ob Sie schwerverständlichen Dialekt sprechen. Wenn ja, gibt es nur eines: **Schriftsprache üben!** Ein einfaches, aber sehr wirkungsvolles Mittel ist das **laute Vorlesen** von Texten. Sicher: Der Erfolg wird sich nicht gleich am nächsten Tag einstellen. Aber auch hier zahlt sich **Beharrlichkeit** aus.

Die Hochsprache ermöglicht Ihnen **leichteren Kontakt** mit Menschen aus anderen Gegenden Deutschlands. Ihre **Selbstsicherheit** wächst.

Wenn Sie z.B. aus Hessen kommen, werden Sie bei Reden in Ihrer Heimat stärker im Dialekt bleiben. Aber Sie werden auch so reden können, daß Sie Zuhörer aus Schleswig-Holstein verstehen.

Sieben Praxistips

1. Achten Sie darauf, nicht zu hoch zu sprechen. „Pieps"-Stimmen wirken wenig überzeugend. Je dunkler und tiefer, desto angenehmer und glaubwürdiger wirkt Ihre Stimme.

2. Was das Ohr beleidigt, findet keinen Einlaß in die Seele. Verbessern Sie deshalb die Resonanz Ihrer Stimme! Je resonanzreicher nämlich Ihre Stimme ist, desto wärmer klingt sie.

3. Sprechen Sie sauber und klar. Eine schlampige Aussprache zeugt von wenig Selbstdisziplin. Je deutlicher Sie sprechen, desto leichter fällt Ihren Zuhörern das Verstehen.

4. Der Ton macht die Musik! An Ihrer Stimme erkennen Ihre Gesprächspartner und Zuhörer, in welcher Stimmung Sie sind. Vermeiden Sie deshalb monotones Sprechen. Versuchen Sie durch die Modulation Ihrer Stimme so viel Abwechslung wie möglich zu erzeugen.

5. Achten Sie auf die richtige Phonzahl, d.h. kontrollieren Sie Ihre Lautstärke. Ihr Vortrag darf keine Lärmattacke auf das Trommelfell sein. Wer schreit, hat meistens unrecht. Verändern Sie deshalb die Lautstärke je nach Bedeutung der Aussage. Leises Sprechen erzeugt Spannung.

6. Vermeiden Sie zu schnelles Reden. Meist verbirgt sich Nervosität und Unsicherheit dahinter! Ihre Wortflut erschlägt Ihre Zuhörer. Aber Vorsicht: Auch zu langsames Reden kann ermüden. Deshalb: Wechseln Sie das Sprechtempo. Scheuen Sie sich vor allem nicht, wirkungsvolle Sprechpausen einzulegen.

7. Ihre Sprache darf dialektgefärbt sein. Ob leicht oder stark, hängt ganz von Ihrem Publikum ab. Eine keimfreie, farblos glatte Paradesprache ist nicht gefragt.

Überlasse Dein Glück nicht dem Zufall. Verursache Deinen Erfolg selbst.

Den Redeerfolg planen

Es fällt kein Meister vom Himmel

Ein Zauberkünstler führte am Hofe des Sultans seine Kunst vor und begeisterte seine Zuschauer. Der Sultan selber war außer sich vor Bewunderung:

„Gott, stehe mir bei, welch ein Wunder, welch ein Genie!"

Sein Wesir aber gab zu bedenken:

„Hoheit, kein Meister fällt vom Himmel. Die Kunst des Zauberers ist die Folge seines Fleißes und seiner Übungen."

Der Sultan runzelte die Stirn.

„Du undankbarer Mensch! Wie kannst du behaupten, daß solche Fertigkeiten durch Übung kommen? Es ist wie ich sage: Entweder man hat das Talent oder man hat es nicht. Du hast es jedenfalls nicht, ab mit dir in den Kerker. Dort kannst du über meine Worte nachdenken. Damit du nicht so einsam bist und du deinesgleichen um dich hast, bekommst du ein Kalb als Kerkergenossen."

Vom ersten Tag seiner Kerkerzeit an übte der Wesir nun, das Kalb hochzuheben, und trug es jeden Tag über die Treppen seines Kerkerturmes. Die Monate vergingen dabei.

Eines Tages erinnerte sich der Sultan an seinen Gefangenen. Er ließ ihn zu sich holen. Bei seinem Anblick aber überwältigte ihn das Staunen:

„Gott, stehe mir bei, welch ein Wunder, welch ein Genie!"

Der Wesir, der mit ausgestreckten Armen einen Stier trug, antwortete mit den gleichen Worten wie damals:

„Hoheit, kein Meister fällt vom Himmel. Meine Kraft ist die Folge meines Fleißes und meiner Übung."

Wenn wir die Leistung anderer bewundern, sind wir oft versucht zu sagen: der hat halt Talent. Doch Vorsicht! Auch Talente müssen meist hart an sich arbeiten. Wir erfahren nur nichts davon. Außerdem: Können Sie sich über einen Erfolg so richtig freuen, wenn er Ihnen in den Schoß gefallen ist? Der Schauspieler Peter Ustinov meint:

„Am schönsten ist der Erfolg, der nicht so willig kommt wie eine zahme Hauskatze, sondern den man zwingen und beherrschen lernen muß wie ein wildes Pferd."

Das gilt auch für Ihren Redeerfolg.

Ohne Vorbereitung kein Ergebnis

Auf einem Kongreß wurde ein Schriftsteller gebeten, eine kurze Ansprache zu halten. *„Bedauere"*, sagte er, *„wenn ich zehn Minuten sprechen soll, muß ich das zwei Wochen vorher wissen." „Wie lange brauchen Sie denn zur Vorbereitung, wenn Sie eine Stunde sprechen sollen?"* fragte man ihn verwundert. *„Drei Tage." „Und wenn die Rede drei Stunden dauern soll?" „Dann kann ich sofort beginnen."*

Hand aufs Herz: Würden Sie sich zu einem Tennisturnier anmelden, wenn Sie wüßten, daß Ihre Kondition nur für **einen** Satz reicht?

Würden Sie an einem Marathon-Lauf teilnehmen, wenn Sie befürchten müßten, daß Ihnen bereits nach einer halben Stunde die Zunge heraushängt?

Würden Sie auf das Geratewohl in den Urlaub fahren, ohne für die „wertvollsten Wochen des Jahres" **sorgfältigste Vorbereitungen** zu treffen?

Weil sie sich nicht vorbereitet haben, erleben viele Menschen immer wieder Enttäuschungen. Dies gilt besonders für das

Den Redeerfolg planen

Reden. Ist Ihnen klar, daß eine Rede, die sich vom Durchschnitt abheben soll, überdurchschnittlich gut vorbereitet sein muß?

Von vielen bedeutenden Rednern wissen wir, wie intensiv sie jede einzelne Rede vorbereiteten.

Churchill arbeitete seine großen parlamentarischen Reden bis ins kleinste Detail aus. Die wichtigsten Partien lernte er auswendig.

Roosevelt arbeitete besonders lang an seiner berühmt gewordenen Rede über die Behebung der Wirtschaftskrise. Einen Entwurf nach dem anderen verwarf er. Den endgültigen Entwurf las er dann noch einem Anstreicher des Weißen Hauses vor. *„Wenn Sie etwas nicht verstehen, unterbrechen Sie mich"*, bat er ihn. Der Mann unterbrach die Rede an drei Stellen. Prompt korrigierte der Präsident die jeweilige Formulierung.

Auch Präsident **Kennedy** überließ nichts dem Zufall. Ein besonders beeindruckendes Beispiel für sorgfältige Vorbereitung bietet seine Antrittsrede. Sein langjähriger Mitarbeiter **Schlesinger** schreibt darüber: *„Keine Kennedy-Rede wurde so oft umgeschrieben wie diese. Jeder Absatz und jeder Satz wurden immer wieder neu formuliert, überarbeitet und gekürzt."*

Im folgenden Kapitel werden Sie erfahren, wie Sie eine Rede vorbereiten können, um sie zu einem **Bombenerfolg** zu machen.

Wichtige Grundregeln

Grundregel Nr. 1:

Bereiten Sie sich rechtzeitig vor

„Man kann sich einen guten Namen nicht aufgrund der Dinge schaffen, die man sich vornimmt zu tun."

Henry Ford

Es gibt eine Krankheit, die ist unheimlich weit verbreitet. Ich hoffe, ihr Bazillus hat nicht auch schon Sie befallen: die **„Aufschieberitis"**.

„Hinausschieben", „Hinausschieberei", „Aufschieberitis", Sie können diese Krankheit nennen wie Sie wollen, die Wirkung ist in jedem Fall die gleiche: **Es ist, als sei man in Treibsand geraten. Je länger man wartet, je länger man den ersten Schritt hinausschiebt, desto tiefer sinkt man ein.**

- Ich bin noch nicht dazugekommen...

- Ich mache mich dran, sowie ich Zeit finde...

- Ich habe gerade etwas anderes vor...

Kommen Ihnen diese Redewendungen bekannt vor?

Bitte erkennen Sie, was das für eine **Barriere** ist auf dem Weg zu Ihrem Redeerfolg, wenn Sie die Vorbereitung immer wieder hinauszögern. Sie geraten immer mehr unter **Zeitdruck.** Gedanken und Ideen aber kann man nicht im Zeittakt des Fließbandes produzieren. **Die Rede muß langsam in Ihnen wachsen. Nietzsche** hat das treffend ausgedrückt:

„Wer viel einst zu verkünden hat, schweigt viel in sich hinein. Wer einst den Blitz zu zünden hat, muß lange Wolke sein."

Den Redeerfolg planen

Wenn Sie rechtzeitig mit dem Vorbereiten beginnen, werden Sie etwas seltsames erleben: Sie werden kein Buch, keine Zeitung, keine Zeitschrift lesen, Sie werden keinen Film anschauen, keine Rundfunksendung hören, ohne daß in Ihrem Gehirn permanent gleichsam ein rotes Lämpchen brennt, das Ihnen signalisiert: **Ist hier irgend etwas dabei, was du für deinen Vortrag verwenden kannst?** So werden Sie geradezu mühelos Stoff sammeln. **Sie gehen gewissermaßen mit dem Thema „schwanger".**

Grundregel Nr. 2:

Bereiten Sie sich systematisch vor

Zum systematischen Vorbereiten gehört vor allem eine überlegte Anordnung der einzelnen Arbeitsgänge. Wichtig ist: Einen Schritt nach dem anderen tun und auf keinen Fall einen Schritt auslassen.

Systematisch vorbereiten heißt: Generalstabsmäßig planen, dem Feldherrn gleich vor der Entscheidungsschlacht.

Systematisch vorbereiten heißt: Punkt für Punkt durchchecken, dem Techniker gleich, der den Countdown vor dem Raketenstart überwacht.

Systematisch vorbereiten heißt: Auf Nummer sicher gehen, dem Hochseilartisten gleich, den das Netz unter der Zirkuskuppel vor dem tödlichen Absturz bewahrt.

Systemformel für die Vorbereitung: Z-A-U-M

So wie der Reiter sein ungestümes Pferd mit dem **Zaumzeug** leichter bändigt, bändigen auch Sie die ungestüme Vielfalt Ihrer Gedanken, Ideen und Vorstellungen, wenn Sie beim Vorbereiten Ihrer Reden mit der Systemformel **Z-A-U-M** arbeiten.

ZIEL Sie überlegen: Was will ich mit meinem Vortrag überhaupt erreichen?

ADRESSE Sie überlegen: Wer sind meine Zuhörer? Wen will ich mit meinem Wort erreichen?

UMFELD Sie überlegen: Wie sieht das Kommunikationsumfeld aus, der Ort also, an dem ich rede?

MITTEL Sie überlegen: Welche Mittel kann ich einsetzen? Wie schaffe ich den Weg vom ersten Arbeitstitel bis zum fertigen Manuskript?

Systemformel „Z-A-U-M":

1. Bestimmen Sie zuerst Ihr Ziel

> *„Wenn man nicht genau weiß, wohin man geht, kann es einem passieren, daß man ganz woanders ankommt."*
>
> *Robert F. Mager*

Ich erinnere mich noch gut an eine Vorlesung, bei der der Professor unsere Aufmerksamkeit plötzlich stark fesselte: *„Viele Durchschnittsmenschen, meine Damen und Herren, versagen deshalb, weil sie es nicht gelernt haben, ihre Kräfte zu beherrschen und zu sammeln. Sehen Sie sich dieses Blatt Papier in meiner Hand an. Die Sonnenstrahlen fallen durch das Fenster von draußen darauf. Aber sie haben so gut wie keine Wirkung. Wenn ich die Strahlen jedoch mit Hilfe dieses Brennglases in einem Punkt vereinige, verursachen sie eine starke Hitze. Sehen Sie den Rauch? In kürzester Zeit wird die Hitze ein Loch in das Papier brennen."*

Dann wies uns der Professor darauf hin, daß nur der Mensch erfolgreich ist, der es versteht, seine **zersplitterten Kräfte** in einem **Brennpunkt** zu vereinigen.

Auf die Vorbereitung Ihrer Rede übertragen, bedeutet das: Konzentrieren Sie den Inhalt Ihres Vortrages brennpunktartig in einem einzigen **Zielsatz**. Fragen Sie sich:

- **Was ist mein Hauptziel?**

- **Was will ich erreichen?**

- **Worauf will ich hinaus?**

Bitte erkennen Sie: Es ist völlig sinnlos, weitere Schritte zur Vorbereitung zu unternehmen, solange Sie die Frage nach Ihrem **Ziel** nicht **eindeutig** beantwortet haben.

Praxistip: Nehmen Sie sich nicht **zuviel auf einmal** vor, setzen Sie sich erreichbare Ziele. Stellen Sie sich deshalb stets die Frage: *„Was ist machbar? Was kann ich in der verfügbaren Zeit überhaupt erreichen?"*

Systemformel „Z-A-U-M":

2. Machen Sie sich Gedanken über Ihre Adressaten

„Das Vorbereiten einer Rede ist eine sehr einsame Tätigkeit: ganz auf sich allein gestellt, muß der Redner versuchen, das schrecklich leere weiße Blatt mit sinnvollen Sätzen zu füllen."

Was für ein dummes Vorurteil! Gerade beim Schreiben Ihrer Rede nämlich sind Sie sehr intensiv in „Gesellschaft" - in der Ihrer Zuhörer, die Ihnen bereits über die Schulter gucken und jedes Ihrer Worte sofort begutachten. Mit anderen Worten:

Sie bereiten sich erst dann wirksam vor, wenn Sie beim Erstellen Ihres Manuskriptes sich bei jedem Wort vorstellen können, was Ihre Zuhörer davon halten werden.

Das heißt nun nicht etwa, daß Sie dauernd auf deren Zustimmung hin arbeiten sollten. Im Gegenteil: oft ist es noch wichtiger, die Zuhörer zum **Widerspruch** herauszufordern.

Rufen Sie eine Zuhörerkonferenz ein!

Am besten gehen Sie bei der Auswahl Ihrer imaginären Zuhörer ganz **demokratisch** vor. Sie überlegen sich: Mit welchen Interessengruppen habe ich zu tun? Aus jeder Gruppe wählen Sie dann einen Vertreter aus, den Sie persönlich kennen.

Sobald Sie diese Vertreter zusammen haben, setzen Sie sich - weiter in der Phantasie - mit ihnen an einen **runden Tisch, stellen** Ihr Problem oder Thema (über das Sie reden wollen) vor und lassen die anderen so lange und so viel dazu sagen, wie ihnen einfällt. **Bis Sie ziemlich sicher sind, daß jeder seinen Teil beigetragen hat.**

Ich gebe zu: Das ist (besonders die ersten Male) ein sehr **anstrengendes Gedankenspiel.** Aber so ein Gedankenspiel hat den Vorteil, daß es weit schneller abläuft als eine echte Diskussion mit den von Ihnen ausgewählten Vertretern. Vor allem aber haben Sie nun eine recht **genaue Vorstellung** davon, was Ihre Zuhörer sagen würden, wenn Sie Ihnen beim Vorbereiten wirklich über die Schulter gucken könnten.

Anregungen von Bismarck

Bismarck galt als guter und vor allem sehr schlagfertiger Redner. Wollen Sie das **Geheimnis seiner Schlagfertigkeit** kennenlernen?

Bevor er in den Reichstag ging, hat er sich erst einmal zu Hause hingesetzt, hat eine schriftliche Ausarbeitung gemacht und schrieb dann in dicken fetten Buchstaben darüber: *„Was wünscht sich zur Zeit die Opposition?"* Tagelang hat er sich dann überlegt, **was sich die Opposition zur Zeit wünscht.** Als er damit fertig war, machte er eine zweite schriftliche Ausarbeitung und darüber schrieb er: *„Was wirft mir die Opposition zur Zeit vor?"* Und dabei war er noch genauer, noch pendibler. Tagelang schrieb er auf, **was ihm die Opposition wohl alles vorzuwerfen habe.** Am Tage der Debatte saß er dann seelenruhig in seinem Stuhl und hörte den Reden der Opposition zu. Dann stand er auf. Und konterte. **Und wie er konterte.** Alle staunten über seine Schlagfertigkeit. Dabei war **Bismarck** gar nicht so schlagfertig. Warum konnte er in dieser besonderen Situation so gut kontern? **Weil er sich vorbereitet hatte. Weil er sich genau überlegt hatte: Wer sind meine Zuhörer?**

Ich stelle in meinen Seminaren gerne die Frage: *„Was darf man in einem Vortrag keinesfalls aus dem Auge verlieren?"* Meistens kommt dann die Antwort: *„Das Thema."* Sie hätten doch, lieber Leser, hoffentlich nicht genauso geantwortet? Denn natürlich ist die Antwort falsch. Nicht das **Thema** muß für Sie das wichtigste sein, sondern die **Zuhörer**! Ja, Sie haben richtig gelesen. **Der Zuhörer ist die Schlüsselfigur Ihrer Rede. Er** ist es, dessen Gedanken Sie mit Ihrem Vortrag verändern wollen. **Er** ist es, dem Sie zu neuen Einsichten verhelfen wollen. **Er** ist es, den Sie zu einem anderen Verhalten bewegen möchten. Ob Ihnen das gelingt, hängt ganz davon ab, **wie flexibel Sie sich auf ihn einstellen, wie Sie ihn ansprechen.**

Beispiel: Sie halten einen Diavortrag über Ihr Urlaubsland.

Vor einer Gruppe von **Campingfreunden** wird er völlig anders ausfallen als vor einer Versammlung von **Lehrern.**

Vor einem **Hausfrauenverein** werden Sie anders sprechen müssen als vor **Studenten** und **Schülern.**

Die **Naturfreunde** und **Wanderer** erwarten andere Informationen als die **historisch Interessierten.**

Der Schwerpunkt Ihrer Schilderungen (einschließlich der Auswahl der Dias) richtet sich also völlig nach der Zusammensetzung des Publikums. So kann es durchaus sein, daß Sie **dreimal** über das **gleiche Thema** reden und **dreimal** einen **anderen Vortrag** halten.

Checkliste

Die folgenden Fragen sollen Ihnen helfen, **adressatenorientiert** zu reden, d.h. sich optimal auf Ihre Zuhörer einzustellen.

- Welche berufliche und gesellschaftliche Position haben meine Zuhörer?

- Wie ist ihr Bildungsstand?

- Wie sieht die Altersstruktur aus?

- Was erwarten sie von mir?

- Mit welchen Vorurteilen muß ich rechnen?

- Wofür interessieren sie sich besonders?

- Welche Fachausdrücke und Fremdwörter darf ich ihnen zumuten?

- Was wissen sie schon?

- Gibt es einen Meinungsführer?

- Was könnten sie mich fragen?

- Was werden sie mir wohl vorwerfen?

- Wo haben wir Gemeinsamkeiten?

Versuchen Sie auf diese Fragen so viele Antworten wie möglich zu bekommen. Sie werden Ihnen - wie bei einem **Mosaik -** ein recht genaues Bild von Ihrem Publikum liefern. Wenn es dann am Tag der Rede vor Ihnen sitzt, haben Sie das Gefühl: Da sitzen lauter gute Bekannte.

Was meinen Sie, wie viele Reden ich in der Praxis schon gehört habe, die nach fast allen Regeln der Rhetorik aufgebaut waren und dennoch die Zuhörer kaltgelassen haben. Warum? **Weil der Redner nicht die Sprache seiner Zuhörer sprach. Weil er an ihren Interessen vorbeiredete. Weil er bei ihnen zuviel an Wissen voraussetzte.**

Und wie oft habe ich es schon erlebt, daß Redner bei einer Tagung wenige Minuten vor ihrem Auftritt den Veranstalter fragten: *„Was sind das eigentlich für Leute?"*

Von **Henry Ford** stammt der Satz: *„Bevor ich in einen Vortrag oder in eine Verhandlung gehe, verwende ich zwei Drittel meiner Vorbereitungszeit, um mich mit meinen Zuhörern zu beschäftigen und nur ein Drittel, um Stoff zu sammeln."*

Was aber tun, wenn Sie über Ihre Zuhörer vorher keine Informationen bekommen? Was tun, wenn Sie vor einem sehr **heterogenen** Zuhörerkreis sprechen, in dem jeder andere Interessen hat? Dann hilft nur eines: **Sie werden versuchen, einen allgemeinen Überblick zu geben, aus dem jeder irgend etwas für ihn Bedeutsames erfahren kann.**

Systemformel „Z-A-U-M":

3. Gestalten Sie ein optimales Rede-Umfeld

Kommunikation findet niemals im **leeren Raum** statt. **Sie ist immer in ein Umfeld eingebettet, durch das sie erheblich beeinflußt werden kann.**

Es ist von Bedeutung,

■ zu welcher Tageszeit Sie reden,

■ ob Sie als Gast oder Hausherr reden,

■ ob Ihnen der Raum fremd oder vertraut ist.

Die folgenden Überlegungen werden Ihnen helfen, die zahlreichen möglichen Einflüsse des Kommunikationsumfeldes besser einzuschätzen.

Der Ort

Beginnen Sie Ihre Überlegungen bereits mit der **Auswahl des Ortes,** an dem Sie Ihren Vortrag halten. Kommen die Zuhörer aus der Nähe oder müssen sie eine längere Anfahrt in Kauf nehmen? Sie können von einem Zuhörer wohl kaum eine **optimale Aufnahmebereitschaft** erwarten, wenn dieser - um rechtzeitig um 9.00 Uhr zu Beginn Ihrer Rede da zu sein - bereits um 03.00 Uhr von zu Hause abfahren muß. Vielleicht ärgert er sich, daß er so früh aufstehen mußte. Vielleicht hatte er kein richtiges Frühstück. Möglich ist auch, daß die Autobahn voll war, daß er keinen Parkplatz finden konnte.

Eine solche Ansammlung von Unannehmlichkeiten bewirkt bei vielen Menschen Desinteresse oder sogar Aggressivität. Sie brauchen dann oft eine Stunde oder gar mehr, um die psychische Streßsituation abzubauen, um „ganz da" zu sein.

Seien Sie sich deshalb bewußt: Schon geringfügige Äußerlichkeiten wie:

■ schlechte Anfahrtsmöglichkeiten

■ ein Hotel mit zweitrangigem Service

■ Parkplatzprobleme

■ eine unfreundliche Dame an der Rezeption

können auf Ihre Zuhörer eine **sehr negative Wirkung** haben.

Praxistip: Wenn Sie darauf Einfluß haben, legen Sie die Wahl des Ortes so, daß er möglichst **zentral** für alle zu erreichen ist. Den weiter entfernt Wohnenden empfehlen Sie eine Anreise am Vorabend und die Übernachtung am Ort.

Der Raum

Unterschätzen Sie nicht die **psychologische Wirkung** des Vortragsraumes auf die Zuhörer. Es ist sehr entscheidend, ob sich der Zuhörer in dem Raum und auf seinem Sitzplatz wohl fühlt oder nicht. Allein durch einen unbequemen Stuhl z.B. kann er seine zunächst positive Einstellung verlieren.

Was ist bei der Raumfrage noch wichtig? Dringen Sie unbedingt darauf, daß Sie **alle Zuhörer** und alle Zuhörer **Sie** sehen können. Am besten gelingt dies in einem Raum mit quadratischem oder rechteckigem Zuschnitt. Ein Raum, der diese Möglichkeit nicht bietet, ist für Ihre Rede **ungeeignet!** Ein langgestreckter, schmaler „Schlauch" z.B., kann den Tod Ihrer Rede bedeuten. Am einen Ende agieren Sie. Und was passiert am entgegengesetzten Ende? Dort entwickelt sich unweigerlich die **Opposition** derer, die den Redner nicht richtig sehen oder gar verstehen können. Außerdem haben sie leicht das Empfinden, sie seien weniger wert, unwichtig, überflüssig.

Störquellen im Raum

Ich bin oft erstaunt, wie **kindisch** sich auch Menschen in **gereiftem Alter** benehmen können, wie leicht auch sie sich von Nebensächlichkeiten und Störungen **ablenken** lassen:

- vom Zuhörer, der zu spät kommt
- vom Kellner, der die Getränkebestellung aufnimmt
- vom Nachbarn, dessen Feuerzeug nicht funktioniert.

Alle diese Störungen, so unbedeutend sie auch sind, scheinen plötzlich von höchstem Interesse zu sein. Bedauerlicherweise aber **multiplizieren** sich solche Störungen. Denn nicht nur der Zuhörer, der von der Störung betroffen ist, verliert die Konzentration, sondern stets auch einige Nächstsitzende, die sich ebenfalls mit ablenken lassen. **Nur zehn Sekunden Ablenkung aber lassen den einzelnen Zuhörer manchmal minutenlang nicht mehr den gedanklichen Anschluß finden.**

Drei Störfaktoren kommen in der Praxis besonders häufig vor: das Telefon, das Rauchen und die Getränke.

a) Das Handy

Ich warne Sie eindringlichst: **Ein eingeschaltetes Handy hat in einem Vortragssaal nichts zu suchen!** Bitten Sie vorher oder bereits in der Einladung um Verständnis, daß der Gebrauch von Handys nicht gestattet werden kann.

Bitte glauben Sie mir:

■ **das Läuten des Telefons,**

■ **der Teilnehmer, der halblaut sein Gespräch abwickelt,**

bedeuten für Ihren Vortrag eine massive Störung. Der Schaden ist meist irreparabel.

Lassen Sie es deshalb auch nicht zu, daß einzelne Zuhörer wegen eines Anrufes nach draußen gerufen werden. Ich habe es schon erlebt, daß Zuhörer, die ihre Wichtigkeit und Unentbehrlichkeit vor den anderen dokumentieren wollten, sich geplant herausrufen ließen.

Praxistip: Sorgen Sie dafür, daß wichtige Telefongespräche notiert werden und der betreffende Zuhörer in der Pause oder am Ende des Vortrages verständigt wird. Das gleiche gilt auch für Faxe.

b) Das Rauchen

Das Rauchen wird heute bei den meisten Vorträgen oder Konferenzen immer weniger zum Streitfall. Es sind die **Ausnahmen,** die ein Rauchverbot während eines Vortrages nicht akzeptieren. Die meisten sehen ein, daß der Rauch den Sauerstoffgehalt der Luft verringert und damit die **Konzentrationsfähigkeit entscheidend schwächt.**

Praxistip: Stellen Sie von vornherein keine Aschenbecher auf. Dauert Ihr Vortrag länger als eine Stunde, kündigen Sie an, daß Sie nach 50 Minuten eine kurze Raucherpause einlegen werden. Wenn Sie dies ein wenig nett und humorvoll sagen, sind die meisten Raucher (und Nichtraucher) einverstanden.

c) Die Getränke

Stellen Sie sich vor, Sie sitzen am Tisch, vor Ihnen Flaschen, Gläser und Öffner und hören gespannt dem Redner zu. Da bittet Sie Ihr Nachbar um den Öffner. Sie reichen ihn hin, er bedankt sich, öffnet geräuschvoll die Flasche, schenkt sich ein, spritzt dabei, verschüttet ein paar Tropfen. Sie müssen schon ein einziges **Konzentrationsbündel** sein, wenn Sie trotz all dieser Manipulationen nicht abgelenkt werden.

Praxistip: Lassen Sie einen kleinen Tisch mit allem Nötigen in der Ecke des Raumes aufstellen, damit sich jeder Zuhörer schon vorher oder in der Pause bedienen kann. Das gefüllte Glas darf er dann ruhig mit auf seinen Platz nehmen.

Eine **ärgerliche Störquelle** ist auch der Kellner, der während Ihres Vortrages die Getränke aufnimmt. **Auch dies gehört zur Vorbereitung:** dem Kellner genau zu sagen, wann er die Bestellung aufzunehmen hat, wann die Pausen stattfinden, wann gegebenenfalls die Speisekarte zur Vorbestellung des Mittagessens gebracht werden soll.

Praxistip:
Bitten Sie Ihre Zuhörer, sie möchten Ihre Bestellungen vor Beginn Ihres Vortrages aufgeben. Warten Sie dann lieber einige Minuten mit dem Anfangen, bis die Getränke serviert sind und der Kellner den Raum wieder verlassen hat.

Die Raumtemperatur

In einem kalten Raum fühlt sich niemand wohl. Ihre Zuhörer denken nur noch an die Gefahr, einen Schnupfen davonzutragen. Untersuchungen haben ergeben, daß die **optimale Raumtemperatur** sich zwischen **18 und 20 Grad Celsius** bewegt. Viele der Eintretenden werden diese Temperatur als frisch empfinden. Das soll Sie nicht stören! Denn durch die Ausdünstungen der Körper wird sich diese Anfangstemperatur nach wenigen Minuten erhöhen.

Auch zu warme Räume sind Gift für die Konzentration. Ich mußte vor kurzem einmal als Zuhörer bei einem Vortrag eine ganze Stunde lang mit dem Rücken vor der nicht abzustellenden Heizung sitzen. Können Sie sich vorstellen, wie schläfrig ich wurde?

Praxistip: Prüfen Sie vor Ihrer Rede die Raumtemperatur. Geizen Sie nicht mit Pausen, in denen Sie lüften und die Temperatur regeln können.

Lüftungsmöglichkeiten

Sie haben an anderer Stelle dieses Buches erfahren, daß unser Gehirn ein enormer Sauerstoff-Fresser ist. **Je höher die Konzentration, desto größer der Sauerstoffverbrauch.** Achten Sie daher auf die **Lüftungsmöglichkeiten** des Raumes. Sind die Fenster zu öffnen? Ist der Ventilator zu schwach oder zu laut?

Den Redeerfolg planen

Funktioniert die Klimaanlage? Bitte seien Sie sich darüber im klaren, daß Luft und Temperatur im wahrsten Sinn des Wortes zum Klima Ihres Vortrages beitragen.

Störquellen von Außen

„Vortrag, bitte nicht stören!" Lassen Sie ein solches Schild gut sichtbar an der Eingangstür außen anbringen. Denn laute Unterhaltungen auf dem Gang, Türenschlagen, Staubsaugen auf dem Korridor und Straßenlärm machen Ihren Zuhörern unnötig das Leben schwer.

Die Beleuchtung

Zu grelle Lampen strengen das Auge an und ermüden. Dies gilt auch für eine **zu schwache Beleuchtung.** Sie hat den weiteren Nachteil, daß man sich nur schwer Notizen machen kann.

Zuhörer, die einem durch Sonnenschein hellen Fenster gegenüber sitzen, sind nach einer Viertelstunde schon physisch so überfordert, daß sie Ihrer Rede nicht mehr folgen können. **Sprechen Sie deshalb nie mit einer Fensterfront im Rücken!**

Die Sitzgelegenheiten

Können Sie sich auf einem harten, unbequemen Stuhl sitzend längere Zeit gut konzentrieren? Ihre Zuhörer auch nicht. Nach 20 Minuten schon sind ihre Gedanken mehr bei ihrem **schmerzenden Gesäß** als bei Ihren erlauchten Worten.

Wenig ideal sind aber auch tiefe und weiche Sessel. Sie eignen sich zwar gut zum **Entspannen,** weniger aber, um einem Vortrag **gespannt** zuzuhören.

Mögen Sie Plastikstühle, die Ihnen auf der Haut kleben? Oder Stühle im spanischen Stil, deren steile Lehnen Ihr Rückgrat foltern?

Sie werden sicherlich nur selten auf die Bestuhlung Einfluß nehmen können. Nichts aber hindert Sie, mit Ihren Zuhörern etwas **Erbarmen** zu haben, indem Sie ihnen zur Lockerung ihrer steifen Muskeln **Pausen** gönnen.

Vielleicht ringen Sie sich gar zu dem heroischen Entschluß durch, angesichts besonders widriger Umstände Ihren Vortrag **abzukürzen?**

Die technische Einrichtung

An „Kleinigkeiten" sind schon zahllose Redner gescheitert:

- **weil die Mikrofonanlage ausfiel**

- **weil keine Ersatzlampe für den Tageslichtprojektor da war**

- **weil die Filzstifte für das Flipchart eingetrocknet waren**

- **weil der Strom ausfiel und der Sicherungskasten nicht gefunden werden konnte usw.**

Ich rate Ihnen deshalb dringend: **Checken Sie unmittelbar, bevor die ersten Zuhörer kommen, die technische Einrichtung noch einmal gründlich durch.** Ich habe es erst vor kurzem erlebt, daß einen halben Tag vor meinem Vortrag eine Steckdose noch Strom führte, als ich dann aber während meines Vortrages den Projektor einschalten wollte, war sie „tot".

Der Zeitpunkt

Wenn Sie möchten, daß Ihnen Ihre Zuhörer **auf dem Gipfel ihrer physischen Leistungsbereitschaft** folgen, lebendig bei der Sache sind, sich aktiv an der Diskussion beteiligen, dann wählen Sie die **günstigen Vormittagsstunden.** Die meisten Menschen befinden sich in dieser Zeit auf dem Höhepunkt ihrer Leistungsfähigkeit.

Ein ganz ungünstiger Zeitpunkt ist die Stunde nach dem Mittagessen. Sie eignet sich höchstens für Diskussionen oder Gruppenarbeiten, nicht aber für einen Vortrag.

Systemformel „Z-A-U-M":

4. Die Mittel: Vom Arbeitstitel bis zum fertigen Manuskript

In der Praxis hat es sich bewährt, wenn Sie beim Einsatz der Mittel in folgenden **zehn Schritten** vorgehen:

Die Mittel:

Schritt 1: Wählen Sie einen Arbeitstitel

Der Titel Ihres Vortrages macht Ihre Zuhörer neugierig. Je schlagkräftiger er ist, desto größer die **Köderwirkung.** Macht Sie die Schlagzeile in der Zeitung nicht auch neugierig? Einen guten Titel zu finden, ist aber gar nicht so einfach. Besonders, wenn man noch nicht viel Stoff hat. Deshalb wählen Sie vorerst nur einen **Arbeitstitel.** Warum sich auch jetzt schon in das „Prokrustesbett" eines fertigen Titels spannen lassen?

Die Mittel:

Schritt 2: Erste Stoffsammlung

Bei der ersten Stoffsammlung gehen Sie genauso vor wie der Anfänger beim Briefmarkensammeln: Sie sammeln alles, was Ihnen in die Finger kommt. **Alles.** Werfen Sie nichts weg! Wer weiß, ob Sie es später nicht doch brauchen können?

Wie sammelt man nun Stoff? **Drei Möglichkeiten** bieten sich Ihnen an:

- **Sammeln Sie eigene Gedanken und Ideen**
- **Informieren Sie sich in der einschlägigen Literatur**
- **Führen Sie Gespräche.**

Im einzelnen sieht das so aus:

Sammeln Sie eigene Gedanken und Ideen. Ideen und Gedanken **kommen** wann sie wollen: In der Straßenbahn, im Auto, beim Fernsehen. Sie **gehen** auch wann sie wollen. Es sei denn, Sie hindern sie am Gehen, indem Sie sie festhalten. **Womit?** Mit einem Stichwort. **Wo?** Auf dem Notizzettel. Im Terminkalender. Auf dem Diktiergerät. Im Notebook.

Wie viele tolle Ideen sind bei Ihnen schon auf Nimmerwiedersehen verschwunden, weil Sie gerade nichts zum Festhalten da hatten? Gewöhnen Sie sich deshalb an, stets Papier und Bleistift griffbereit zu haben. Ich habe mir angewöhnt, nicht in's Auto zu steigen, ohne daß auf dem Nebensitz mein Dictaphone bereit liegt, um einen guten Gedanken sofort festzunageln. Merkwürdig, wie viele Ideen mir gerade bei langen Autobahnfahrten kommen! Der geringe Kaufpreis für das Gerät hat sich längst gelohnt.

Büttenpapier ist keineswegs unabdingbare Voraussetzung für sphärische Gedankenflüge. Schon manche erfolgträchtige

Idee wurde - ortsgebunden - auf profanem Toilettenpapier konzipiert.

Informieren Sie sich in der einschlägigen Literatur. Ein Redner, der sein Wissen **nur aus Büchern** bezieht, kann nie eine zündende Rede halten. Und doch können Bücher eine nützliche Hilfe sein. Wie schreibt der Engländer **Hamilton?**

„Es gibt kein noch so spezielles und ausgefallenes Thema, zu dem man nicht ein Buch fände, das Stoff dazu liefert.“

Recht hat er. Bücher dürfen aber nicht die einzige Quelle sein, aus der Sie Ihr Wissen beziehen. Informieren Sie sich deshalb auch in **Fachzeitschriften und Zeitungen.** Vor allem gute Zeitungen sind für Sie eine wahre Fundgrube. Schade, daß viele Berichte und Leitartikel den Tag ihres Erscheinens nicht überleben.

Wenn Sie nicht wissen, woher Sie sich Literatur beschaffen sollen, fragen Sie Fachleute oder Kenner der Materie. Auch in Bibliotheken können Sie sich beraten lassen.

Wichtig: Kennzeichnen Sie jeweils den Stoff, den Sie aus fremden Quellen entnommen haben. Es bereitet Ihnen später sonst Schwierigkeiten, eigene und fremde Gedanken auseinanderzuhalten.

Führen Sie Gespräche. Ist Ihnen das auch schon so ergangen? Sie beschäftigen sich schon seit längerem mit einem Problem. Eines Tages stellen Sie fest, daß Sie darüber unbedingt mit einem anderen Menschen reden müßten: Mit einem Freund, einem Bekannten, einem Fachmann. Kommt es dann tatsächlich zu dem Gespräch, gelangen Sie in relativ kurzer Zeit zu Erkenntnissen, auf die Sie vorher durch stundenlanges Nachdenken und Grübeln allein nicht gekommen sind.

Wie hilfreich das **laute Sprechen** beim Vorbereiten einer Rede ist, können Sie bei **Heinrich von Kleist** in seinem Aufsatz *„Über*

die allmähliche Verfertigung der Gedanken beim Reden" nachlesen. Kleist hat erkannt: **So wie beim Essen der Appetit
kommt, kommen die Gedanken beim Sprechen.**

Dieses **Sprechdenken** hat für Sie noch einen zweiten Vorteil: Es
verhindert von vornherein, daß eine Rede zur **Schreibe** wird.
Während Sie nämlich redend denken,

- dürfen Sie sich wiederholen,

- dürfen mehrmals neu ansetzen, sich verbessern,

- sich selbst widersprechen, kurz:

- jede Sünde gegen die Regeln der korrekten Sprache begehen.

**Sie ahmen also auf dem Papier den Ton der Rede nach. Sie
schreiben so, daß es gesprochen aussieht.**

Haben Sie nicht auch schon beobachtet, daß Gedanken **dann**
am spannendsten und überzeugendsten sind, wenn man ihre
allmähliche Entstehung spürt? Wenn man noch den **inneren
Druck** ahnen kann, der ihrer „Geburt" vorausging? Meistens
schreiben wir erst das **fertige Endprodukt** nieder, nicht aber
den **Weg**, der uns dorthin brachte. Müssen wir uns dann wundern, daß das Endprodukt meist zu „dick" ausfällt und schwer
verständlich ist?

Machen Sie sich bei solchen Gesprächen unbedingt Notizen!
Noch besser (und bequemer): Lassen Sie ein Diktiergerät mit-
laufen!

Die Mittel:

Schritt 3: Vorläufige Gliederung

**Bei uns herrscht Ordnung! Ein Griff, und schon beginnt die
Sucherei.** *Spruch in einer Registratur*

Wie sagt **Georg Thomalla:** *„Wer seine Sachen in Ordnung hält, ist bloß zu faul zu suchen."* Auch eine Einstellung! Wenn Sie dagegen **anderer Meinung** sind und **Zeit sparen** wollen, sollten Sie auf dieser Stufe Ihrer Vorbereitung Ihr Material **ordnen, vorläufig gliedern** und in eine bestimmte **Reihenfolge** bringen.

Die vorläufige Gliederung hat für Sie drei Vorteile:

1. **Sie gewinnen Übersicht**

2. **Sie können auswählen**

3. **Sie befreien sich von Ballast.**

Sie gewinnen nun einen Blick für das **Wesentliche.** Fragen Sie sich auch jetzt wieder: **Was ist mein Hauptziel,** was will ich erreichen? Werden Sie **kein Sklave von Belanglosigkeiten.** Machen Sie es dem Briefmarkensammler nach, der sich jetzt von weniger wertvollen Marken trennt, doppelte gegen andere eintauscht und sich auf bestimmte Gebiete spezialisiert.

Wenn Sie Ihr Thema **jetzt schon eingrenzen** und sich bei der Darstellung auf bestimmte Gesichtspunkte **spezialisieren,** sparen Sie bei der weiteren Vorbereitung Zeit.

> **„Gute Reden sind wie die Wasserspeier an alten Kathedralen: Man bestaunt den kunstvollen Strahl und vergißt dabei, daß es ganz gewöhnliches Wasser ist."**

Die Mittel:

Schritt 4: Materialergänzung und erste Ausarbeitung

Gehen Sie jetzt noch einmal Ihr erstes Gliederungskonzept durch. Sie werden wahrscheinlich **Lücken** entdecken, die Sie noch schließen müssen. Suchen Sie - mit Ihrem Gliederungskonzept im Kopf - noch einmal gezielt in Fachbüchern, Fachzeitschriften, bei Fachverbänden und Instituten nach dem fehlenden Material. Durchforschen Sie Ihr Leben nach persönlichen Erlebnissen, die Sie zu diesem Thema hatten.

Stellen Sie Zusammenhänge her. Fügen Sie Beispiele, Vergleiche, Anekdoten und kleine Geschichten ein.

Diskutieren und besprechen Sie Ihr Thema mit Kollegen und Bekannten. Fragen Sie sie gezielt um ihre Meinung.

Wie sagt **Otto Brahm:** *„Wat jestrichen is, kann nicht durchfallen."* Haben Sie Mut zu Kürzungen. **Wer sein Thema erschöpfend behandeln will, erschöpft nur seine Zuhörer.**

Achten Sie jetzt schon darauf, daß Sie die veranschlagte **Redezeit** einhalten können. Weil sie ihre Zeit nicht einhalten, **hasten** viele Redner dann zum Ende hin. **Ein schlechter Abgang!**

Ein junger Maler klagte einmal dem alten **Böcklin:** *„Wie soll ich nur zu etwas kommen? Ich male ein bis zwei Tage an so einem Bild und dann brauche ich ein bis zwei Jahre, bis einmal eines verkauft wird."* **Böcklin:** *„Versuchen Sie es doch einmal umgekehrt!"*

Die Mittel:

Schritt 5: Endgültige Gliederung

Sie bringen jetzt Ihr gesamtes Material in die **richtige Reihenfolge.** Ist die Gliederung sinnvoll? Entspricht der Umfang der einzelnen Gliederungspunkte ihrer Bedeutung? Leisten alle Gliederungspunkte einen Beitrag zum **Ziel** Ihres Vortrages?

Stellen Sie sich auch jetzt wieder Ihr Publikum vor. Was wollen Sie ihm sagen? Worauf wollen Sie hinaus?

Achten Sie auf Klarheit und leichte Verständlichkeit, auf den inneren Zusammenhang Ihrer Ideen und auf die folgerichtige, sinnvolle Gedankenentwicklung.

Moltke sagte 1870 zu seinen Offizieren: *„Ein Befehl, der mißverstanden werden kann, wird auch stets mißverstanden."* Dies trifft auch auf die Aussagen in Ihrer Rede zu.

Theodor Heuss achtete in dieser Stufe der Vorbereitung besonders auf Klarheit im Ausdruck. Alles, was ihm zu hochgestochen erschien, warf er raus. Er nannte diesen Vorgang **„Entheussen"**.

Ihr Vortrag ist jetzt inhaltlich abgeschlossen und gegliedert.

Die Mittel:

Schritt 6: Formulieren Sie einen schlagkräftigen Titel

Warum haben wir uns das Formulieren des Titels bis jetzt aufgehoben? Weil wir erst jetzt genau wissen, was die Rede enthält und wie sie aufgebaut ist. Es wird uns jetzt auch leichter fallen, den Titel mit **Blick auf den Zuhörer** zu formulieren. Vergessen Sie nicht: Der Titel soll **Köderwirkung** haben. Vorsicht aber: Er sollte nicht **marktschreierisch** sein und nicht zu hohe Erwartungen wecken.

Bevor Sie in der Vorbereitung jetzt weiter fortfahren, legen Sie Ihr Material am besten erst mal für eine Woche beiseite. Sie wissen doch: Sie müssen eine Zeitlang mit der Rede „leben". **Sie muß reifen.** Das heißt aber nicht, daß Sie während dieser **„Schwangerschaft"** unablässig an Ihren Vortrag denken. Ganz im Gegenteil: Denken Sie **nicht mehr** daran! **Gewinnen Sie Abstand!** Ihr Unterbewußtsein arbeitet während dieser Zeit allerdings weiter. Nicht selten kommen Ihnen deshalb jetzt noch spontane Einfälle.

Die Mittel:

Schritt 7: Endkontrolle

Ein Kunstfreund beobachtet **Michelangelo,** wie dieser hie und da an seinen Bildwerken Einzelheiten verbessert. Schließlich ruft der Besucher erstaunt aus: *„Alles was du da änderst, sind doch Kleinigkeiten!"* Der Künstler antwortet ihm: *„Sicherlich. Es sind nur Kleinigkeiten. Aber es sind immer Kleinigkeiten, die zur Vollendung führen. Und die Vollendung ist sicher keine Kleinigkeit."*

Dies trifft haargenau auf die Rede zu: **Vollenden heißt auch scheinbar kleine Einzelheiten verbessern.**

Nach einer Woche **kreativer Entspannung** nehmen Sie jetzt wieder Ihren Stapel Zettel oder Ihre Karteikarten zur Hand. Checken Sie Ihren Vortrag auf die folgenden Punkte hin durch:

- **Habe ich im „Eifer des Gefechtes" einem Tatbestand zu viel Gewicht beigemessen?**
- **Ist ein anderer dafür zu kurz gekommen?**
- **Treten die Kernsätze deutlich genug hervor?**
- **Ist ein roter Faden erkennbar?**
- **Ist der Vortrag logisch aufgebaut?**
- **Stimmen die Proportionen der einzelnen Abschnitte?**
- **Trifft der Vortrag die Interessen des Publikums?**
- **Ist die Beweisführung schlüssig?**
- **Stimmen die Übergänge?**

Sie werden bei der **Endkontrolle** feststellen, daß dies und jenes **doch noch** überflüssig oder nebensächlich ist. Streichen Sie es!

Wenn Sie schon sehr viel rhetorische Erfahrung haben oder Ihre Zeit extrem knapp ist, dürfen Sie den folgenden Schritt

Nr. 8 auslassen und den übernächsten tun. Haben Sie noch nicht so viel Routine, sollten Sie hier weiterlesen.

Die Mittel:

Schritt 8: Die wortwörtliche Ausformulierung

Sie schreiben Ihren Vortrag auf. **Wort für Wort.** Sie sprechen dabei **halblaut** vor sich hin. Warum? Weil Sie so am leichtesten über das **Papierdeutsch** hinwegkommen. Stellen Sie sich auch jetzt wieder vor, wie Ihnen Ihre imaginären Zuhörer beim Schreiben über die Schulter gucken und Sie unablässig mahnen: **Eine Rede ist keine Schreibe!**

Welche **Vorteile** hat das wortwörtliche Ausformulieren?

1. Beim Aufschreiben haben Sie genügend Zeit, nach dem treffenden Wort zu suchen. Sie verbessern so Ihren Redestil.

2. Durch die motorische Bewegung des Schreibens prägt sich der Stoff leichter ein.

3. Sie haben eine optimale Zeitkontrolle. Wenn Sie nämlich den wörtlichen Text im richtigen Sprechrhythmus zur Probe laut vorlesen, können Sie ziemlich genau die Zeit stoppen.

Sie haben Ihren Vortrag wortwörtlich aufgeschrieben. Ich kenne viele Redner aus Wirtschaft und Politik, **die gehen ab jetzt keinerlei Risiko mehr ein.** Sie nehmen das Manuskript mit an's Rednerpult und lesen ab. Was sie aber von sich geben, ist **keine lebendige Rede,** sondern eine **Vorlesung,** die ihre Zuhörer einschläfert. Doch was kümmert sie das? Die Hauptsache für sie ist, daß sie ihren Stoff an den Mann bringen. Kommen von den Zuhörern aber Zwischenrufe und Fragen, geraten sie arg in Bedrängnis. **Ihr wortwörtlich ausgearbeitetes Manuskript gestattet ihnen nicht, flexibel und spontan zu reagieren.** Gehen sie auf die Zwischenfrage ein, gerät ihr Konzept hoffnungslos durcheinander.

Was ist zu tun? Die Rede auswendig lernen? **Falsch.** Das Auswendiglernen hat viel zu viele **Nachteile.**

Vier wichtige Gründe gegen das Auswendiglernen

1. Wenn Sie etwas Geschriebenes auswendig vortragen, wird Ihr Tonfall automatisch unnatürlich. Unnatürlich wie beim Aufsagen eines Gedichtes. Ihre Zuhörer haben das Gefühl: Der spricht gekünstelt. Der läßt eine Platte ablaufen. Der meint das nicht wirklich so.

2. Bei längeren Texten benötigen Sie für das Auswendiglernen viel Zeit und Übung. Wer aber kann sich heute einen solchen Aufwand leisten?

3. Die Gefahr des Steckenbleibens ist groß! Auch wenn Sie Ihren Text gewissermaßen im Schlaf hersagen können, wird Sie das Lampenfieber oder eine Störung von Außen aus der Bahn werfen.

4. Ihre ganze Energie, Ihre gesamte Konzentration ist darauf ausgerichtet, um Himmels willen nicht steckenzubleiben. Diese Angst hindert Sie daran, Ihren Text mit innerem Engagement überzeugend vorzutragen. Sie bleiben flach und farblos.

Die Mittel:

Schritt 9: Die Manuskripterstellung

1. Das schriftliche Manuskript als Rettungsanker

Erinnern Sie sich noch? Was war das für eine Schinderei, als Sie in der Schule Gedichte auswendig lernen mußten. Sie paukten zu Hause bis zum Gehtnichtmehr. Mutter und Geschwister hörten Sie ab. Sie waren sicher: **Jetzt sitzt es.**

Was aber geschah in der entscheidenden Schulstunde? Im gleichen Moment, als Sie der Lehrer beim Namen aufrief, war alles verflogen. **Die Aufregung, die Angst zu versagen hatte zum Blackout geführt.**

Wenn Sie als Redner vor Ihrem Publikum stehen, befinden Sie sich in der gleichen **psychischen Erregung.** Was für ein Vorteil aber, den Sie jetzt dem Schüler gegenüber haben: **Sie dürfen - was er nicht durfte - einen Spickzettel** verwenden. Einen Spickzettel, den Sie nicht verschämt unter dem Tisch oder im Ärmel verstecken müssen. Sie dürfen ihn ganz offen und ohne daß Ihnen das jemand verübelt, zeigen.

Würden Sie es einem Hochseilartisten verübeln, wenn er hoch in der Zirkuskuppel zu seiner Sicherheit mit einem Netz arbeitet? Sicher nicht. Warum sollte er ein unnötiges Risiko eingehen?

Genauso wenig verübeln es Ihnen Ihre Zuhörer, wenn Sie mit einem Stichwortmanuskript arbeiten.

Praxistip: Auch wenn Sie der Meinung sind, kein Manuskript nötig zu haben, nehmen Sie einen Stichwortzettel mit an's Rednerpult. **Denn allein die Gewißheit, einen Rettungsanker dabei zu haben, hilft Ihnen, selbstsicherer zu werden.** Sie wissen genau: Mir kann eigentlich gar nichts passieren, auch wenn ich stecken bleibe. Mein Manuskript hilft mir weiter. Im umgekehrten Fall denken Sie im Unterbewußtsein: Hoffentlich geht alles gut. Die Gefahr, daß Sie jetzt tatsächlich steckenbleiben, wird riesengroß.

2. Der Handzettel

Nehmen Sie ihr wortwörtliches Manuskript zur Hand und lesen Sie den Text noch einmal durch. Dabei stellen Sie sich das Geschehen und den Inhalt möglichst **bildhaft** vor. Sie spielen

gewissermaßen Transformator, d.h. Sie übertragen das Geschriebene in einen **Film**, in ein **geistiges Kino.** Dadurch prägt sich das Geschriebene für Sie bereits oberflächlich ein. Sie lernen nicht aus-, sondern **inwendig.**

Nun lesen Sie den Text ein zweites Mal. Sie sind jetzt in der Lage zu entscheiden, was im Text von Bedeutung ist und was nicht. Das, was von wirklicher Bedeutung ist, übertragen Sie als **Sinnträger** auf Ihre Handzettel. Sinnträger sind - möglichst wenige - **Schlüsselworte,** die den Sinn des Textes tragen können. Sie müssen nicht wortwörtlich im Text enthalten sein.

Als Handzettel besorgen Sie sich Kärtchen in **Postkartengröße** (DIN A5 oder DIN A6). Bitte verwenden Sie kein normales Schreibmaschinenpapier. Es würde in Ihrer Hand zu leicht umknicken. Auf diese Kärtchen schreiben Sie nun Ihre Sinnträger. Bitte beachten Sie dabei folgende Regeln:

Regeln für das Erstellen eines Handzettels:

- **So groß, deutlich und übersichtlich wie möglich schreiben (Filzstift verwenden). Der Text muß auch bei schlechter Beleuchtung aus 50 cm Entfernung noch gut lesbar sein**

- **Nur Stichworte, keine ganzen Sätze (einzige Ausnahme: Zitate)**

- **Nur wenige Stichworte auf einen Handzettel**

- **Besonders wichtige Sinnträger unterstreichen oder farbig hervorheben**

- **Verbesserungen, Über- oder Zwischengeschriebenes nicht stehenlassen, sondern ein neues Kärtchen schreiben**

- **Die Kärtchen der Reihenfolge nach numerieren**

- Niemals ein Blatt auch noch auf der Rückseite beschriften

- Neben die Stichwörter gegebenenfalls Regieanweisungen für den Einsatz technischer Hilfsmittel schreiben.

Wie viele Stichwörter brauchen Sie? Das hängt davon ab, wie routiniert Sie bereits sind. **Auf jeden Fall so viel, daß der Gedankenfluß gesichert ist.** Als Anfänger notieren Sie zur Sicherheit lieber ein paar Stichwörter mehr.

Zeugen – Unruhe

alle Grenzen – Anlässe

● *manipulierte Rädchen*

● *Erfahrung der Alten*

● *Maßstäbe und Werte*

Sinn !!

Beispiel eines übersichtlichen Handzettels

3. Umgang mit dem Handzettel

Die Handzettelmethode eignet sich besonders gut für **kurze Reden** sowie für Vorträge, die **ohne Rednerpult** gehalten werden müssen.

Sie halten den Kärtchenstapel mit einer Hand in Nabelhöhe. Die andere bleibt frei für Gesten. **Gestikulieren Sie aber nicht mit den Handzetteln.** Das macht einen unruhigen Eindruck. Warum wedelt der denn dauernd so? fragen sich Ihre Zuhörer. Unsicher wirkt auch, wenn Sie sich an Ihrem Kärtchenstapel mit beiden Händen festhalten.

Während Sie jetzt reden, werfen Sie immer wieder einen Blick auf das zu oberst liegende Kärtchen. Wenn Sie bei der Beschriftung die vorhin genannten Regeln befolgt haben, wird Ihnen der benötigte Sinnträger sofort in's Auge springen. Wenn ein Handzettel erledigt ist, kommt er an das andere Ende des Stapels. Der nächste liegt obenauf.

Bitte vergewissern Sie sich immer wieder: Liegt der Handzettel, über den Sie gerade reden, auch wirklich obenauf? Wenn Sie nämlich vergessen umzublättern, weil Sie eine Zeitlang das Manuskript gar nicht nötig hatten, beginnt beim „Filmriß" dann die große Sucherei.

Praxistip:
Die Erfahrung zeigt, daß bei sorgfältiger Vorbereitungsarbeit die **erste Stichwortfassung** durch Streichungen und Zusätze oft **schwer lesbar** ist. Sie wollen aber auf dem Podium doch wohl nicht einem kurzsichtigen Apotheker gleichen, der mühsam das Rezept des Arztes entziffert?

Deshalb: Verfassen Sie ein zweites Stichwortkonzept, das eine optimale Lesbarkeit garantiert. Korrekturen sind hier nicht mehr erlaubt.

4. Die topische Gedächtnisstütze

Die topische Gedächtnisstütze, in unseren Seminaren „Ahnentafel" genannt, ist ein DIN A4-Blatt, das in fünf gleich große Kästchen unterteilt ist (siehe Muster S. 230). Jedes dieser Kästchen übernimmt nun die Funktion des Handzettels. Für das Beschriften gelten die gleichen Regeln wie für den Handzettel. Sie erkennen: Diese Form des Manuskripts ist übersichtlicher, als wenn Sie Ihre Stichworte nur untereinander schreiben. Durch das Umrahmen der Sinnträger schaffen Sie sich Blickfänge.

Dieses DIN A4-Blatt halten Sie nicht in der Hand, sondern legen es vor sich auf den Tisch oder das Rednerpult. Das hat für Sie den Vorteil, die Hände frei zu haben. Frei für die notwendigen Gesten. Die Ahnentafel hat gegenüber den Handzetteln den Vorteil, daß Sie nicht mehr so häufig umblättern müssen. Wenn jetzt eine Zwischenfrage kommt, können Sie noch reaktionsschneller antworten.

Reicht Ihnen eine Ahnentafel nicht aus, legen Sie eine zweite oder dritte an, je nach Länge des Vortrages. Bei einem mehrstündigen Referat wird vielleicht ein ganzer Stapel solcher topischer Gedächtnisstützen vor Ihnen auf dem Pult liegen. Wenn die eine erledigt ist, legen Sie sie beiseite und die nächste liegt obenauf.

5. Beispiel einer topischen Gedächtnisstütze

1 *Zeugen - Unruhe alle Grenzen - Anlässe*
- *manipulierte Rädchen*
- *Erfahrung der Alten*
- *Maßstäbe und Werte Sinn!!*

Thema:

Ort:

Adressaten:

Datum:

2

4

3

5

6. Mind-Map

Bei Mind-Map handelt es sich um eine **„Gedankenlandkarte"**, mit der der gesamte Redestoff in Form eines **Baumes** auf einem Blatt zusammengefaßt wird. Im **Hauptstamm** steht das Thema. Die **Seitenäste** beschreiben dann die Hauptaussagen. Zahlreiche **Zweige** mit Stichworten ergänzen die Hauptaussagen. Die bildhafte Darstellung erleichtert das Einprägen und bietet einen guten visuellen Überblick über den gesamten Redetext. Wenn Sie bisher schon damit gearbeitet haben und einige Übung darin besitzen, ist Mind-Map eine sehr brauchbare Gedächtnisstütze.*

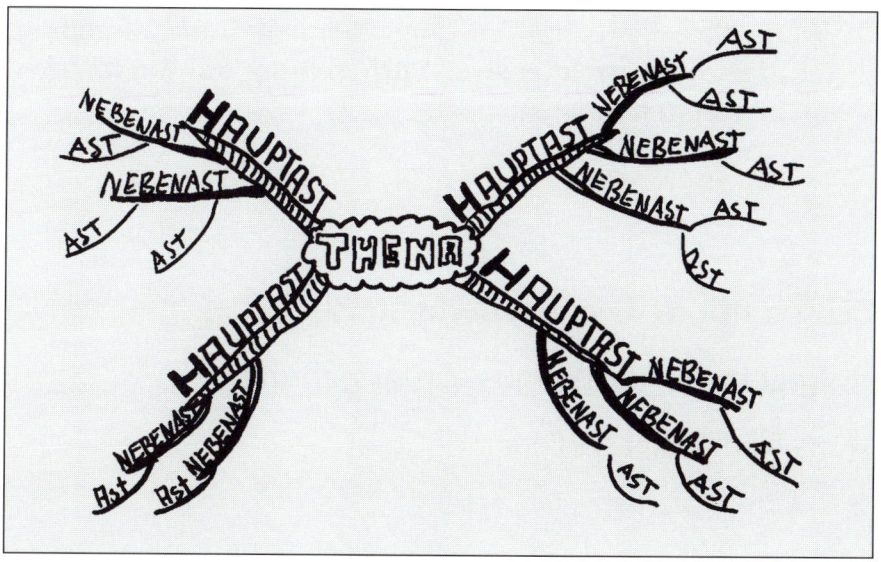

Mind Map mit Ästen und Schlüsselworten

* Hans-Jürgen Walter, Denk-Zeichnen, Josef Schmidt Verlag

7. Lesen mit schweifendem Blick

Bei der Technik des **„Lesens mit schweifendem Blick"** haben Sie den Redetext zwar wortwörtlich im Manuskript vor sich stehen, Sie lesen dieses Manuskript jedoch mit **vielmaligem Hochblicken** in's Publikum, so daß nicht der Eindruck entsteht, Sie lesen **tatsächlich** ab. Diese Technik müssen Sie allerdings intensiv üben. Sie ist außerdem in nur wenigen Fällen wirklich notwendig:

1. **Wenn es auf ganz bestimmte Formulierungen, auf jedes Wort, ja sogar auf jede Betonung ankommt**

2. **Wenn ein Redner für einen anderen dessen Vortrag verlesen muß, weil dieser am Auftreten gehindert ist**

3. **Wenn Ihre Redeangst so ungewöhnlich stark ausgeprägt ist, daß Sie trotz intensiver Vorbereitung mit Stichworten nicht arbeiten können.**

„Lesen mit dem schweifendem Blick":

8. Regeln für die Manuskripterstellung

■ Papier in DIN A4-Format

■ Möglichst kurze Sätze bilden

■ Deutlich und groß genug schreiben

■ Zeilenabstand so groß wählen, daß die Augen in den Zeilen nicht „verrutschen"

■ Zeilenlänge nicht über die Blickspanne hinaus ausdehnen (individuell verschieden, testen!)

Den Redeerfolg planen

- Jeden Satz - oder gar schon Halbsatz mit einer neuen Zeile beginnen

- Stellen mit besonderer Betonung farbig kennzeichnen

- Pausen durch einen senkrechten Strich deutlich markieren

- Manuskriptblätter nur einseitig beschreiben

Wenden Sie jede nur denkbare optische Hilfe an. Schaffen Sie sich Blickfänge.

Das Muster Seite 234 zeigt Ihnen, wie man den Text einer kurzen Rede optimal lesbar aufschreibt. Für die Markierungszeichen gibt es keine allgemein gültigen Vorlagen. Schaffen Sie sich einen **Privat-Code.** Ihrer Erfindungsgabe sind keine Grenzen gesetzt, wenn Sie nur erreichen, **daß Sie möglichst wenig vom Blatt lesen und möglichst viel hochblicken.**

Das ist Ihnen sicherlich schon aufgefallen: Viele **Nachrichtensprecher** im Fernsehen praktizieren das **„Lesen mit schweifendem Blick."** Niemals sprechen sie einen längeren Text, ohne nicht in relativ kurzen Abständen in die Kamera, also in's Auge des Zuschauers zu blicken. So fühlen wir uns direkt angesprochen. Wir haben den Eindruck, der Sprecher sitzt unmittelbar vor uns.

„Lesen mit dem schweifendem Blick":

9. Beispiel für die Manuskripterstellung

Wir sind, meine Damen und Herren,
zu Zeugen geworden,

Zeugen einer erregenden Unruhe
der jungen Generation.

Diese Unruhe
ist inzwischen über alle Grenzen hinausgewachsen.
Überall sind die Anlässe zum Protest anders.

- In dem einen Land
ist das Aufbegehren von dem Gefühl getragen,
der einzelne könnte zum manipulierten Rädchen
einer alles beherrschenden Technisierung
unserer Welt werden.

- Im anderen
lehnt die Jugend es ab,
sich von den Erfahrungen der Alten leiten zu lassen,
die für sie Geschichte ist.

- Im dritten Land schließlich
sucht sie nach Maßstäben,
nach Werten,
die über Wohlstandskategorien hinausgehen.
Sie suchen nach dem Sinn des Lebens.

Den Redeerfolg planen

Neue Energie tanken

Die Frösche im Eimer

Zwei Frösche, die sehr Hunger litten, denn es war schon Herbst und die Fliegen waren rar, kamen in den Stall eines Bauernhofes. Sie entdeckten dort zu ihrer Freude zwei Eimer mit frisch gemolkener Milch. Es war niemand in der Nähe, also faßten sie sich ein Herz und sprangen mit einem hohen Satz in die nahrhafte Flüssigkeit, der eine in den linken, der andere in den rechten Eimer. Sie tranken nach Herzenslust, bis sie gesättigt waren.

Wie groß aber war ihr Schrecken, als sie sahen, daß es kein Entrinnen gab. Die glatte Wand des Eimers machte all ihre Bemühungen, wieder auf festen Boden zu kommen, zunichte.

Der Frosch im linken Eimer war erschöpft. In seiner Todesnot rief er dem Kollegen zu: *„Ich kann nicht mehr, es ist aus. Lebewohl."*

Der andere ermunterte ihn: *„Schwimm, so lange du kannst, nicht aufgeben!"*

Doch vergebliche Liebesmüh. Der Frosch im linken Eimer streckte mutlos alle viere von sich und mußte ertrinken.

Der Frosch im rechten Eimer dagegen ruderte und ruderte .

Am nächsten Morgen fand der Bauer im linken Eimer einen toten Frosch. Im rechten Eimer aber saß munter ein Frosch auf einem Klümpchen Butter.

Mit einem Riesensprung rettete er sich ins Freie.

# Den Redeerfolg planen

So wie dem ertrunkenen Frosch kann es an dieser Stelle Ihrer Vorbereitung auch Ihnen ergehen. Es kann passieren, daß Sie mutlos werden, einen regelrechten **Koller** bekommen und aufgeben wollen. Das ist ein Zustand, in dem Sie sich sagen:

> *„Das hat ja doch alles keinen Zweck."*

> *„Ich habe mir viel zu viel vorgenommen."*

> *„Das kann ich überhaupt nicht bewältigen."*

> *„Die Blamage wird vollkommen sein."*

Diesen Zustand - sollte er auftreten - müssen Sie durchstehen. Die folgenden **Koller-Killer** werden Ihnen dabei helfen:

Koller-Killer

■ **Identifizieren Sie sich mit dem Ziel, das Sie sich gesteckt haben, neu.** Stellen Sie es sich noch einmal klar vor Augen. Sagen Sie sich: *„Das ist mein Ziel. Da will ich hin. Da komme ich hin."* Ist es Zufall, daß 99% der Erfolgreichen sich aus ärmsten Verhältnissen emporgearbeitet haben? Ihr Streben nach dem **„Platz an der Sonne"** motivierte sie so stark, daß sie ein Hindernis nach dem anderen aus dem Weg räumten.

■ **Beginnen Sie nie etwas, wenn Sie schlechter Stimmung sind.** Mit guter Stimmung können Sie sich aufladen wie eine schwache Batterie an einem Akku. Schlechte Stimmung jedoch wirkt sich ungünstig auf die gesamte Hormonlage Ihres Körpers aus. In diesem Zustand eine wirklich gute Leistung zu vollbringen, ist fast unmöglich.

■ **Stellen Sie sich vor, wie schön es sein wird, wenn Sie Ihr Ziel erreicht haben.** Sie hören z.B. schon den kräftigen Applaus, den Sie für Ihre Rede erhalten. Sie sehen vor Ihrem geistigen Auge die Kollegen, die Ihnen für Ihre Leistung gratulieren, den Chef, der Ihnen anerkennend auf die Schulter klopft

usw. Diese lebhafte Vorstellung eines künftigen Erfolgserlebnisses wird Ihnen neue Kraft geben.

■ **Stellen Sie sich in aller Deutlichkeit vor, welchen Nutzen Sie haben werden, nachdem Sie den Vortrag geschafft haben.** Sie können etwas, was andere nicht können. Sie können anderen helfen. Man braucht Sie. Ihr Selbstwertgefühl steigt.

■ **Versuchen Sie eine positive Einstellung zu Arbeiten zu gewinnen, die Ihnen nicht so liegen.** Was würde geschehen, wenn jeder nur das tut, wozu er gerade Lust hat? Stellen Sie sich vor, wie viele Menschen tagtäglich gezwungen sind, noch viel unangenehmere Arbeiten zu verrichten, als die, an der Sie gerade sitzen.

■ **Verschieben Sie wichtige Dinge nicht immer wieder auf später.** Sagen Sie: *„Jetzt. Gerade jetzt!"* Sagen Sie sich eindringlich: *„Das ist etwas, was ich kann."*

Auf dem Weg zum Erfolg herrscht nur auf der untersten Stufe Andrang. Je weiter nach oben, desto mehr Raum.

Die Mittel:

Schritt 10: Die Generalprobe

Ich werde sie nicht vergessen, jene **Generalprobe** für ein Theaterstück, mit dem wir eine Feier unseres Gymnasiums verschönern wollten. Viele Proben lagen hinter uns. Proben, bei denen wir Spaß hatten. Proben, die uns halfen, immer sicherer zu werden. Aber: Wir hatten immer **ohne Publikum** geprobt. Und dieses Publikum machte unsere Generalprobe zu einer **einzigen Katastrophe.** Dabei waren es nur wenige Leute, die uns zuschauten: ein paar Lehrer, einige Schüler, Freunde. **Aber** allein die Tatsache, daß wir jetzt zum erstenmal vor - wenn auch nur wenigen - Zuschauern spielten, ließ uns den Text vergessen.

Und doch war die Generalprobe letztlich ein **Erfolg.** Warum? Sie hat uns vorgewarnt. **Sie hat uns auf den Ernstfall vorbereitet.**

Wie sieht so eine Generalprobe für Ihren Redeauftritt aus? Sie haben folgende Möglichkeiten:

1. Sprechen Sie vor dem Spiegel

Sie gehen in's Badezimmer und legen Ihr Manuskript auf das Waschbecken. Dann nehmen Sie das erste Stichwort auf und sprechen zu Ihrem Publikum (Ihrem eigenen Spiegelbild). Sie werden schnell feststellen: Der Spiegel ist für Sie ein einfaches, aber wirkungsvolles Instrument der **Selbstkontrolle.** Weil er nicht lügen, nichts verschweigen kann, wird er Ihnen schonungslos Fehler Ihrer **Körpersprache** aufdecken. **Gleichzeitig können Sie Ihre Redeunterlagen testen:** Sind sie übersichtlich? Steht zu viel im Manuskript? Zu wenig? Müssen Sie noch etwas einfügen?

2. Sprechen Sie Ihre Rede auf Tonband

Leider kann der Spiegel Ihre Stimme nicht festhalten. Als unbestechliches Hilfsmittel zur **akustischen Kontrolle** eignet sich hier das **Tonband.** Das Erlebnis, sich selbst zu hören, ist auch für uns Menschen des technischen Zeitalters noch immer etwas Besonderes. Waren Sie auch so erstaunt wie ich damals, als Sie Ihre Stimme zum ersten Mal vom Band hörten? Richtig erschrocken war ich sogar: *„Das soll ich sein? So spreche ich wirklich? So hören mich die anderen?"* habe ich mich gefragt.

Beim Abspielen achten Sie darauf, ob Sie wirklich **verständlich** sprechen. Wichtige andere Faktoren: **Betonung, Lautstärke, Tonhöhe, Sprechtempo.**

Äußerst aufschlußreich wird es für Sie sein, wenn Sie auf einige **Unarten** stoßen, die Sie bisher an sich selbst nicht erkannt hatten: Viele „äh's", Verschlucken von Endsilben, Nuscheln usw.

Vergessen Sie auch nicht, auf die so wichtigen **Sprechpausen** zu achten. Wenn Ihr Sprechtempo in Ordnung ist, können Sie beim Ablaufen des Bandes exakt die Zeit stoppen.

3. Üben Sie mit dem Videorecorder

Der **Videorecorder** vereinigt die Vorteile des Spiegelsprechens mit denen der Tonbandkontrolle. Er zeichnet Ihre Stimme **und** Ihre Körpersprache auf. **Welch ideales Instrument der Selbstkontrolle!**

4. Die Generalprobe vor kleinem Kreis

Der unbestechlichste - und meist kritischste Beobachter - ist der eigene **Ehepartner.** Wenn er Ihnen **zu** kritisch ist, laden Sie sich einfach ein paar Freunde oder gute Bekannte ein. Bei einem Glas Wein oder Bier, in lockerer Atmosphäre, tragen Sie Ihnen die Rede vor. Sagen Sie ihnen offen, daß Sie für jede Kritik dankbar sind, nach dem Motto: **Wer mich kritisiert, macht mich klüger.**

Sie werden feststellen: Obwohl die Zuhörer gute Bekannte sind und der Kreis klein ist, regt sich das **Lampenfieber.** Gut so! Es kann Sie am Premierentag nicht mehr **unvorbereitet** treffen.

Eine gute Rede
ist wie ein Feuerwerk:
sprühend,
begeisternd,
beeindruckend.

Das Zuhören zum Erlebnis machen

Sie möchten, daß der Funke auf Ihre Zuhörer überspringt? Dann gibt es nur eines: Sie müssen Ihren Vortrag oder Ihre Präsentation zu einem Erlebnis machen, zu einer **einzigartigen Performance**.

In Ordnung, werden Sie denken, aber wie soll das gehen? In Amerika gibt es dafür eine Erfolgsformel. *„They won't like you, if they don't like your show."* Frei übersetzt heißt das: Ihre Zuhörer werden Ihnen nur dann folgen, wenn es Ihnen gelingt, eine gute **Show** hinzulegen.

Dieser Meinung war auch unser Alt-Bundeskanzler **Helmut Schmidt**. *„Ein Rednerpodium war für mich immer auch Bühne. Eine Bühne, auf der ich inszeniert habe. Zu jeder guten Inszenierung gehört aber ein gutes ‚Drehbuch'. Ich habe Wert darauf gelegt, nicht nur die Inhalte 'rüberzubringen, sondern meinen Zuhörern auch - auf hohem Niveau - Vergnügen zu bereiten."*

Die vier Hauptwünsche Ihrer Zuhörer

Was heißt das nun konkret: Vergnügen bereiten? Das heißt nicht mehr und nicht nicht weniger, als daß Sie Ihren Zuhörern folgende vier Wünsche erfüllen:

1. Wunsch nach Substanz

2. Wunsch nach Klarheit

3. Wunsch nach Neuem

4. Wunsch nach Nutzen

Wenn Sie Ihrem Zuhörer diese Wünsche erfüllen, haben Sie **gewonnen**. Doch wie geht das im Einzelnen?

1. Wunsch nach Substanz

Er will Daten, Fakten und Zahlen. Harte Informationen, kein Blabla. Doch Vorsicht! Überfüttern Sie ihn nicht! Er ist keine Mastgans, die Sie vollstopfen müssen. Deshalb: Ihr **Redetext** darf **nur 60%** der Stoffmenge beinhalten, die ein gleich langer **Lesetext** enthalten würde. **Streichen** Sie beim Vorbereiten rigoros wieder 40% der Daten, Fakten und Zahlen aus Ihrem Manuskript. Bauen Sie stattdessen **Beispiele, Vergleiche** oder **bildhafte Ausdrücke** ein.

2. Wunsch nach Klarheit

Machen Sie **Zusammenhänge** klar! Achten Sie auf **Transparenz**. Ihr Zuhörer möchte **durchblicken**. Es ist ein Beweis hoher Bildung, die Dinge auf einfachste Art zu sagen.

So wird Ihre Rede klar: ZEHN TIPS

- Sprechen Sie **einfaches Deutsch**. Vermeiden Sie Fremdwörter und komplizierte Fachausdrücke.

- Setzen Sie nicht zu viel an **Vorwissen** voraus.

- Vermeiden Sie **lange Sätze** mit über 14 Worten.

- Bilden Sie mehr **Hauptsätze,** weniger Nebensätze.

- Formulieren Sie **aktiv** statt passiv.

- Konzentrieren Sie sich auf **ein** Thema.

- **Gliedern** Sie in 1. 2. 3. .

- **Visualisieren** Sie mit Overhead, Flipchart und Pinnwand.

- Präsentieren Sie nie mehr als **fünf Thesen** auf einmal.

- Achten Sie auf die **Redezeit,** kürzen Sie Ihr Manuskript.

242

3. Wunsch nach Neuem

Worauf haben Sie mehr Lust: auf abgestandenen Wein oder auf prickelnden Champagner? Machen Sie Ihrem Zuhörer **Lust** aufs Zuhören. Überraschen Sie ihn mit **Neuigkeiten.** Hüten Sie sich vor „ollen Kamellen". Der Tod der Rede ist die Langeweile.

Es liegt in der Natur des Menschen, daß er **„neu"-gierig** ist. Gierig auf das Neue. Die ganze Kommunikationsindustrie lebt davon. Genaugenommen gibt es eigentlich nur zwei Gründe, warum man Ihnen zuhört: weil Sie entweder **etwas Neues** oder **auf neue Weise** sagen wollen.

Eine interessante, brandneue Information ist besonders wirkungsvoll am Anfang und im **„Aufmerksamkeits-Tief"** nach etwa 25 - 30 Minuten.

Praxistip: Lesen Sie in den Stunden vor Ihrem Auftritt die Tageszeitung oder schauen Sie sich die Fernseh-Nachrichten an. Meist ist irgend etwas dabei, was Sie **aktuell** in Ihren Vortrag einbauen können.

4. Wunsch nach Nutzen

Machen Sie Ihrem Zuhörer so früh wie möglich deutlich, warum es sich heute für ihn **lohnt,** zuzuhören. Machen Sie ihm bewußt, daß es um **seine Interessen** geht. Geben Sie konkrete **Einzeltips.** Bieten Sie ihm klare und einfache **Lösungsvorgaben,** an die er sich halten kann oder helfen Sie ihm, **selbst** Lösungswege für sein Problem zu finden.

Wann immer Ihnen das gelingt, ist Ihnen der **Applaus** sicher: *„Ein toller Redner. Der weiß, wo uns der Schuh drückt."*

Die Minute, die alles entscheidet: der Start

Was ist besser: gleich zur Sache zu kommen oder erst einmal Interesse wecken? Es kommt darauf an. Immer dann, wenn Ihre Zuhörer rasch nach einer Information verlangen, z.B.

• wenn der Abteilungsleiter vor dem Vorstand, der Vorstand vor dem Aufsichtsrat referieren muß,

• bei Konferenzen, wo nur wenige Minuten Redezeit zur Verfügung stehen,

ist es besser, gleich und ohne Umschweife zur Sache zu kommen. Zeit ist Geld. Nichts wäre hier schlimmer, als den Eindruck von Geschwätzigkeit zu erwecken.

In den meisten Fällen aber sollten Sie Ihre Zuhörer oder Gesprächspartner erst ein-stimmen. Was heißt das: „ein"-stimmen?

Nehmen Sie es ruhig wörtlich: Redner sind wie Musiker. Auch die müssen erst einmal ihre Instrumente stimmen.

Auch Sie brauchen so ein „warming up", d.h. Sie müssen erst einmal

■ **Nervosität ablegen,**

■ **mit dem Raum vertraut werden,**

■ **die richtige Lautstärke finden,**

■ **sich freisprechen.**

Aber auch **Ihr Publikum** muß sich erst einmal an Sie gewöhnen, an

■ **Ihre Stimme,**

■ **Ihre Dialektfärbung,**

■ **Ihren Tonfall,**

■ **Ihr gesamtes „Outfit".**

Das Zuhören zum Erlebnis machen

Vergessen Sie eines nie: **Reden ist ein permanenter Kampf gegen Langeweile, Desinteresse, Müdigkeit und Vorurteile.** Vielleicht sind einige Ihrer Zuhörer gedanklich gerade im Büro? Vielleicht überlegen sich einige, wo Sie wohl Ihre Krawatte gekauft haben? Vielleicht ist so mancher gedanklich noch auf der Autobahn?

Wenn es Ihnen jetzt nicht gelingt, das Interesse zu wecken, Ihre Zuhörer aus ihrer Gedankenwelt herauszureißen, können Sie sagen, was Sie wollen: man hört Ihnen nicht zu. Ihre ersten Sätze verpuffen. Deshalb sollten Sie für den ersten Satz all Ihre Mühe, all Ihre Phantasie einsetzen. Er muß ein Knaller sein, ein „Ohrenöffner". Er darf verwundern, verwirren, ja sogar provozieren. Ihre Zuhörer sollen ruhig denken, Sie ticken wohl nicht richtig.

Das wäre Ihnen peinlich? Machen wir uns nichts vor: Ihnen wird nur dann eine wirklich **gute Performance** gelingen, wenn Sie sich trauen, Grenzen zu überschreiten. *„Das Überschreiten der roten Linie"*, nennt mein Kollege, der Management-Trainer **Wolf Lasko** diesen Schritt außerhalb des Normalen. Ich garantiere Ihnen: Wenn Sie diesen Schritt wagen, werden sich Ihre Zuhörer noch Jahre später an Sie erinnern: *„Das war doch der, der damals..."*

Und noch eines: bedenken Sie die Bedeutung des ersten Eindrucks: in den ersten Minuten entscheiden die meisten Ihrer Zuhörer, ob Sie wieder das übliche Blabla reden oder im besten Sinn des Wortes „merk"-würdig reden können.

Eines ist klar: Ihr „Aufhänger" darf zwar Klischees durchstoßen, aber keinesfalls gekünstelt klingen. Er muß zu Ihnen und Ihren Zuhörern passen. Einfühlungsvermögen und Fingerspitzengefühl ist gefordert. Eine Grabrede muß anders eröffnet werden als eine Büttenrede. Es ist wie beim Schachspiel: es gibt zahllose Varianten, je mehr Sie davon kennen, desto mehr und desto öfter können Sie Ihre Zuhörer oder Gesprächspartner überraschen.

Zehn Ohrenöffner

1. Beginnen Sie situationsbezogen

Nehmen Sie Bezug auf das **Wetter**, auf die **Jahreszeit**, auf den **Ort** der Versammlung, auf das **Essen** (bei Tischreden) usw.

Beispiel Wetter:

„Wie gefällt Ihnen das Wetter heute, meine Damen und Herren? Mark Twain hat einmal gesagt: Die meisten Menschen schimpfen über das Wetter - aber kaum einer tut was dagegen. Diesen Satz könnten wir ein wenig umformulieren: Die meisten Menschen schimpfen auf die hohe Arbeitslosigkeit und kaum einer unternimmt etwas dagegen. Da sind Sie aus einem anderen Holz geschnitzt. Wir sind heute zusammengekommen, um über die Arbeitslosigkeit..."

Beispiel Ort:

„Ich danke Ihnen, heute an dieser Stelle vor Ihnen sprechen zu dürfen. Ich betone ‚an dieser Stelle‘, denn es sind jetzt genau 20 Jahre her, daß ich Ihre Stadt zum erstenmal kennenlernen durfte. Damals..."

Beispiel Jahreszeit:

„Wenn Sie zum Fenster hinaus schauen, meine Damen und Herren, müssen Sie feststellen: Der Sommer hat Abschied genommen. Die ersten Blätter fallen von den Bäumen. Der Herbst ist die Zeit der Ernte. Ernten kann aber nur der, der vorher gesät hat, eine uralte Bauernweisheit.

„Doch wie ist es heute? Viele Menschen wollen ernten ohne zu säen. Damit meine ich: sie sind nicht mehr bereit, Leistung zu bringen. Deshalb wollen wir uns heute gemeinsam Gedanken machen, wie..."

Beispiel Essen:

„Viele Köche verderben den Brei. Daß dieses Sprichwort nicht stimmen kann, zeigt sich an unserem Essen heute: viele Köche waren daran beteiligt und es schmeckt ausgezeichnet.

Auch in manchen Betrieben hängen noch manche diesem alten Sprichwort nach. Weil ‚viele Köche den Brei verderben‘, wollen sie alles alleine machen, sind nicht bereit zu delegieren. Deshalb..."

2. Machen Sie Ihren Zuhörern ein Kompliment

Wer hört nicht gerne ein Wort der Anerkennung? Wenn Sie die **Herzen** Ihrer Zuhörer gewinnen wollen, dann machen Sie ihnen ein **aufrichtig gemeintes** Kompliment. **Vorsicht:** Tragen Sie nicht zu dick auf und vermeiden Sie abgegriffene Standardfloskeln: *„Ich freue mich, daß Sie so zahlreich erschienen sind."*

Beispiel:

„Sie alle wissen, meine Damen und Herren: unser stolzes Unternehmensschiff ist in ein etwas schwierigeres Fahrwasser geraten. Der Sturm bläst uns hart ins Gesicht. Wir mußten aufpassen, daß das Schiff nicht ins Schlingern geriet. Daß es uns gelungen ist, unser Schiff auf Kurs zu halten, war nicht nur das Verdienst des Kapitäns, sondern vor allem das Verdienst der ganzen Mannschaft. Wir haben nach dem Motto gehandelt: ‚Wer alleine arbeitet, addiert, wer zusammen arbeitet, multipliziert.‘ Jeder von Ihnen hat zum Erfolg dieses Jahres beigetragen. Dafür danke ich Ihnen ganz herzlich..."

3. Betonen Sie Gemeinsamkeiten

Gemeinsamkeiten schaffen ein Gefühl der **Verbundenheit** und der Zusammengehörigkeit. Das können Gemeinsamkeiten der **Herkunft**, des **Berufsstandes** oder des **Alters** sein.

Beispiele:

„Als Franke fühle ich mich hier in Nürnberg bei Ihnen besonders wohl. Was haben wir Franken gemeinsam? Gemeinsam ist uns ..."

„Uns verbindet hier eine gemeinsame Sorge, meine Damen und Herren: die Sorge um die mangelnde Unterstützung der Politiker für den Mittelstand..."

4. Köder „Neuigkeit"

Etwas, das eben erst passiert ist, macht Ihre Zuhörer immer **neugierig**. Der aktuelle Aufhänger, der Schlagzeile vergleichbar, ist ein besonders **wirkungsvoller Einstieg**.

„Wissen Sie, was ich heute morgen in der Zeitung las? Ich zitiere aus der FAZ:..."

„In der Tagesschau gestern abend kam eine interessante Meldung..."

5. „Fundgrube" Historie

Daten und Ereignisse aus der Geschichte bilden seit jeher die beliebteste Einleitung bei **Jubiläumsreden**. Warum auch nicht? Damit können Sie schöne **Erinnerungen** wachrufen, **alte Zeiten** wieder zum Leben erwecken. Reichern Sie die Fakten aus Ihrer eigenen Familien- oder Firmenchronik an mit Daten aus der **„Chronik der Weltgeschichte"**.

Beispiel Geburtstagsrede eines Sohnes:

„Wissen Sie, meine Damen und Herren, liebe Gäste, was mein Vater mit dem ehemaligen Schah von Persien gemeinsam hat? ***Sie sind am gleichen Tag geboren. Am 27. 11. 1919.***

*Und was **unterscheidet** die beiden? Vieles natürlich. Der Schah war ein Mann der viele Feinde hatte, früh gestorben ist und Du, Papa, bist pumperlgsund und feierst heute im Kreise vieler Freunde Deinen 75. Geburtstag. Zu dieser Feier heiße ich Sie alle, liebe Gäste herzlich willkommen. In eine **schwierige** Zeit bist Du damals hineingeboren worden, Papa.*

- Deutschland mußte in Deinem Geburtsjahr den Vertrag von Versailles unterzeichnen, litt schwer unter den Folgen des verlorenen zweiten Weltkrieges,

- die Folgen der englischen Hungerblockade ließ die Kindersterblichkeit in Deutschland infolge Mangelernährung dramatisch in die Höhe steigen.

- Deutschland stand vor dem Bürgerkrieg.

Das alles in Deinem Geburtsjahr..."

6. Bringen Sie einen „Eye-catcher" mit

Sie haben nicht nur Zuhörer, sondern auch **Zuschauer.** Und die haben es gerne, wenn man ihnen etwas **zeigt.** Deshalb: bringen Sie ein Anschauungsobjekt mit, z. B. ein Hühnerei. Damit treten Sie vor Ihr Publikum und beginnen - nach einer kurzen, wirkungsvollen Sprechpause - so:

„Dies ist ein Hühnerei. Warum werden eigentlich, meine Damen und Herren, viel mehr Hühnereier als Enteneier gegessen? Weil die Hühner die besseren Verkaufsförderer sind. Sie gackern, wenn sie ein Ei legen. Das zeigt uns: Leistung muß

verkauft werden. Genau das ist unser heutiges Thema: Verkaufsförderung..."

Auch eine **Folie,** die Sie mit dem **Overhead-Projektor** an die Wand werfen, **ein Flip-Chart,** ein **Filmausschnitt** oder eine kurze **Videoeinspielung** sind gut geeignet, um das Auge Ihrer Zuhörer zu fesseln.

7. Verwenden Sie „atmosphärische Eisbrecher"

Zugegeben: **Humor** liegt uns Deutschen nicht gerade im Blut. Ganz im Gegensatz zu Engländern oder Amerikanern, die wissen, daß eine gute Rede auch einen hohen Unterhaltungswert haben muß. Dies gilt besonders für Fachvorträge oder Präsentationen. **John F. Kennedy** wird das Zitat zugeordnet: *„Bringe einen Menschen zum Lachen und du hast sein Herz gewonnen."* Deshalb: beginnen Sie **heiter,** mit einem **Gag,** einem **Witz**, einer **Anekdote.** Bringen Sie Ihr Publikum zum Lachen oder zumindest zum Schmunzeln, nichts bricht das Eis schneller, nichts lockt Ihre Zuhörer schneller aus der Reserve.

Doch Vorsicht: Manche Gags gleichen ausgetretenen Filzpantoffeln, in denen schon Generationen von Rednern gelatscht sind. **Prüfen** Sie sorgfältig, ob Sie dem Redeanlaß angemessen sind. Das Gleiche gilt für Witze. Sie müssen zünden, dürfen nicht ausgelutscht sein und müssen sich nahtlos in die Rede einfügen. Im Zweifelsfalle **verzichten** Sie lieber darauf, denn nichts wäre peinlicher, als wenn Sie als einziger über Ihren Witz lachen!

Drei Beispiele:

Einstieg bei einer Tischrede
„Kaiser Titus speiste gern mit seinen Beratern und Freunden zu Abend. Dieses Mal gab es gesottene Tauben in Weißwein, und es herrschte wie immer am römischen Kaiserhof eine prächtige

Das Zuhören zum Erlebnis machen

Laune. Plötzlich aber hob der Imperator die rechte Hand zum Zeichen der Ruhe und sagte, so wie jemand spricht, dem plötzlich etwas Wichtiges einfällt: ‚Amici, diem perdidi! (Freunde, ich habe diesen Tag verloren.) Ich habe heute noch niemandem Gutes getan!'

Du, lieber Franz, wirst das heute abend garantiert nicht von Dir behaupten können. Du hast uns zu dieser kleinen Feier eingeladen und uns mit diesem köstlichen Essen etwas wahrhaft Gutes getan....“

Einstieg bei der Rede auf einen Jubilar

„Lieber Herr... Sie stehen, wie jedermann sieht, in den besten Jahren; ein Mann in der Reife seines Lebens. Ich habe mich bei der Vorbereitung meiner Rede gefragt: ‚Was meinen wir, wenn wir im Zusammenhang mit dem Alter eines Menschen von Reife sprechen?' Und ich bin dabei auf Carlo Schmid gestoßen. Er war damals selbst schon ein älterer Mann, als er einer jungen Journalistin ein Interview gab. ‚Wissen Sie, mein Fräulein,' hat er gesagt, ‚Reife bedeutet nichts anderes, als alt genug zu sein, um zu wissen, was man nicht tun sollte - und noch jung genug, um es trotzdem zu tun.'“

Einstieg eines Fach-Referenten bei einem Seminar

„Das Wetter ist heute wieder einmal vom Feinsten. Trotz des Dauerregens sollten Sie aber den Kopf nicht hängen lassen, sondern so positiv denken wie jener Verurteilte, den ein Kapuzinermönch bei sehr regnerischem Wetter zum Galgen begleitete. Der Verurteilte klagte unterwegs mehrmals zu Gott, daß er, bei so schlechtem und unfreundlichem Wetter, einen so sauren Gang tun müsse. Der Kapuziner wollte ihn christlich trösten und sagte: Du Lump, was klagst du viel, du brauchst doch bloß hinzugehen, ich aber muß, bei diesem Wetter, wieder zurück, denselben Weg.'

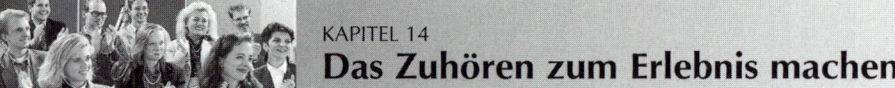
Die Moral von der Geschichte: Man muß seinem Schicksal das Beste abgewinnen, auch wenn die Sonne einmal nicht scheint. Und damit sind wir auch schon bei unserem heutigen Thema..."

8. Erzählen Sie eine Parabel oder eine kleine Geschichte

Welches ist das meist gelesene Buch der Welt? Die Bibel. Sie ist deshalb so leicht verständlich, weil sich in ihr Gleichnisse, Parabeln und kleine Geschichten aneinanderreihen. Knüpfen Sie an diese 2000 Jahre Erfolgstradition an! Versuchen Sie Ihre Zuhörer nicht zu belehren, sondern unterhalten Sie sie mit kleinen Stories. Die Amerikaner nennen das **„Story-telling-quality"**. Gute Redner sind immer gute Geschichtenerzähler.*

Beispiel:

„Eine Himalaya-Expedition war unterwegs nach Norden. Nachdem die Gruppe den ersten großen Paß überschritten und eine kurze Rast gemacht hatte, rief der Expeditionsleiter wieder zum Aufbruch. Dem leisteten aber die indischen Träger nicht Folge. Als ob sie nichts gehört hätten, blieben sie weiter auf ihren Planen hocken, die Augen am Boden, und schwiegen.

Als der Europäer weiter in sie drang, schauten ihn einige Augenpaare verwundert an. Schließlich sagte einer: ‚Wir können nicht weitergehen, wir müssen warten, bis unsere Seelen nachgekommen sind.'

Meine Damen und Herren, manchmal tut es auch uns gut..."

* Gerhard Reichel: **Der Indianer und die Grille**
168 Stories zum Nachdenken und Weitererzählen
Verlag Brigitte Reichel, ISBN3-923241-03-8

9. Erzählen Sie ein persönliches Erlebnis

Woher kam es, daß am 7. September 1997, dem Tage der Beisetzung von **Prinzessin Diana,** mehr Menschen als jemals zuvor zur gleichen Zeit auf der Welt trauerten? Weil sich Menschen für nichts mehr interessieren als für die Schicksale anderer Menschen. Sämtliche Medien leben davon. **Menschliche Schicksale faszinieren uns.** Vor allem die Geschichten der Erfolgreichen.

Ist Ihre Geschichte auch eine **Erfolgsstory?** Warum erzählen Sie sie dann nicht? Wahrscheinlich, weil man Ihnen beigebracht hat: *„Nimm dich nicht so wichtig! Halte dich zurück!"*

Vergessen Sie das! Haben Sie den Mut, von Ihren konkreten Erfahrungen zu reden, anstatt theoretisches Zeug zu faseln. **Geschichten, die das Leben schrieb,** sind Ihren Zuhörern viel lieber als blutleere Abstraktionen. Außerdem wirken Sie dadurch auch viel **glaubwürdiger.**

Besonders interessant sind Geschichten, die von dort handeln, wo einst Ihr Erfolg begann. Geschichten also, die Ihren Zuhörer motivieren, ihm Mut machen, es Ihnen nachzutun.

„Es war im Jahre 1947. Deutschland lag in Schutt und Asche. Ich war damals sieben Jahre alt. Da beschloß ich mein erstes Geld zu verdienen.

Die Amerikaner, die unser Haus besetzt hatten, hatten drei Handpuppen zurückgelassen. Ein Schatz! Ich nahm zwei Stühle, spannte zwischen beiden eine Schnur und warf eine alte Decke darüber. Fertig war die Puppenbühne.

Dann bemalte ich einen alten Karton: ‚An alle Nachbarskinder. Morgen große Theateraufführung „Die Räuber im Wald". Eintritt 5 Pfennig. Theaterdirektor: Gerhard Reichel.'

Es kamen tatsächlich neun Kinder. 45 Pfennig Einnahmen. Kosten keine. Mein erstverdientes Geld. Was war ich stolz!

Damals schon, meine Damen und Herren, als siebenjähriger Knirps habe ich etwas von der Faszination verspürt, die davon ausgeht, wenn man etwas wagt..."

10. Der klassische Einstieg: das treffende Zitat

Der Streit geht quer durch die Reihen der Rhetoriktrainer: *„Zitate sind ein geistiges Armutszeugnis"*, schimpfen die einen. *„Ein gutes Zitat"*, so schwärmen die anderen, *„ist wie ein Diamant am Finger einer geistreichen Frau."*

Wer hat recht?

Ich schließe mich der zweiten Gruppe an. Allerdings kommt es auf die **Dosierung** an.

Einen guten Barmixer erkennt man daran, daß er ein Meister der Dosierung ist. Er mixt exotische Getränke mit vertrauten, bittere mit süßen, leichte mit schweren. Mit sicherem Instinkt findet er die richtige Mischung und zaubert damit die köstlichsten Cocktails.

Ein guter Redner macht es dem Barmixer nach. Er würzt seine Reden ebenfalls. Dosiert und mit **Fingerspitzengefühl**. Zitate, richtig gewählt, sind

- **„Muntermacher"**, die das Gehirn Ihrer Zuhörer stimulieren.

- **„Autoritäten"**, die Ihrer Meinung Gewicht verleihen.

- **„Überraschungskonfekt"**, das Ihren Vortrag auflockert.

- **„Diplomaten"**, die eine Wahrheit indirekt und schonend aussprechen.

- **„Wegweiser"**, die prägnant und kurz eine Richtung zeigen.

Das Zuhören zum Erlebnis machen

Versteinerte Gesichter - das war zunächst die Reaktion auf den Einstieg in eine Tischrede, die ein Seminarteilnehmer uns im „Schindlerhof" vortrug:

„Meine Damen und Herren,

ich höre keinen Rülpser von Ihnen, keinen einzigen Furz. War die Vorspeise nicht in Ordnung? Schmeckte es Ihnen nicht?

Wer von Ihnen **Martin Luther** kennt, weiß, daß dieser sich manchmal recht derb auszudrücken pflegte. *‚Warum rülpset und furzet Ihr nicht, hat es Euch nicht geschmecket?'* Genauso hat er einmal seine Gäste gefragt und die waren ob dieser Frage überhaupt nicht schockiert, so wie **Sie** eben. Damals war es üblich, auf **diese** Weise seine Zufriedenheit mit dem Essen auszudrücken. Heute..."

Praxistip:
Wenn Ihnen bei Ihrer täglichen Lektüre, beim Fernsehen, bei einem Vortrag, beim Radiohören oder bei einem Gespräch etwas besonders Interessantes begegnet, halten Sie es fest! Machen Sie es dem Fotoreporter nach, der im richtigen Moment auf den Auslöser drückt. Er bekommt dadurch exklusive Bilder. Und Sie bekommen dadurch **exklusive Zitate.** Legen Sie sich einen Zitatenfundus an, der ständig wächst und immer aktuell ist. Fangen Sie noch heute damit an! *

Sie haben nun **zehn Anregungen** bekommen, wie Sie einen **pfiffigen Start** hinlegen können. Diese sollen allerdings Ihrer eigenen Kreativität keinerlei Grenzen setzen. Betrachten Sie sie als Anregungen. Dann werden Sie es in Zukunft nie mehr nötig haben, Ihren Vortrag mit „Papierkorb-Sätzen" zu beginnen.

* Gerhard Reichel: Zitate, Pointen, Geistesblitze
Verlag Brigitte Reichel, ISBN3-923241-02-X

Papierkorbsätze - billig abzugeben

Vermeiden Sie es auf jeden Fall, eine Rede mit einem Papierkorbsatz zu beginnen. Papierkorbsätze sind Sätze, die **überflüssig** sind. Es sind Phrasen und Floskeln, die in den Papierkorb gehören. Achten Sie einmal darauf: 90% aller Reden in der Praxis beginnen damit:

Es ist mir eine besondere Ehre...

Ich habe das Vergnügen...

Ich habe die Aufgabe...

Lassen Sie mich Ihnen kurz...

Ich freue mich, daß Sie so zahlreich gekommen sind...

Ich möchte sagen...

Ich würde meinen...

Ich kann nicht umhin...

Wenn Sie gestatten...

Wenn Sie so wollen...

Darf ich dazu bemerken...

In diesem unserem Lande...

Ich sage dies ohne Ansehen der Person...

Wir stehen in unerschütterlicher Treue...

Angesichts der Bedeutung dieser geschichtlichen Stunde...

Danke für Ihre Aufmerksamkeit...

„Hm", „Äh", „Also", „An und für sich", „Eigentlich", „Sozusagen"

Ein sprachbewußter Mann, der Dichter **Arno Holz**, sagte dazu etwas sehr Wahres: *„Der erste, der auf Sonne Wonne reimte, auf Herz Schmerz und auf Brust Lust, war ein Genie; der tausendste ein Kretin."*

Genauso verhält es sich mit diesen **Gemeinplätzen.** Und seien Sie ruhig ehrlich: wenn Sie darunter einige finden, die auch Sie schon benutzt haben, ist das kein Wunder. Es ist **deshalb** kein Wunder, weil uns dieses **Blabla** ja von den Politikern dauernd vorgesagt wird. Und nicht nur von den Politikern. **Klaus Natorp** von der **FAZ** schrieb dazu kürzlich einen interessanten Leitartikel. Darin heißt es:

*„Gepflegt wird dieser **Sprachschrott** mit täglich wiederkehrenden **Standardformulierungen** nicht nur von den Politikern, sondern auch von den Nachrichtenagenturen. Von dort gelangt dieses **Primitiv-Vokabular**, meist ungefiltert, in die Ohren von Millionen von Zuhörern, die dann annehmen, es sei **gutes Deutsch**, was sie eben vernommen haben: **so spricht man eben**."*

Ich gebe zu: solche Papierkorbsätze haben zwei große, **verführerische Vorteile**:

1. Weil wir sie schon so oft gehört oder gelesen haben, fallen diese Formeln uns fast **zwangsläufig als erste** ein, wenn uns gerade sonst nichts einfällt.

2. Außerdem steckt in manchen von diesen Gemeinplätzen sogar ein Körnchen Wahrheit oder **ehrliche Absicht** - ihr erster Benutzer hat sich vielleicht **wirklich** etwas dabei gedacht.

Aber was auch immer sich jemand einmal dabei gedacht haben mag: **Heute bedeuten und sagen diese Formeln überhaupt nichts mehr**. Heute dienen sie nur noch als **Lückenfüller**, als Pausenzeichen. Und so etwas können Sie natürlich mitunter beim Reden sehr gut gebrauchen: Wenn Sie ganz schnell

Ihre Gedanken ordnen müssen, helfen Papierkorbsätze ein bißchen Zeit zu gewinnen.

Trotzdem rate ich Ihnen von diesen Formeln dringend ab, und zwar aus zwei Gründen:

1. Sie sind ein richtiger **Betrug**, weil Sie Ihr Publikum mit **leerem Wortgeklingel** aufhalten und ihm zumuten, sich selbst alles Wichtige herauszusuchen.

2. Sie sind **Saboteure**, d. h. sie **verneinen** das, was Sie sagen wollten, sie **schwächen** es ab oder **verkehren es sogar ins Gegenteil**. Deshalb: **Sagen Sie, was Sie meinen. Sagen Sie es direkt.**

„Ich kann eigentlich ganz gut Spanisch sprechen. Ich würde sagen, ein bißchen kann ich auch organisieren und - ich denke im Umgang mit Kunden bin ich auch nicht schlecht.“

Mit diesen Worten stellte sich kürzlich eine unserer Teilnehmerinnen im **Sekretärinnenseminar** vor. Was für eine **tolle Selbst-PR**, finden Sie nicht auch?

Was heißt *eigentlich*? Überlegen Sie mal: wenn Sie zu Ihrem Partner sagen würden*: „Eigentlich liebe ich Dich schon...“* wäre der davon begeistert?

Wenn ein Verkäufer zum Kunden sagt: *„Eigentlich eine gute Qualität...“*, wie will der überzeugen?

Was heißt *ganz gut*? Heißt es wirklich **ganz** gut? Nein, es bedeutet „weniger als gut“.

Was heißt *ich würde sagen*? *„Ich würde sagen, ein gutes Konzept!“* Wenn Sie überzeugt sind, **dann sagen Sie, was Sie meinen**: „Ein gutes Konzept.“

Was heißt *nicht schlecht*? In Wahrheit wollten wir sagen*: „Donnerwetter, ich bin beeindruckt!“* Statt dessen hört der andere sogar Kritik heraus.

Begrüßen: wen, wann und wie?

„Meine sehr geehrten Damen und Herren. Es ist mir eine besondere Freude, hier und heute vor Ihnen sprechen zu dürfen. Und bevor ich zum eigentlichen Thema des heutigen Abends komme, möchte ich besonders Sie, hochverehrter Präsident Maier, besonders begrüßen. Eine ganz besondere Ehre ist es auch für uns, daß Sie, Herr stellvertretender Bürgermeister Müller, den Weg zu uns gefunden haben. Nicht vergessen möchte ich auch die Vertreterin des katholischen Frauenbundes..."

Kommen Ihnen solche **Begrüßungstiraden** bekannt vor? Gefallen sie Ihnen? Mit Sicherheit nicht. Kaum etwas verbreitet so viel Langeweile wie diese Namenslitaneien zu Beginn einer Rede.

Entscheiden Sie deshalb von Fall zu Fall, ob es überhaupt erforderlich ist, einzelne Gäste namentlich zu begrüßen. Grundsätzlich gilt: **Je weniger Gäste Sie herausheben, desto weniger Fehler können Sie machen**.

Vergessen Sie vor allem eines nicht: **Jeder** Ihrer Gäste ist doch wichtig, warum sonst hätten Sie ihn eingeladen? Der Gleichheitsgrundsatz ist in einer Demokratie ein Grundrecht. Also ist jeder Mensch gleich zu behandeln. Das gilt auch für Ihre Zuhörer.

Was aber tun, wenn Sie aus politischen oder protokollarischen Gründen auf die namentliche Begrüßung nicht verzichten können?

Grundsätzlich halten Sie sich an die goldene Regel: **„Begrüßungsorgien" vermeiden,** weniger ist mehr! Eine allgemein gültige, für alle Situationen verbindliche protokollarische Reihenfolge der Namensnennung gibt es nicht. Takt und Fingerspitzengefühl sind wichtig. Folgende Kriterien können Ihnen Anhaltspunkte liefern:

1. Politik vor Verwaltung
Gewählte politische Repräsentanten rangieren vor Verwaltungsbeamten, z.B. Bürgermeister oder Landrat vor Stadtdirektor. Der Bürgermeister ist der erste Bürger in Ihrer Gemeinde und wird deshalb im Regelfall immer zuerst begrüßt.

2. Erworbene Titel vor verliehenen Titeln
z.B. Doktor vor Dr. h.c., ordentlicher Professor vor Prof. h.c.

3. Alter
Das Alter ist ein natürliches Ordnungselement.

4. Soziale Anerkennung
Sie ist nicht eindeutig meßbar. Lokale oder branchenspezifische Besonderheiten müssen berücksichtigt werden, ebenso die Zusammensetzung Ihrer Zuhörerschaft.

5. Besondere persönliche Wertschätzung
Wenn bestimmte Personen zu Ihnen in einer besonderen Beziehung stehen, können Sie sie vor allen anderen Gästen herausheben. Wichtig ist, daß Sie diese besondere Beziehung genügend verständlich machen, damit sich nicht andere Zuhörer zurückgesetzt fühlen.

Die Form der **allgemeinen Anrede** ist abhängig vom Selbstverständnis Ihrer Zuhörer. Mit der Formulierung *„Meine sehr verehrten Damen und Herren"* oder - meist besser, da schlichter: *„Meine Damen und Herren"* können Sie nichts falsch machen.

Soll man die Anrede und Begrüßung an den **Anfang** stellen? Ein Fehler ist es nicht, wirkt aber meist etwas steif und hölzern. Eleganter klingt es, wenn Sie die Anrede in die ersten Sätze **einfließen** lassen, z.B.:

„Wichtige Ereignisse werfen ihre Schatten voraus. Damit Sie uns nicht unvorbereitet treffen, haben wir uns, meine Damen und Herren, heute zusammengefunden. Es gilt Entscheidungen zu treffen. Dazu begrüße ich Sie herzlich und wünsche Ihnen ..."

Sagen Sie, worum es geht: Die Botschaft

Mit dem „**Aufhänger**" haben Sie Ihre Zuhörer neugierig gemacht.

Mit der Begrüßung haben Sie sich das **Wohlwollen** Ihres Publikums gesichert.

Jetzt kommt es darauf an, daß Sie Ihrer **Message** den Weg bereiten.

Versetzen Sie sich einmal in die Lage Ihrer Zuhörer: sie haben ihre Zeit geopfert, sie haben den Weg und die Unannehmlichkeit der Anfahrt nicht gescheut, um Ihnen jetzt zuzuhören. Voller Erwartung sitzen sie jetzt da und fragen sich: lohnt es sich für mich, zuzuhören? Bringt mir das einen Nutzen?

Je schneller es Ihnen jetzt gelingt Ihren Zuhörern deutlich zu machen, was **sie** das Thema angeht, desto sicherer wird der Funke überspringen.

Ihre Zuhörer werden sich umso mehr mit Ihrem Anliegen, Ihrer Botschaft, Ihrem Redeziel identifizieren, je überzeugender Sie als Redner darauf hinweisen, daß

- das Ziel unmittelbare Vorteile bietet,

- das Ziel zu den wichtigsten Dingen im Leben gehört, die man anstreben kann,

- die Zuhörer das Ziel verdienen,

- das Ziel leicht erreichbar ist,

- das Ziel zum Überleben wichtig ist,

- das Ziel langanhaltende oder dauerhafte Vorteile bringt,

- das Ziel von der großen Masse der Menschen nicht angestrebt wird.

Stellen Sie das Ziel und die Absicht Ihres Vortrages so deutlich wie möglich heraus. Ihre Zuhörer müssen spüren, daß Sie eine **Mission** haben, daß Sie die Welt ein wenig besser, ein wenig menschlicher, ein wenig angenehmer machen wollen.

Übrigens: die Erwartung Ihres Publikums wird umso hochgespannter sein, je bedeutungsvoller Ihre Person ist. Das bedeutet: **je wichtiger Ihre Funktion ist, desto weniger können Sie es sich leisten, Ihr Publikum mit „Blabla" abzuspeisen.** Oder geben Sie sich in einem Spitzenrestaurant mit einer Wassersuppe zufrieden?

Reden Sie gehirnfreundlich

Während Sie diese Zeilen lesen, laufen in Ihrem Gehirn pro Sekunde 100 000 chemische Reaktionen ab. Das komplexe Netz der Neuronen ist 1400mal komplexer als das gesamte Telefonsystem der Welt. Eine **Superriesendenkmaschine!**

Warum das für Ihre Rhetorik wichtig ist? Weil jede Kontaktaufnahme mit anderen Menschen ein Vorgang ist, der sich genau genommen **zwischen zwei Gehirnen** abspielt. Die Schlußfolgerung daraus ist simpel: Wenn Sie eine gute Rede halten wollen, tun Sie gut daran, sich nach den **Arbeitsprinzipien** Ihres Gehirns und dem Ihrer Zuhörer zu richten.

Die linke und die rechte Gehirnhälfte

Bereits den alten Ägyptern war aufgefallen, daß man bei geöffneter Schädeldecke eine linke und eine rechte Hälfte entdecken kann.

Heute wissen wir, daß diese beiden Hälften total verschiedene Aufgaben haben.

Das Zuhören zum Erlebnis machen

Die linke Hälfte ist der Sitz der Logik, der Vernunft, der Ratio. Man könnte sie das **„Haus der Technik"** nennen. Bei den meisten Menschen ist diese Hälfte überlastet, weil sie fast ausschließlich linkshirnig denken. Das Dumme: Für Gedächtnisleistungen ist diese Hälfte nur sehr **bedingt** geeignet.

Das kann **die rechte Hälfte** viel besser. Sie ist Sitz der Phantasie, der Kreativität und der Gefühle. Man könnte sie das **„Haus der Kunst"** nennen. Künstler sind oft unterbeschäftigt. Das gilt auch für die rechte Hälfte. Bei vielen Menschen ist sie sogar gänzlich arbeitslos. **Dabei ist gerade sie für Gedächtnisleistungen geradezu prädestiniert.**

In unseren Seminaren erfahren die Teilnehmer durch kleine Übungen auf eindrucksvolle Weise, wie man durch Aktivieren der eigenen rechten Hälfte in ganz kurzer Zeit zu ungeahnten Gedächtnisleistungen kommt. Sie erfahren, wie man Informationen dauerhaft abrufbereit speichert.*

Die Schlußfolgerung daraus: Wenn wir uns **durch eigenes Aktivieren** der rechten Gehirnhälfte Informationen, Daten und Fakten spielend leicht merken, wäre es da nicht grandios, wenn es eine Möglichkeit gäbe, auch die rechte Hälfte **unserer Zuhörer** zu aktivieren? Damit diese sich ebenfalls spielend leicht an das von uns Gesagte erinnern?

Diese Möglichkeit gibt es. Bitte machen Sie dazu einmal folgendes Experiment. Halten Sie sich aber genau an die Anweisung, sonst betrügen Sie sich nur selbst und lernen nichts:

Lesen Sie jetzt bitte folgenden Text zügig **einmal** durch:

Ein Zweibein sitzt auf einem Dreibein und ißt ein Einbein. Da kommt ein Vierbein und nimmt dem Zweibein das Einbein weg. Da nimmt Zweibein Dreibein und schlägt Vierbein.

---

* Gerhard Reichel: Der Computer im Kopf, Spitzenleistungen durch Gedächtnistraining, 168 Seiten, Verlag Brigitte Reichel, ISBN3-923241 - 01 - 1

Bitte decken Sie die drei Sätze jetzt ab und schreiben Sie sie aus Ihrem Gedächtnis wortgetreu auf.

Das haben Sie nicht geschafft? Machen Sie sich nichts daraus. Kaum einer schafft das im ersten Anlauf. Warum nicht? Weil die meisten Menschen die digitalen Zeichen des Textes ihrer **linken Gehirnhälfte** eintrichtern.

Dabei wäre es weitaus erfolgreicher gewesen, Sie hätten es gemacht wie die meisten Kinder, die unbefangen ihre rechte Gehirnhälfte hinzunehmen und **Bilder** zur Unterstützung ihres Gedächtnisses erzeugen. Das können Sie nachvollziehen, wenn Sie einmal versucht haben, Kinder beim Memoryspiel zu schlagen. Während die Erwachsenen meist krampfhaft versuchen, sich eine Information nach der anderen zu merken (Die zweite Karte liegt in der dritten Reihe rechts oben), vertrauen Kinder ihrer Phantasie, ihrem bildhaften Vorstellungsvermögen und tippen immer wieder intuitiv auf die richtige Karte.

Fazit: Wenn Sie sich selbst etwas merken wollen, müssen Sie sich den Lernstoff mit Hilfe Ihrer Phantasie als Bild vorstellen.

Für das Gehirn Ihrer Zuhörer gilt das Gleiche: Wenn Sie möchten, daß Ihre Zuhörer sich viel merken, müssen Sie sich **bildhaft** ausdrücken. Genau das ist gemeint mit „**gehirnfreundlich reden**". Verwenden Sie **Sprachbilder**. Sprachbilder erzeugen in Ihren Zuhörern **innere** Bilder, sie sind anschaulich im wahrsten Sinn des Wortes. In der Antike nannte man sie „Redefiguren". Wir werden sie im Folgenden **Brain-Appetizer** nennen. Weil sie unserer rechten Gehirnhälfte Appetit machen. Von einigen haben Sie bisher schon erfahren:

- ◼ dem Zitat,
- ◼ dem Humor,
- ◼ der rhetorischen Frage,
- ◼ dem persönlichen Erlebnis,
- ◼ der Geschichte (Story-telling-quality)

Das Zuhören zum Erlebnis machen

Im Folgenden sollen Sie noch einige weitere von diesen Appetitanregern kennenlernen:

Gehirnfreundlich reden

Brain-Appetizer Nr. 1: Die Metapher

Was ist eine Metapher? Eine Metapher weist auf Übereinstimmung zwischen zwei Dingen hin, die sich ansonsten unterscheiden. Wenn wir z.B. sagen, Herr Meier sei Fuchs, so meinen wir natürlich nicht, daß Herr Meier wirklich ein Fuchs ist. Vielmehr wollen wir deutlich machen, daß Herr Meier bestimmte Eigenschaften besitzt, die wir einem Fuchs zuschreiben.

Beispiele:

„Das Leben ist ein Dschungel."

„Das Gehirn ist die Krone der Schöpfung."

„Dieser Schlange kann man nicht trauen."

„Ich habe Blei in den Gliedern."

„Die Republikaner, eine Malzkaffeepartei - braun, billig und von vorgestern" (Heiner Geißler).

„Der Haushalt, das Schicksalsbuch der Nation". (Theo Weigel)

„Vor uns liegt eine lange Durststrecke."

„Der Kopf, die Knautschzone des Motorradfahrers."

„Er ist eine politische Platzpatrone."

„Verkaufen ist Steilwandfahren. Man muß dauernd Gas geben."

„Meskalin ist der Königstiger unter den Rauschgiften."

Die Metapher entfaltet eine siebenfache **Wirkung**:

- Sie macht aus Totem etwas Lebendiges

- Sie mobilisiert die Phantasie des Zuhörers

- Sie erinnert an eigene Erlebnisse

- Sie verstärkt die Wirkung des Gesagten und prägt sich besser ein

- Sie eröffnet völlig neue Perspektiven der Betrachtung

- Sie konstruiert neue Wirklichkeiten

- Sie überrascht den Zuhörer.

Noch ein großer Vorteil der Metapher: sie ist oft die einzige Möglichkeit, unangenehme Botschaften zu verkünden, **ohne größeren Widerstand** hervorzurufen.

Beispiel:

„Unser Unternehmensschiff ist in schwieriges Fahrwasser geraten. Sturm ist aufgezogen. Wir sitzen alle in einem Boot. Wenn wir uns jetzt nicht von Ballast trennen, werden wir den rettenden Hafen nicht erreichen."

Wenn Sie in der Geschichte der Menschheit zurückschauen, werden Sie auf eine Fülle von Beispielen dafür stoßen, wie Metaphern **schwierige Theorien verständlich** gemacht haben:

Albert Einstein demonstrierte seine Relativitätstheorie an einem *fahrenden Zug*.

Darwin beschrieb die Natur als *menschlichen Züchter*.

Platon illustrierte seine Ideengeschichte durch ein *Höhlengleichnis*.

Und wer kennt nicht **Gorbatschows** berühmte Metapher vom *„gemeinsamen Haus Europa"*?

Gehirnfreundlich reden
Brain-Appetizer Nr. 2: Die Analogie

Mit der Metapher eng verwandt ist die Analogie. Was unterscheidet beide? Analogien arbeiten immer mit dem Wörtchen „wie".

Beispiel:

Metapher: *„Das Kernkraftwerk, das „atomare Pulverfaß."*

Analogie: *„Ein Kernkraftwerk ist wie ein atomares Pulverfaß."*

Im Vergleich zur Metapher ist der Einsatz der Analogie für Sie ungefährlicher.

Beispiel:

Die Metapher *„Herr Müller, dieses Schwein..."* kann für Sie eher eine Beleidigungsklage nach sich ziehen als die Analogie *„Herr Müller verhielt sich wie ein Schwein..."*

Weitere Beispiele für Analogien:

- ■ *„Ein Unternehmer, der keine Visionen hat, ist wie eine Kirche ohne Auferstehungsglauben."*

- ■ *„Er ist für diese Aufgabe genauso wenig geeignet wie eine Schildkröte zum Stabhochsprung."*

- ■ *„Er spricht wie ein Wasserfall."*

- ■ *„Die Menschheit verhält sich wie die Besatzung eines Raumschiffes, dessen Vorräte zur Neige gehen."*

„Sorgen sind wie Babies. Je mehr man sie hätschelt, desto mehr gedeihen sie."

Zusammenfassung: Analogien haben die gleichen Vorteile wie die Metaphern. Sie helfen dem Zuhörer, sich komplizierte Informationen, Daten und Fakten plastisch vorzustellen. Sie werden in der rechten Gehirnhälfte gespeichert.

Gehirnfreundlich reden
Brain-Appetizer Nr. 3: Das Beispiel

Das Beispiel verwenden Sie, um eine allgemeine These zu beweisen oder zu veranschaulichen. Dies erreichen Sie am besten dadurch, daß Sie sich fragen: wie stellt sich der allgemein formulierte Gedanke in der Praxis dar?

Beispiele sind vor allem dann zu empfehlen, wenn das Wissensgefälle zwischen Ihnen und Ihren Zuhörern groß ist.

Beispiele:

- *„Lärm geht den Menschen immer mehr auf die Nerven. Ein Beweis dafür ist die Tatsache, daß das beliebteste deutsche Haustier nicht der Hund, nicht die Katze ist, nein, es ist - der Fisch! 30 Millionen Zierfische schwimmen in deutschen Aquarien. Vielleicht deshalb, weil sie weder bellen..."*

- *„Zu schnelles, ungebremstes Wachstum ist gefährlich. Das beweist das Beispiel der Tigerstaaten. Die jüngste Finanzkrise in Ostasien zeigt..."*

Das Zuhören zum Erlebnis machen

Gehirnfreundlich reden
Brain-Appetizer Nr. 4: Die Anekdote

Mit Anekdote ist eine **kurze, oft witzige Geschichte** gemeint. Sie wird meist mündlich überliefert und muß nicht unbedingt verbürgt sein. Sie zeichnet ein **kleines Genrebild**, das eine bekannte Persönlichkeit, eine bestimmte soziale Schicht oder eine bestimmte Zeit besonders gut charakterisiert.

Welche Vorteile hat die Anekdote?

■ Sie ist unterhaltsam und lockert Ihre Rede dadurch auf.

■ Sie weckt durch ihren Erzähl-Charakter Spannung.

■ Sie prägt sich durch ihre Bildhaftigkeit besonders gut ein.

■ Sie eignet sich besonders gut für den Redeeinstieg.

Beispiele:

■ *Ich will, meine Damen und Herren, mit einer mittelalterlichen Geschichte beginnen. Sie handelt von einem Ritter, der in der Abenddämmerung völlig aufgelöst in die Burg zurückkehrt. Der Speer verbogen, der Helm vollkommen verbeult, die Haare zerrauft, Blutspuren im Gesicht, das Streitroß hinkt, und der Ritter kann sich gerade noch mit letzter Kraft an der Mähne des Pferdes festhalten. Ein Bild des Elends! „Was ist Ihnen zugestoßen, Herr Ritter?" fragt besorgt der Burgherr. „O Herr," antwortet der Ritter, „ich war in Ihren Diensten unterwegs und habe bei Ihren Feinden im Westen geplündert, geraubt und gebrandschatzt." „Du hast was?" schrie der Burgherr. „Ich habe überhaupt keine Feinde im Westen!" „Oh," sagte der Ritter, „ich glaube, jetzt haben Sie welche." Es gibt eine Parallele zu diesem Vorfall in der jüngsten Geschichte der Finanzpolitik...*

- *Oscar Wilde war ein amüsanter, geistreicher Plauderer. Er hatte nur einen kleinen Fehler - er fand nie ein Ende. Als er einmal nach Paris fuhr, um dort einen Vortrag zu halten, kündigte ihn der dortige Vorsitzende mit den Worten an: „Mesdames et Messieurs, isch ábe das große Vergnügen, Ihnen Monsieur Oscar Wilde vorzustellen, unseren Redner für éute abend - und wie isch annehme, für die ganze Nacht...“*

- *Nach einem gelungenen Bach-Konzert und vielen Vorhängen sagte der ermüdete Hans v. Bülow: „Meine Herrschaften, wenn Sie mit dem Beifall nicht endlich aufhören, spiele ich die große Bach-Fuge noch einmal.“ Das wirkte.*

Gehirnfreundlich reden
Brain-Appetizer Nr. 5: Das Sprichwort

Sprichwörter sind im Volksmund **tradierte Lebensregeln**. Welche rhetorischen Vorteile bieten sie?

- Auf Grund ihres Bekanntheitsgrades lösen sie beim Zuhörer einen Erinnerungs-Effekt aus (*„Habe ich auch schon mal gehört...“*)

- Sie sind plastisch und anschaulich

- Sie sind (scheinbar!) allgemein gültig, Ihre Aussage wird dadurch glaubwürdiger (*„Das kann ich unterschreiben...“*).

Beispiele:

- *„Wer A sagt, muß auch B sagen.“*

- *„Morgenstund hat Gold im Mund.“*

- *„Ohne Fleiß kein Preis.“*

Ein starker Schluß ist Gold wert

Ein Redner redete und redete, bis die Zuhörer einer nach dem andern aufstanden und gingen. Schließlich blieb nur noch ein einziger Mann übrig, der neben dem Redner auf dem Podium stand. Dem wandte sich der Redner zu und sagte: „Wenigstens Sie scheinen ein Gentleman zu sein." Darauf der Angesprochene: „Bedaure, ich bin kein Gentleman, ich bin der nächste Redner."

Stellen Sie sich einmal eine Fußballmannschaft vor, die 5 Minuten vor Abpfiff 4:0 führt und dann zufrieden den Platz verläßt. Es wäre alles umsonst gewesen. Denn kennen Sie einen Gegner, der es nicht schaffen würde, in diesen letzten 5 Minuten mindestens zehnmal ins leere Tor zu treffen?

Beim Reden ist es ähnlich. Wissen Sie, wie 90% aller Redner gewöhnlich aufhören? Sie klappen ihr Manuskript zusammen und sagen:

„Das war's."

„Das wäre es eigentlich gewesen."

„Das war eigentlich das Wichtigste."

„Danke für Ihre Aufmerksamkeit."

Das sind die Redner, die den Fußballplatz vorzeitig verlassen. Man merkt ihnen deutlich an, wie froh sie sind, es hinter sich gebracht zu haben.

Ein Grundsatz erfahrener Schauspieler heißt: *„Reiß Sie noch einmal von den Stühlen, bevor der Vorhang fällt."* Für den Redner gilt das gleiche. Der Schluß muß noch einmal ein **strategischer Höhepunkt** sein, er muß den gesamten Redebeitrag überstrahlen. Am Schluß überreichen Sie dem Zuhörer das Produkt Ihrer Gedankenarbeit!

Eine **rhetorische Todsünde** ist es, wenn Sie den Schluß **zerreden.** *„Bevor ich zum Schluß komme..."* Das sagen manche Redner mindestens fünfmal. Und kommen dann so richtig ins Plaudern. Das sind die Fußballer, die den Abpfiff des Schiedsrichters einfach überhören.

Einen ähnlichen Fehler machen oft auch Verkäufer, die den **Auftrag zerreden**, nicht erkennend, daß der Kunde **längst kaufbereit** war.

Für Reden gilt im Prinzip das gleiche wie für das Feiern von Festen. **Man sollte aufhören, wenn es am schönsten ist.**

Für Sie bedeutet das, hören Sie auf,
- **wenn Sie Ihr Ziel erreicht haben,**
- **wenn Sie selbst noch gerne weiterreden würden.**

Geben Sie prinzipiell **keine Zugaben.** Auch wenn der Applaus noch so groß ist! Nichts mehr draufsatteln. Sonst weicht aus Ihrem Vortrag die Luft wie aus einem Fußball, der immer schlapper wird.

Darf man den Schluß ankündigen? Ja. Weil Sie damit ein **Abschlußsignal** setzen und Ihre Zuhörer noch einmal besonders aufmerksam machen:

- *„...zum Abschluß fasse ich noch einmal zusammen..."*

- *„...ehe ich meinen Vortrag beende, gebe ich Ihnen noch kurz einige Literaturhinweise..."*

- *„Meine Damen und Herren, ich komme nun zum Schluß..."*

Dann aber unbedingt mit wenigen Sätzen das Finale einläuten. Dafür haben Sie jetzt noch ca. zwei Minuten Redezeit. In diesem Zeitraum erwartet der Zuhörer den angekündigten Schlußsatz.

Bereiten Sie für alle Fälle einen **zündenden Schlußsatz** vor. Bereiten Sie ihn **besonders gut** vor. Mit ihm hinterlassen Sie den **letzten, den bleibenden Eindruck**. 80% des Beifalls gelten dem letzten Satz!

Wissen Sie noch, was **J. F. Kennedy** damals bei seiner berühmten Rede in Berlin alles gesagt hat? Das weiß keiner mehr. Aber an den **Schluß** kann sich fast **jeder** noch - auch heute nach mehr als 25 Jahren - erinnern: *„Ich bin ein Berliner."*

Ein gut vorbereiteter Schluß gibt Ihnen auch **Sicherheit**. Falls Ihnen mal der „Film reißt" wissen Sie: der Schluß paßt! Das beruhigt. Daß da vorher noch etwas hätte kommen sollen, wissen ja **nur Sie!**

Reiß' sie noch einmal von den Stühlen:

Zehn Muntermacher

1. Fassen Sie zusammen
„Zum Schluß, meine Damen und Herren fasse ich die wichtigsten Überlegungen des heutigen Abends noch einmal zusammen: 1....2....3...." (Wenn möglich, unterstützen Sie diese Kernaussagen durch eine Overhead-Folie).

2. Fordern Sie zur Tat auf
„Und deshalb, meine Damen und Herren, bitte ich Sie, nein, ich fordere Sie auf...".

Schmieden Sie das Eisen, solange es heiß ist! Die Wahrscheinlichkeit, daß Ihrer Rede Taten folgen, wird dadurch größer. Was nützt es Ihnen, wenn Ihre Zuhörer zwar sagen: *„Es war interessant"* oder *„Recht hat er gehabt"*, aber es passiert nichts?

Deshalb: Fordern Sie etwas **Konkretes**. Je konkreter, desto besser, **also nicht:**

„Packen wir die Probleme gemeinsam an. Es gibt noch viel zu tun."

Sondern: *„Machen wir Nägel mit Köpfen! Sorgen wir als erstes dafür, daß ab heute jede Reklamation ernst genommen wird..."*

Meist kommt man bei dieser Art des Schlusses nicht ohne ein gewisses Maß an **Pathos** aus. Scheuen Sie sich nicht davor, denn Sie wollen doch motivieren, aus Zweiflern Optimisten machen! Dosieren Sie aber richtig. Übertriebenes Pathos gerät sonst zur Phrase, mit der Sie sich lächerlich machen.

3. Appellieren Sie an das Ehrgefühl

Mit Begriffen wie „Mut", „Leistung", „Fortschritt", „Erfolg", „Kraft" assoziieren Ihre Zuhörer positive Wertvorstellungen. Stacheln Sie damit ihren Ehrgeiz an, packen Sie sie an ihrem Ehrgefühl: *„Wir haben die Vergangenheit kraftvoll gemeistert, wir können stolz auf unsere heutigen Leistungen sein, warum also, so frage ich Sie, sollen wir Angst vor der Zukunft haben? Und deshalb appelliere ich an Sie..."*

4. Schließen Sie positiv

Auch wenn Ihre Rede ein ernstes Thema zum Inhalt hatte: Spricht etwas dagegen, Ihre Zuhörer in einer **positiven Stimmung** zu entlassen? Eine positive Grundstimmung hebt den Grad der Zufriedenheit Ihrer Zuhörer.

In der Verkaufspsychologie gilt der Satz: *„Wer lacht, der kauft."*

Menschen, die gerade einen lustigen Film gesehen hatten, gaben nicht nur zu Ihren persönlichen Lebensumständen, sondern auch ganz allgemein zur Lage der Politik deutlich positivere Urteile ab als andere, die noch vor der Kinokasse standen.

Umgekehrt: Menschen, die gerade aus einem aggressiven oder tragischen Film kamen, schätzten ihre persönliche und auch die allgemeine Situation sehr viel negativer ein.

Testpersonen, konnten eine Reihe von Problemen besser lösen, wenn sie vorher lustige Videos gesehen hatten.

Fazit: Stimmen Sie Ihre Zuhörer zum Schluß noch einmal positiv ein. Machen Sie ihnen Mut. Bringen Sie sie zum Lachen oder zaubern Sie zumindest ein Schmunzeln auf ihre Gesichter:

■ *„Der Volksmund sagt: Im Alter schrumpft der Mensch - seine Reden aber werden länger. Ich will beweisen, daß das kein Naturgesetz ist und deshalb...“*

■ *„Sie wissen, meine Damen und Herren, ein gottgefälliges Leben besteht zu ungefähr gleichen Teilen aus guten Taten und guten Unterlassungen. Eine gute Tat haben Sie heute vollbracht, weil Sie mir bis jetzt geduldig zugehört haben. Deshalb will ich mich jetzt mit einer guten Unterlassung revanchieren: ich höre jetzt auf.“*

5. Erzählen Sie eine Geschichte

Geschichten, kleine Stories lassen sich an jeder Stelle des Vortrages einbauen, besonders wirkungsvoll auch am Schluß, z.B.:

„Bevor ich zum Schluß komme, will ich Ihnen noch kurz von jenem Mann erzählen, der jeden Abend sein Nachtgebet mit den Worten endigte: ‚Lieber Gott, laß mich endlich einmal in der Lotterie gewinnen. Gib mir eine Chance!‘ So ging das jahrelang. Eines Nachts, er war gerade wieder mitten im Gebet, erfüllte plötzlich Blitz und Donner den Himmel und er hörte von oben herab eine mächtige Stimme: ‚Gib du mir auch eine Chance - kauf´ endlich ein Los!‘ Damit will ich sagen, meine Damen und Herren: um unsere hochgesteckten Ziele zu erreichen, müssen wir Eigeninitiative zeigen. Fangen wir gleich damit an, kaufen wir noch heute ein Los!“

6. Wünschen Sie Ihren Zuhörern etwas
Auch ein Wunsch sorgt für einen **positiven Ausklang:**

■ *„Ich wünsche Ihnen noch einen guten Nachhauseweg."*

■ *„Ich wünsche Ihnen weiterhin viel Erfolg."*

■ *„Ich wünsche Ihnen, daß Sie alle Ihre Ziele erreichen."*

7. Schlagen Sie einen Bogen zum Anfang
Das ist eine besonders **elegante** Art, einen Schluß zu gestalten. Dadurch, daß Sie an den Anfang anknüpfen, geben Sie Ihrer Rede Form und Inhalt, helfen Ihren Zuhörern, die gesamte Wegstrecke zu überblicken.

„Erinnern Sie sich noch, was ich eingangs sagte, meine Damen und Herren? Ich hatte von Risiken gesprochen. An uns liegt es jetzt, aus diesen Risiken Chancen zu machen."

8. Werfen Sie einen Blick in die Zukunft
Dieser Schluß eignet sich besonders für Überzeugungsreden. Weisen Sie Ihre Zuhörer darauf hin, was passieren wird, wenn sie Ihren Vorschlägen **nicht** folgen. Malen Sie Alternativen aus.

■ *„Wenn wir jetzt nicht handeln, dann haben wir in drei Jahren folgende Situation ... Wollen Sie das? .... Deshalb beschwöre ich Sie ..."*

■ *„Was wäre als Alternative denkbar? Denkbar wäre...Was hätte das für Konsequenzen für die Zukunft unseres Unternehmens?"*

9. Zitieren Sie
Ein gutes Zitat paßt an jeder Stelle Ihres Vortrages auch am Schluß.

„Schließen möchte ich mit einem Satz von Winston Churchill, dem großen englischen Staatsmann, der einmal gesagt hat: ‚Man löst keine Probleme, indem man sie auf Eis legt'."

10. Bringen Sie einen Trinkspruch aus

Dieser Schluß ist besonders angebracht bei Tischreden. Achten Sie darauf, daß alle Gläser gefüllt sind, denn Sie wollen ja, daß angestoßen und getrunken wird.

„Und jetzt bitte ich Sie, liebe Freunde, mit mir zusammen das Glas zu erheben. Lieber Franz, wir danken Dir für die Einladung und wünschen Dir für das neue Lebensjahr viel Gesundheit und Erfolg. Zum Wohle!"

Standing ovations:
Vom richtigen Umgang mit Applaus

Da haben Sie sich nun wochenlang vorbereitet, gestrichen, umformuliert, geschwitzt. Dann haben Sie den inneren Schweinehund überwunden, haben sich mit zitternden Knien auf die Bühne getraut und ihr Bestes gegeben. Und das soll keinen großen Applaus wert sein?

Doch, Sie haben sich den Applaus weiß Gott redlich verdient, dürfen sich über ihn ehrlichen Herzens freuen.

In der Praxis aber erlebt man ganz anderes.

- Manche strecken abwehrend die Hände aus, wehren bescheiden ab: „Nicht doch, das reicht schon, so gut war ich doch gar nicht."

- Andere überspielen die eigene Verlegenheit, indem sie sich selbst ins Lächerliche ziehen und irgendwelche dummen Bemerkungen machen.

- Wieder andere hauchen die letzten Worte ins Mikrofon und flüchten dann panikartig von der Bühne.

Das alte „Ich bin nicht ok-Gefühl" bricht bei ihnen wieder durch.

Sie halten den Applaus nicht für angemessen, weil sie innerlich denken: *„Wenn die wüßten, wie schlecht ich war!"*

Deshalb: Auch wenn Sie nach eigener Einschätzung hätten besser sein können, nehmen Sie den Applaus als das, was er ist: Anerkennung Ihrer **Leistung**, Anerkennung Ihres **Mutes**!

Wie können Sie Ihren Zuhörern zeigen, daß Sie für den Applaus bereit sind? Indem sie ihn nach der Art der drei Tenöre mit ausgebreiteten Armen erwarten? Das würde Ihnen als Arroganz ausgelegt.

Verbeugen Sie sich ganz leicht, treten Sie einen Schritt zurück und lassen Sie die Spannung aus Ihrem Körper entweichen. Ihre Arme hängen locker herunter, Sie heben den Kopf, atmen tief durch, Ihre Augen strahlen die Zuhörer an, kurz: Mit ihrer Körpersprache signalisieren Sie Ihren Zuhörern: Jetzt seid Ihr dran!

Standing ovations!

Baden Sie im Applaus wie in einer Wanne Champagner! Empfangen Sie ihn mit halb erhobenen Armen und offenen Händen. Kosten Sie dieses herrliche Gefühl aus! Genießen Sie es! Zeigen Sie Ihre Freude. Danken Sie mit einem leichten Kopfnicken. Bleiben Sie solange stehen, bis der Applaus langsam abebbt. Erst dann gehen Sie ruhigen, entspannten Schrittes zurück auf Ihren Platz.

Zehn letzte Praxistips

1. Haben Sie sich auf das Thema konzentriert und nicht zuviel in die Rede gepackt? **Gut!** Eine Rede ist **kein Bauchladen**! Beschränken Sie sich auf ein einziges Thema, sonst verwirren Sie Ihre Zuhörer. Die größte Kunst eines Redners ist das **Weglassen**.

2. Wenn Sie Argumente aufzählen, dann **gliedern** Sie mit *„Erstens, zweitens, drittens...".* Prüfen Sie: umfaßt Ihre Aufzählung mehr als fünf Punkte? **Schlecht!** Warum? Der normale Zuhörer erinnert sich spätestens nach dem fünften Punkt nicht mehr, wie der erste lautete.

3. Enthält Ihr gut gegliederter Redetext Überschriften? **Gut!** Aber Vorsicht: Überschriften kann man akustisch nicht als solche erkennen. Was tun? Machen Sie beim Vortrag aus den Überschriften **überleitende Fragen**, z.B. „Als nächstes gehen wir der Frage nach, wie..."

4. Zeichnet sich Ihr Redetext durch „Story-telling-quality" aus? **Gut!** Kleiden Sie Ihre Botschaften in kleine **Geschichten**. Nichts hält Ihr Publikum besser wach! Nichts macht den Vortrag unterhaltsamer!

5. Wollen Sie Ihr Publikum zum Lachen oder Schmunzeln bringen? **Gut!** Doch Vorsicht: Nichts ist peinlicher als ein Redner, der als einziger über seinen Witz lacht. Beschränken Sie sich auf Witze oder Anekdoten, die **wirklich geistreich** sind!

6. Haben Sie Zitate eingebaut? **Gut!** Aber wählen Sie sorgfältig aus. **Zitate mit Witz und Pfiff**, kurz, von klugen Leuten mit Autorität, **nicht zu viele** und vermeiden Sie das Zitieren langer Passagen. Nehmen Sie immer Filetstücke, nie die ganze Kuh!

7. Sind Ihre Formulierungen abstrakt? **Schlecht!** Sprechen Sie die Phantasie Ihrer Zuhörer an, malen Sie Bilder mit Worten. **Bildhafte Ausdrücke** aktivieren die rechte Gehirnhälfte, bleiben deshalb besonders lange in Erinnerung.

8. Argumentieren Sie mit Zahlen? **Gut!** Nichts überzeugt mehr, als handfeste, konkret überprüfbare Zahlen. Es ist besser zu sagen „83%" als „die meisten" oder „die Mehrzahl". Aber gehen Sie unbedingt **sparsam** mit Zahlen um! Veranschaulichen Sie durch **Vergleiche**.

9. Lockern Sie Ihren Text mit rhetorischen Fragen auf? **Sehr gut!** Sie machen neugierig und zwingen zum Mitdenken. Sie können ganze Passagen Ihrer Rede mit lauter klug gestellten rhetorischen Fragen bestreiten. Grundsätzlich gilt: Ein Vortrag ohne Fragen gleicht einem schlecht durchlüfteten Zimmer.

10. Sind Ihre Sätze unterschiedlich lang? **Prima!** Gleichmäßig lange Sätze wirken monoton und machen müde. Oder sie wecken Aggressionen, wie ein tropfender Wasserhahn bei Nacht.

Jung bleiben

Lieber Leser, dieses Buch hat Ihnen Anregungen und Tips gegeben. Es hat den Weg gezeigt zu einem Ziel. Das Ziel hieß:

Menschen bewegen, berühren, begeistern.

Wann werden Sie dieses Ziel erreichen? Es hängt davon ab, ob Sie den Weg, den Sie mit dem Lesen dieses Buches begonnen haben, weitergehen. Vergessen Sie bitte nicht:

Der klügste Rat, die besten Absichten und alle todsicheren Tips der Welt werden Ihnen nicht helfen, wenn Sie nicht das Ihrige dazu beitragen.

Ich werde immer wieder gefragt: *„Warum lernt man solche Dinge nicht schon in der Schule? Jetzt bin ich schon zu alt dafür!"*

„Zu alt", welch verhängnisvolle Fehleinschätzung! Glauben Sie mir, es ist nie zu spät, um etwas Neues anzupacken. Warum auch sollen Sie zu alt sein, mehr Sicherheit und Selbstbewußtsein zu lernen? Haben Sie sich da nicht selbst etwas eingeredet? Wenn Sie sich selbst gegenüber ehrlich sind, werden Sie zugeben, daß Sie Ihr Alter als **Vorwand für Ihre Trägheit** gebrauchen.

Wußten Sie, daß **Verdi** 85 Jahre war, als er sein „Ave Maria" komponierte?

Daß **Michelangelo** sein bedeutendstes Werk mit 87 Jahren vollendete?

Es gibt zahllose Beispiele von Menschen, die im Alter von mehr als 60 Jahren über sich selbst hinausgewachsen sind.

Ich will hier nicht die alte, abgedroschene Redensart gebrauchen: *„Man ist so alt, wie man sich fühlt."* Aber schauen Sie sich doch einmal in Ihrem Bekanntenkreis um! Sie werden

70jährige entdecken, die noch aufgeschlossen, unterneh-
mungsfreudig und geistig aktiv sind. Sie werden aber auch
20jährigen begegnen, die bereits einen greisenhaften Eindruck
machen.

Sie sehen, man wird nicht alt, wenn man eine gewisse Anzahl
Jahre gelebt hat. **Man wird erst alt, wenn man nicht mehr an
seine Ziele glaubt.** Die Jahre zeichnen zwar die Haut, seine
Ziele aufgeben aber zeichnet die Seele.

**Daß Sie jung bleiben und immer wieder staunen und sich
begeistern können, daß Sie sich immer wieder neu fordern,
um die Mutlosigkeit und den Hang zur Bequemlichkeit zu
besiegen,**

wünscht Ihnen Ihr Autor

Gerhard Reichel

• Institut für Rhetorik
Goethestr. 1, 91301 Forchheim
Telefon 09191/ 89501
Telefax 09191/ 2801

Wer sein Ziel nicht kennt,
für den ist
kein Hafen der richtige.

Dieses Buch hilft Ihnen, andere Menschen zu motivieren und für Ihre Ideen zu begeistern.

„Wie vermitteln wir unseren Mitarbeitern worauf es ankommt, ohne sie unter Druck zu setzen? Die besten Antworten in meinen Augen: durch Geschichten."

Tom Peters: Auf der Suche nach Spitzenleistungen

Story-telling-quality

Mit dieser einmaligen Sammlung, ausgewählt von Gerhard Reichel, einem der führenden Rhetorikexperten Deutschlands, werden Sie künftig

- ■ trockene Referate in lebendige und fesselnde Romane umwandeln
- ■ schwierige Sachverhalte auf einfache Art veranschaulichen
- ■ Ihr Publikum in unterhaltsamer Weise von Ihrer Botschaft überzeugen

Alle großen Redner waren auch gute Geschichtenerzähler.

Geschichten • besitzen einen hohen **Unterhaltungswert**
• haben einen hohen **Erinnerungswert**
• machen komplizierte Inhalte **anschaulich**

ISBN 3-923241-03-8   VERLAG BRIGITTE REICHEL
Goethestraße 1 · D-91301 Forchheim · Telefax 09191 - 2801

Dieses Buch hilft Ihnen, geistreich zu formulieren und glaubwürdig zu argumentieren.

„Ein gutes Zitat ist ein Diamant am Finger eines geistreichen Menschen und ein Pflasterstein in der Hand eines Narren."
Joseph Roux

10333

Geistesblitze, die einschlagen

Mit dieser einmaligen Sammlung, ausgewählt von Gerhard Reichel, einem der führenden Rhetorikexperten Deutschlands, werden Sie künftig

- ■ trockene Texte auflockern
- ■ Aussagen prägnant auf den Punkt bringen
- ■ Ihrer Meinung Gewicht verleihen

Ein wahres Geistesgewitter, übersichtlich nach Stichwörtern und Autoren geordnet.

Eine Fundgrube brillant formulierter Sätze mit Witz und Pfiff.

Ein Lesebuch für Freunde zugespitzter Aussagen von Dichtern und Denkern, Politikern und Wirtschaftlern, Mächtigen und Anonymen.

ISBN 3-923241-02-X   VERLAG BRIGITTE REICHEL
Goethestraße 1 · D-91301 Forchheim · Telefax 09191 - 2801

Sie profitieren in diesem Buch von den Erfahrungen eines Praktikers. Es ist ein Buch, das Ihre Aktivität fordert.

42 Übungen steuern Sie in kleinen Lernschritten sicher von Erfolgserlebnis zu Erfolgserlebnis.

So urteilt die Presse:

„Gerhard Reichel hat sich als Wirtschaftstrainer einen Namen gemacht. Seine Bücher verraten den Praktiker."
Nürnberger Nachrichten

„Wie kaum ein anderes Fachbuch ist dieses flott und anschaulich geschrieben." Erfolgreich selbständig

„Das Buch vermittelt zahlreiche kleinere Lernschritte, die in der Berufspraxis sofort verwertet werden können."
Handelsblatt

„Das Buch zu studieren ist kurzweilig. Der Autor konnte sich selbst in ungezählten Seminaren mit jenem Reichtum an Erfahrung ausstatten, der ihm die Abkehr von grauer Theorie zu blutvoller Praxis erlaubt." Impulse

ISBN 3-923241-01-1 VERLAG BRIGITTE REICHEL
Goethestraße 1 · D-91301 Forchheim · Telefax 09191 - 2801

Seminare mit Gerhard Reichel

- ■ **Sie haben sich gut vorbereitet!**
- ■ **Die Inhalte stehen.**
- ■ **Gleich sind Sie dran:**
- ■ **Ihr Mund wird trocken;**
- ■ **Ihr Herz klopft;**
- ■ **Ihre Hände zittern.**
- ■ **Jedes Mal das Gleiche!**

Schluß damit!
Reden ist Übungssache.

Es gibt ein paar einfache Techniken, Tricks und Feinheiten - wenn Sie sich die zu eigen machen und sie konsequent anwenden, werden Sie plötzlich merken: „Die hören mir ja zu. Die sind ja richtig begeistert. Und mir macht es auch Spaß!"

Im **Grundseminar „Rhetorik und Dialektik"** lernen Sie, Ihr Lampenfieber gezielt abzubauen und vor anderen ruhig und sicher frei zu sprechen. Sie lernen, wie Sie „den guten Draht" zu Ihren Zuhörern herstellen, wie Sie Ihren Vortrag überzeugend gliedern. Und wie Sie Ihre ganze Persönlichkeit, Ihre Spontanität und auch die Gabe der Improvisation für den Erfolg Ihrer Rede einsetzen.

Freuen Sie sich darauf! Es lohnt sich.

... und so urteilen Teilnehmer an unseren Seminaren:

„Reichel fesselt sein Publikum durch die Kreation geistiger Bilder, feinen Humor und versteht sich auf die Kritik ohne Ego-Verletzung. Nachhaltig beeindruckend sind seine praktischen Tips." *Johanna Zugmann, Der Standard, Wien*

„Meine erste Rede nach dem Seminar war ein Riesenerfolg. Ich begreife es noch gar nicht, aber es ist so. Sie haben eines meiner größten Probleme gelöst, ich danke Ihnen von ganzem Herzen dafür." *Wollfgang Seidel, SeiCon Unternehmensberatung GmbH, Braunschweig*

„Es ist schon bewundernswert, wie Sie in drei tollen Tagen ein straffgestaltetes Programm mit einer Fülle von Praxistips durchziehen, ohne daß auch nur eine Minute lang ein Gefühl von Ermüdung aufkommt." *Rüdiger A. Birkenstock, Werksvertretungen, Koblenz*

Grundseminar:

Rhetorik und Dialektik

Sicherheit gewinnen
- Die Bedeutung des Selbstwertgefühls für unser tägliches Verhalten
- Wie man durch gezielten Abbau von Lampenfieber und Unsicherheit gelassener und souveräner wird

Die Bedeutung des ersten Eindrucks
- Das Geheimnis der „20-Sekunden-Regel"
- Wie man Kontaktbarrieren abbaut und seine Gesprächspartner für sich gewinnt
- Glaubwürdigkeit durch Offenheit

Die Wirkung optimieren
- Verräterischer als gesprochene Worte: Die Körpersprache
- Die Bedeutung von Augenkontakt, Mimik, Gestik und Haltung
- Wie man seine Natürlichkeit bewahrt

Schlagfertig reagieren
- Wie man seine Gedächtnisleistung verdreifacht
- Einwände, Störmanöver, persönliche Angriffe – wie kann man sich wehren?

Sich durchsetzen, Ziele erreichen
- Eigene Ideen und Interessen wirkungsvoll durchsetzen: drei dialektische Grundgesetze
- Die strategische Bedeutung der Inhalts- und Beziehungsebene zum Zuhörer
- Die Bedeutung des positiven Denkens für den Verhandlungserfolg
- Wie man ein Sympathiefeld aufbaut

Damit die Rede in Erinnerung bleibt
- Wie man seine Zuhörer mitreißt und begeistert
- Vom pfiffigen Einstieg bis zum Schluß mit „Aha"-Effekt
- Wie man das Zuhören zum Vergnügen macht
- Das ideale Manuskript

Wie man Vorsätze haltbar macht
- Der tägliche Kampf gegen den „inneren Schweinehund"
- Das „Anti-Aufschieberitis-Programm"
- 30 goldene Rhetorikregeln
- 30 goldene Verhandlungsregeln
- Sieben Spielregeln für Diskussionen

Fordern Sie unverbindliche Informationen an:

Gerhard Reichel
Institut für Rhetorik
Goethestraße 1, D-91301 Forchheim
Telefon 09191 - 89501, Telefax 09191 - 2801